Filipson

Memórias de uma menina na
primeira colônia judaica
no Rio Grande do Sul (1904-1920)

Frida Alexandr

Regina Zilberman (POSFÁCIO)

Copyright © 2023 by Herdeiros de Frida Alexandr
Copyright do posfácio e das notas © 2023 by Regina Zilberman

CHÃO EDITORA
EDITORA Marta Garcia
EDITOR-EXECUTIVO Carlos A. Inada

PREPARAÇÃO Márcia Copola
REVISÃO Isabel Cury e Cláudia Cantarin
DIGITAÇÃO E COTEJO Maria Fernanda A. Rangel/Centro de Estudos da Casa do Pinhal
PESQUISA ICONOGRÁFICA Regina Zilberman, Roberta Sundfeld e Erica Fujito
CAPA, PROJETO GRÁFICO E DIAGRAMAÇÃO Mayumi Okuyama
PRODUÇÃO GRÁFICA E TRATAMENTO DE IMAGENS Jorge Bastos

DADOS INTERNACIONAIS DE CATALOGAÇÃO NA PUBLICAÇÃO (CIP)
(CÂMARA BRASILEIRA DO LIVRO, SP, BRASIL)

Alexandr, Frida, 1906-1973
    Filipson : memórias de uma menina na primeira colônia judaica no Rio Grande do Sul (1904-1920) / Frida Alexandr ; Regina Zilberman (posfácio). — 1. ed. — São Paulo : Chão Editora, 2023.

    Bibliografia.
    ISBN 978-65-80341-22-1

    1. Alexandr, Frida, 1906-1973 2. Imigrantes – Rio Grande do Sul – Biografia 3. Imigrantes – Rio Grande do Sul – História 4. Judeus – Rio Grande do Sul – Biografia 5. Judeus – Rio Grande do Sul – História I. Zilberman, Regina. II. Título.

23-155495   CDD-920.09

Índices para catálogo sistemático
1. Judeus : Biografias 920.09
Aline Graziele Benitez – Bibliotecária – CRB-1/3129

Grafia atualizada segundo as regras do Acordo Ortográfico da Língua Portuguesa (1990), em vigor no Brasil desde 1.º de janeiro de 2009.

chão editora ltda.
Avenida Vieira de Carvalho, 40 — cj. 2
CEP 01210-010 — São Paulo — SP
Tel +55 11 3032-3726
editora@chaoeditora.com.br | www.chaoeditora.com.br

Sumário

- 11 FILIPSON
- 13 Filipson
- 21 O templo
- 30 Carne *cocher* e circuncisão
- 35 A inauguração da escola
- 42 Jacob na estrada de ferro
- 53 O romance do administrador
- 56 Encontro com a vida
- 63 Ciganos
- 65 Pecy e suas estórias
- 68 Pecy, a nora
- 70 Os gêmeos
- 78 Difteria
- 82 Serafim
- 87 Passeio à estação e novidades
- 90 Paralisia

95	Visita de Jacob
101	Os Nicelovich ou O furto do anel
116	Casamento de Zelde
119	*Capelish macher*
122	Ricachinevsky
125	O "Rébale"
128	Filipson
131	Sal e biologia
134	O namoro de Adélia
140	Viagem a Uruguaiana
150	D. Corina
152	Regresso a Filipson
155	Professor Budin
158	*Saberei ler*
164	Impacto
166	Professor Frankenthal
172	João Ortiz
175	Casamento de Adélia
179	Depois
181	Ratzel Amonis
192	Adolescência
194	Chico Lencino
198	Viandantes
202	Iankel "Chinder"
208	Irmãs Raposo

212 Gafanhotos
219 Fome
225 O Malacara
234 Assalariado
236 Gripe espanhola
237 A Rosada
241 Nosso riachinho
245 Tibúrcio
251 O espelho
256 Santa Maria
263 Velvel Ackselrod
268 Vida difícil
275 Bons augúrios
277 Kol Nidra
280 A venda da nossa colônia
283 Despedida

291 Posfácio
Regina Zilberman

347 Bibliografia
353 Notas
359 Créditos das ilustrações

*Dedico este livro ao meu esposo e filhos,
que muito me incentivaram para levar avante esta obra.
A eles, minha gratidão*

F. A.

Retrato da jovem Frida

FILIPSON

FILIPSON

Já ouviram falar de Filipson?[1] Um nome esquisito. Nem parece brasileiro. Mas, dentro do Brasil imenso, constituía um pontinho minúsculo que ficava lá nas bandas do Sul, perdido no meio de diversas colônias prósperas compostas em sua maioria de imigrantes espanhóis, italianos e alemães e uma ou outra fazenda de brasileiros.

    Filipson era uma colônia judaica formada por quarenta e cinco famílias trazidas dos *pogroms* da Rússia tsarista. Esta gleba de terra fora adquirida por uma sociedade filantrópica conhecida pela abreviatura de ICA, cuja sede principal localizava-se na França. A ICA tinha sido organizada com o fito de subtrair o maior número possível de famílias judaicas da sanha de seus inimigos e dar-lhes uma oportunidade no Novo

Mundo, um mundo de liberdade, puro de sentimentos e instigações racistas sanguinárias, onde recomeçariam a vida como lavradores. A ICA lhes prometera terras férteis regadas por grandes rios, casas confortáveis e escola para os filhos. Cada família, de acordo com as suas necessidades, receberia todas as ferramentas indispensáveis ao amanho da terra, uma parelha de bois, dois cavalos, duas vacas e mais uma ajuda em dinheiro, nos primeiros tempos, para a aquisição de víveres. Para este fim a sociedade criou uma cooperativa. Para abrigar parte das famílias, foi construído um galpão enorme, de tábuas, todo pintado de preto, pois nem todas as casas estavam terminadas por ocasião da vinda das levas de imigrantes. Nesse galpão, mais tarde, veio a funcionar a cooperativa.

Imaginem o desconforto desses infelizes no início de sua vida na nova terra. Quase todas as famílias se compunham de mais de cinco membros, entre adultos e crianças. Provinham das mais diversas camadas sociais e dos mais variados misteres e eram completamente estranhas entre si. Conheceram-se durante a longa travessia do mar. Do convívio a bordo nasceram amizades e grupos à parte, os quais no entanto foram forçados a viver sob o mesmo teto, em completa promiscuidade até que as casas prometidas estivessem em condições de abrigá-los.

Representava a ICA um senhor vindo da França com plenos poderes para resolver todas as questões e dificuldades dos colonos. Deveria orientá-los na lavoura, fornecer-lhes toda a assistência necessária. Para ele e sua família fora reservada a casa do antigo proprietário da fazenda. Era um sobrado pintado de branco, com todo o conforto possível, próprio para pessoas acostumadas a viver em Paris. A casa ficou sendo conhecida por Administração ou Sobrado. Rodeava-a um imenso jardim florido e bem tratado. Atrás do sobrado estendia-se um grande pomar com variedade de frutas, tais como laranjas de diversas qualidades, bergamotas, pessegueiros e parreiras. A casa e o pomar eram protegidos por uma cerca de arame farpado, bem fechada, a fim de impossibilitar as incursões indesejáveis. Dois cães gigantescos temidos pela sua ferocidade e dois caboclos do lugar, conhecidos pela sua ligeireza no facão, montavam guarda ali. Às sextas-feiras, porém, esse éden proibido era franqueado às famílias trazidas para Filipson, sendo-lhes, então, permitido comer dos frutos que quisessem e levar algum aos entes queridos que, por qualquer motivo, não pudessem comparecer ali. Atendiam-nas, e com solicitude, os dois peões, com os longos facões pendurados no lado direito da cintura, ao alcance da mão. Os cães, nessas ocasiões, ficavam presos. Todavia, vez por outra, quando esqueciam de prendê-los, voltava sempre alguém dessa tão almejada visita com o seu único traje de festa rasgado, quando não com um pedaço de perna a menos. Por esse motivo, tal visita, com o decorrer do tempo, acabou por ser completamente suprimida por parte dos colonos mais briosos. Dentre os primeiros a fazê-lo achavam-se meus pais.

As casas ainda não estavam prontas para receber os moradores. Trabalhava-se febrilmente, havendo-se estabelecido, de modo tácito, um processo de cooperação em que todos se auxiliavam mutuamente. Contava mamãe que, quando as chuvas e o frio chegaram, minha irmã mais velha, criança de quatro anos apenas, caiu doente. Ardia em febre. Esgotaram-se os remédios caseiros, inclusive os indicados pelas comadres e curiosas. Era total o desconforto. Todos dormiam no chão, numa promiscuidade deprimente. Papai resolveu subir à Administração e pedir ajuda. A criança não poderia continuar por mais tempo sem assistência médica. A cidade mais próxima distava duas horas de trem e havia apenas um, diário, às seis horas da tarde, caso não houvesse atraso. O administrador veio em pessoa certificar-se da gravidade do fato. Pesava a suspeita de difteria e de possível contágio. Encontrou mamãe abraçada com a filhinha e tal expressão de desespero em sua fisionomia meiga que os olhos se lhe marejaram de lágrimas. Tratou de remover imediatamente mamãe e a criança para a Administração, onde lhe deu um quarto e cama. Depois, arranjou-lhe um passe para o trem e uma indicação para a Santa Casa de Santa Maria.

Mamãe contava que fora recebida com todo o carinho pelas freiras do hospital. Embora não sabendo explicar-se em português, haviam lhe dispensado toda a atenção possível. No fim de quinze dias, voltava mamãe com a sua filhinha restabelecida, porém não mais para o galpão infecto, mas para a própria Administração, onde ambas ficaram hospedadas até que a casa que estava sendo construída oferecesse condições de poder abrigá-las.

Pouco a pouco, o enorme galpão se foi esvaziando. Cada família cuidava de instalar-se em sua própria residência. Trabalhava-se de sol a sol para realizar tal objetivo, empregando-se no serviço todos os membros da família que já tivessem força de segurar na mão um martelo. Erguiam-se cercas, com urgência, a fim de o gado não fugir das colônias para as suas antigas pastagens. Cercava-se igualmente toda a área, cuja mata seria derrubada para fazer-se o plantio, a fim de evitar a entrada do gado quando houvesse ali a sementeira, cavavam-se fossos, esticavam-se rolos e rolos de arame farpado, consumiam-se pacotes e pacotes de grampos, a mão calejando, o suor escorrendo pela fronte, misturando-se, muitas vezes, com as lágrimas amargas vertidas pelos olhos fatigados, a alma desesperançada de sobrepujar um dia tantos empecilhos. Lutava-se contra uma natureza selvagem talvez nunca antes pisada por pés humanos, ganhando o terreno palmo a palmo a uma natureza bravia, aos lagartos esquivos, às onças ferozes.

Diariamente, o administrador fazia a sua visita aos colonos, montado num lindo cavalo, bem-vestido e bem alimentado.

Para cada um tinha uma palavra de encorajamento, falando-lhes de dias melhores num futuro próximo.

Finalmente, meus pais também acabaram por mudar-se para a sua própria casa. Levaram consigo todos os trastes trazidos da Rússia e até então encaixotados. Mamãe e mais uma sobrinha que ela estava criando, uma mocinha de seus dezoito anos, puseram-se a arrumar a casa que se compunha de um quarto, uma sala grande, uma cozinha com forno interno para fazer pão. Ao lado do forno havia uma espécie de plataforma em formato de divã que servia para guardar sacos de farinha de trigo. Em noites muito frias, também servia de cama, aquecida que sempre estava pelo forno. O meu irmão mais velho, rapaz de dezenove anos, fez umas prateleiras, nas quais foram acomodadas as louças e algumas peças de adorno trazidas, igualmente, da pátria longínqua. Os móveis eram reduzidíssimos: uma cama de casal, uma mesa de sala de jantar e uns divãs improvisados constando de quatro tocos de madeira enfiados no chão de terra batida, uma prancha em cada extremidade e três tábuas à guisa de estrado, sobre as quais estendia-se um colchão de palha de milho coberto por colchas de damasco de cores vivas. Cada quarto tinha a sua janela e, nelas, cortinas de cassa estampada. O efeito obtido era agradável no conjunto, dando a impressão de certo conforto. A casa era de pau a pique revestida de barro amassado com palha e estrume de cavalo, do que resultava uma sólida argamassa que a protegia das intempéries. Por dentro, era toda pintada de branco.

Logo a nossa casa se tornou o centro da mocidade do lugar. Aos sábados, cantava-se e dançava-se ao som das próprias cantigas. Se alguém recebia carta ou jornal enviado por algum parente, do estrangeiro, a leitura era feita ali em voz alta durante essas reuniões. Todos a ouviam num silêncio sagrado.

Era aquilo o único elo que os unia ainda ao mundo civilizado.

Uns dias após a instalação do novo lar, papai e meu mano mais velho foram buscar o gado a que tínhamos direito e que estava à nossa disposição no pasto da Administração. Voltaram eles em companhia do peão do administrador, pois nunca tinham antes lidado com gado. Receavam aproximar-se dele. Intimidavam-nos os grandes cornos retorcidos.

O peão ensinou-lhes como tirar o leite. Umas vacas eram bem mansas, mas outras necessitavam de ser amarradas pelos chifres e pelo pé esquerdo a um tronco, do contrário não consentiriam a ordenha ou entornariam a vasilha do leite com um coice.

Logo de início, papai e meus irmãos manifestaram a sua incapacidade para esse tipo de serviço, que ficou entregue às duas mulheres da casa. Prenderam os terneiros no curral e soltaram as vacas. Muito felizes com o resultado daquele dia, dirigiram-se todos para casa e foi servida a sopa. As janelas estavam abertas. Uma leve brisa fazia esvoaçar a cortina para o lado de fora, trazendo para dentro de casa o cheiro de terra arada. Tudo respirava sossego e paz. Porém, em dado momento, sentiu-se a casa estremecer. Antes de alguém ter tido tempo de averiguar a causa do fenômeno, um estrondo de louças quebradas encheu todos de pavor. Correram para fora e compreenderam num instante o sucedido. Uma das vacas, sentindo-se picada por mutucuba, resolveu coçar-se, esfregando-se num ângulo da casa, provocando com o seu peso o desabamento das prateleiras e destruindo dessa forma as relíquias de mamãe. Outra mastigava pachorrentamente a cortina que o vento indiscreto levara para fora da janela. Todos deixaram-se tomar de ódio. Ouviram-se, a um tempo, as blasfêmias dos homens e as lamentações das mulheres. E, à vista do acontecido, concluíram que ainda faltava levantar outra cerca de arame e troncos de árvores para proteger a casa e evitar repetições de cataclismos como aquele, ou talvez de ainda piores consequências.

    Com o correr do tempo, meus pais perceberam, com tristeza, que aqueles campos não constituíam bom pasto para o gado e que a terra, estéril que era, não se prestava para a lavoura. E começaram as demandas para a troca de colônia. Então, foi oferecida a papai outra área localizada em frente à escola e ao templo que, entrementes, havia sido construído. Tudo isso, porém, representava tempo e trabalho desbaratados. Meu mano mais velho já estava resolvido a abandonar o campo, não vendo futuro nesse trabalho estafante. A cota a que tínhamos direito já havia sido esgotada e os juros vencidos, sem os podermos resgatar. Para isso, teria sido preciso fazermos outro empréstimo. Por cúmulo do azar, amanhecemos um dia constatando o desaparecimento de nossas duas melhores vacas leiteiras. Papai e os rapazes saíram a procurá-las nas colônias próximas. De indagação em indagação acabaram por saber de um caboclo do lugar que o filho de um vizinho fora visto, altas horas da noite, tangendo as vacas pelo caminho de Vale da Serra. Dirigiram-se para lá, a pé. Em Vale da Serra, informaram-lhes que as vacas procuradas tinham sido vendidas a um fazendeiro local, o qual, diante das provas exibidas, homem honesto que era, não se furtou em devolvê-las, aconselhando-nos a marcar o gado com o número da colônia ou com as iniciais de papai. Tudo foi resolvido de modo pacífico.

O TEMPLO

O diretor da colônia, o sr. Sturdse, convocou os colonos para uma reunião na Administração. Queria participar-lhes que em breve chegariam as últimas famílias de imigrantes, e que eles eram portadores de uma dádiva dos judeus da Letônia aos correligionários de Filipson. Essa dádiva consistia numa Torá (os rolos sagrados que contêm a cultura milenar dos judeus). Pediu aos colonos que se apressassem na construção de um templo. Os colonos exultaram com a boa notícia e puseram-se logo a trabalhar no erguimento de uma sinagoga.

Abriram uma clareira na densa mata que bordejava a estrada e, entre madressilvas, primaveras e trepadeiras em flor, construíram sumariamente o templo, para resguardar as sagradas escrituras e, nas festas tradicionais, erguerem suas preces ao Altíssimo e louvar a eterna justiça e bondade do Deus de Israel.

Em derredor do templo, as árvores seculares emaranhadas de grossos cipós, de cujas frondes pendiam longas franjas de musgo esbranquiçado, lembravam velhos judeus de barbas grisalhas, paramentados em xales de folhagens verdes, esperando, através dos tempos, a realização dos sonhos milenários.

Essa densa floresta, ora se alargando, ora se estreitando por léguas e léguas, dividia as colônias do Velvel Ackselrod, de Iankel "Chinder", dos Waissman e Schtivelman, dos Wolff etc. Um arroio de águas límpidas e frescas serpenteava no interior da mata, sobre lajes. A mata terminava na beira da estrada real, no ponto em que um desvio levava a Rincão das Pedras.

De longe, avistava-se a massa compacta das frondes entrelaçadas. Davam a impressão de que eram negras. E suas sombras projetadas sobre a estrada imprimiam ao lugar, quando o sol cruzava o firmamento, um aspecto de fantasmagoria. Quem por ali passasse, a pé ou a cavalo, apressaria o passo apavorado.

Anos mais tarde, João Ortiz, o célebre facínora, fez dessa floresta o seu refúgio, justificando plenamente o temor que ela sempre provocara.

No dia em que chegou a Filipson a última leva de imigrantes, trazendo a Torá, enviada pelos judeus de Riga, numa demonstração de solidariedade e carinho aos seus irmãos exilados, os colonos abandonaram os campos e, vestidos como em dia de grande festa, foram esperá-los na estação. O diretor recebeu-a das mãos dos irmãos Schteinbruch, aos cuidados de quem a Torá fora entregue a bordo do navio no porto de Riga. Ao som de cânticos sacros entoados por toda a comunidade, dirigiram-se todos, em procissão, ao templo, onde houve farta distribuição de bolos de mel e de vinho. Dançaram com a Torá, como o fizera Moisés no deserto ao descer do monte Sinai para entregar aos israelitas as lápides sagradas onde Deus inscrevera a fogo as leis pelas quais os homens deviam reger-se.

Na arca, sobre o altar, foi a Torá encerrada. Ansiosos, aguardaram o sábado, quando a arca seria aberta e a Torá lida pela primeira vez na colônia.

Algumas famílias recém-chegadas tiveram de hospedar-se na casa de amigos ou parentes até que as suas ficassem prontas. Já não era necessário ir morar no nefasto e negro galpão construído junto da estação, como os primeiros imigrantes. Os hospedeiros tudo faziam para cercar os hóspedes de conforto e de carinho, para que estes não sentissem a mesma decepção que lhes causou o ambiente inóspito com que depararam na chegada.

    Golde, a filha mais velha dos Averbach, contou-me que, ao chegarem a Filipson, foram hospedados por meus pais. Dada a exiguidade do espaço, os homens passaram a dormir no chão, as mulheres amontoavam-se em camas improvisadas e as crianças por cima de caixotes ou do forno. Datava daí a sólida amizade que unia as duas Goldes, minha irmã e a filha dos Averbach, malgrado as longas separações e toda sorte de reveses desta vida.

    Contou-me também, com um leve rubor no rosto já envelhecido, que, naquele convívio diário, nascera um idílio entre ela e meu irmão Jacob e que o romance terminara quando os Averbach se mudaram para a sua colônia, situada ao lado da Administração.

    O velho Averbach assumiu a direção da cooperativa e passou a atuar como conselheiro e uma espécie de assessor do administrador.

    Tempos depois, chegou também à colônia Schloime Averbach, irmão do pai de Golde. Foi morar em Pinhal. Era homem de ideias avançadas, ria-se e zombava do fanatismo religioso da maioria dos colonos.

Todas as famílias, ali, tinham numerosa prole. Os homens e as mulheres casavam cedo, muitos deles com dezoito anos, razão por que, ao atingirem os trinta, semelhavam-se a velhos fatigados. Mesmo assim, continuavam procriando. Não foram poucas, pois, as mulheres das colônias que ajudaram a criar os netos, inclusive amamentando-os.

Sturdse, atualmente octogenário, mas em plena lucidez de espírito, foi quem me relatou o que se segue:

O *shoiched* (o que mata as galinhas e abate o gado para o consumo da comunidade, de acordo com o rito judaico) tinha também tomado a si a santificação dos casamentos, a incumbência de circuncidar os varões recém-nascidos, bem como, por força da lei, promulgar o divórcio dos casais reconhecidamente incompatibilizados. Desaviera-se com seu irmão mais velho, Meyer Schteinbruch, conhecedor profundo das leis judaicas, muito mais culto, portanto, do que o *shoiched*, seu irmão, no referente aos problemas do Talmude.

Como se aproximasse o sábado em que seria aberta a arca para a leitura da Torá e os irmãos Schteinbruch continuassem desavindos, não se sabia na comunidade a quem seria dada a honra de proceder à cerimônia. À vista disso, dois grupos se formaram: um a favor do *shoiched* e outro de seu irmão.

M. Burd declarou que ele e os seus não reconheciam idoneidade ao *shoiched*, Abraão Schteinbruch, e, por isso, não admitiriam fosse ele a merecer a dignidade de ler a Torá. Disse-o perante os colonos reunidos à espera do abatimento da rês. A discussão esquentou-se entre ambos os partidos. E estavam em vias de pegar-se, quando surgiu o administrador, que explicou estar o *shoiched* encarregado de proceder à cerimônia por especial determinação da ICA. Foi água fria na fervura. E não houve senão conformar-se por parte dos partidários de Meyer Schteinbruch.

Chegou finalmente o grande dia. A emoção era geral. Começam as primeiras orações da tarde. O eco as transporta para a mata. Há qualquer coisa de inédito nessa cerimônia. As mulheres rezavam em sala separada da dos homens por um tabique. Prestavam atenção nas palavras e, em seguida, as repetiam. A maioria das mulheres não sabia ler, mas, para não darem a perceber, mexiam com os lábios fingindo que liam.

O *shoiched* aproximou-se da arca. Abriu-a solenemente e houve um espanto generalizado. A arca estava vazia. A Torá tinha desaparecido.

Quem teria ousado tal sacrilégio?

As mulheres, percebendo que algo de anormal havia acontecido, arregaçaram as longas saias e treparam nos bancos para espiar por cima do tabique. E, compreendendo o ocorrido, começaram a lamentar-se, torcendo as mãos em desespero. Algumas entregaram-se a choros histéricos aumentando a confusão. Todos os olhares convergiam sobre Burd e seus familiares, que, indiferentes, continuavam a rezar, como se nada tivesse acontecido. Na opinião de todos, somente ele poderia ter subtraído a Torá. A cerimônia foi interrompida. Decepcionados, os colonos dobraram os xales de seda branca listrados de azul, as cores da bandeira do povo de Israel, usados por eles desde a idade de treze anos, quando o israelita passa a ser considerado membro responsável da comunidade. E saíram do templo.

Sturdse, o administrador, procurou acalmá-los. Empenhou sua palavra de honra em que descobriria a Torá e castigaria o culpado. Solicitou a presença do delegado Frederico Bastos, e, acompanhado de um peão, começaram as buscas, a partir da colônia n.º 1 até a n.º 10.

Na sequência dessas colônias, continua Sturdse contando, moravam uns parentes de Burd. Quando chegamos ali, noite avançada, uma luz fraca que alumiava uma das janelas apagou-se. Batemos à porta, mas ninguém respondia. Tornamos a bater, desta vez com a coronha do revólver. Ameaçamos arrombá-la no caso de não nos responderem e não a abrirem por iniciativa própria. Por fim, abriram-na e, no umbral, apareceu a figura maciça de Burd, obstruindo-a por completo. Quis saber a que íamos. Respondemos-lhe que pretendíamos revistar a casa.

— Pois não! Entrem.

A fraca luz da lanterna que levávamos na mão dissipou a escuridão reinante no interior. Avistamos três mulheres sentadas em cima de uma grande mala. Largos camisolões velavam-lhes as formas exuberantes. Braços cruzados sobre o peito, imóveis como estátuas, seus olhos brilhavam como os olhos dos gatos-do-mato prontos a dar o bote.

A casa foi revistada, cada canto vasculhado, exclusive a mala onde as mulheres estavam sentadas como esfinges sagradas.

Escusado dizer que a Torá não foi encontrada. O administrador intimou Burd, que era o único possível responsável pelo desaparecimento, a entregá-la no templo dentro de uma semana. Caso contrário tomaria severas providências.

Escoado o prazo, sem que a Torá aparecesse, Sturdse mandou requisitar a parelha de bois e o arado de Burd. Em seguida, tirou-lhe as vacas leiteiras. Nem assim obtendo resultado, ao chegar o dia da distribuição dos subsídios aos colonos, mandou afixar na porta da Administração um aviso no qual explicava que fora cortado o devido à família Burd até que a Torá fosse devolvida ao templo. O pátio estava literalmente cheio. Os colonos esperavam a chamada. A esposa de Burd entre eles. Um momento, aproveitando-se da confusão ali reinante, ela esgueirou-se pelos fundos do pomar e penetrou no edifício. E, uma vez no escritório, pôs-se a exigir a devolução dos instrumentos da lavoura, do gado e a cobrar os cinquenta mil-réis a que tinha direito, conforme promessa do agente da ICA na longínqua terra de onde tinha vindo. Acusou o administrador de, monstruosamente, obrigá-los a morrer de fome ou, então, mendigar de casa em casa. Gritou, blasfemou, implorou. Sturdse, por fim, acabou por mandar expulsá-la do recinto. Ela se debateu quanto pôde nos braços de Pedro Neto, o peão de confiança do administrador. Lutou com unhas e dentes, arranhando e mordendo, antes de ser enxotada.

Na tarde do mesmo dia, Burd recebia um ultimato do administrador: ou devolvia a Torá ou seria considerado elemento indesejável na colônia. Burd, ao invés de responder ou atender ao ultimato, desapareceu, deixando a família aos cuidados dos parentes.

Meses depois, o caso da Torá estava esquecido, quando, inesperadamente, o Mordechai Burd irrompeu pelo escritório da Administração adentro, para grande surpresa de Sturdse, que, por precaução, levou a mão à coronha do seu inseparável Colt. Burd, tranquilamente e em tom irônico, interrompeu seu movimento:

— Guarde o seu revólver. Não vim pedir satisfação pela perseguição que moveu contra mim e minha família. Ao contrário, vim agradecer-lhe por ter me forçado a abandonar a colônia. Estou ganhando meu pão honestamente, em Porto Alegre, vendendo pelas ruas galinhas, quadros de santos ou ferro-velho. Tudo preferível a este inferno... Vim buscar minha família. Pode dispor da colônia.

E assim terminou o episódio do desaparecimento da Torá em Filipson.

CARNE *COCHER* E CIRCUNCISÃO

Depois de muitos meses, a colônia já podia contar com a carne *cocher* (quer dizer: carne sadia). Abraão Schteinbruch, o *shoiched*, era um judeu gordo, pesado, de voz rouquenha e baixa. Envergava, nas ocasiões excepcionais, um longo sobretudo de sarja preta e um chapéu preto de largas abas, sob o qual aparecia um rosto amplo, coberto de basta barba castanho-avermelhada emoldurando um eterno sorriso bonachão.

Chegava sempre de tílburi ao lugar de abate, em geral atrasado, trazendo seu estojo negro com os utensílios de trabalho. A rês, já amarrada e estirada no chão, presa por fortes cordas, após dura luta contra os peões, parecia resignada embora seus olhos demonstrassem temor. O *shoiched*, então, arregaçava as mangas da camisa, tirava do estojo a afiada faca, experimentava o fio e, com certeiro golpe, feria a carótida da pobre rês, de onde irrompia um forte esguicho de sangue. E em poucos segundos o bicho morria. Aí, o *shoiched* abria um orifício no abdome, enfiava por ele o braço até o cotovelo e examinava o interior da vítima à procura de alguma víscera doente. Nesse trabalho, resfolegava em virtude do esforço de dobrar sua enorme barriga. E, se por acaso algo encontrasse que lhe parecesse anormal, a rês considerada impura era rejeitada e outra a sucedia no sacrifício.

Nós, crianças, achávamos que o *shoiched* era assim gordo e pesado porque lidava com muita carne e comia em excesso, pois, de acordo com o estabelecido com o administrador da colônia, todos os miúdos da rês sacrificada lhe pertenciam. Os peões das redondezas adquiriam toda a carne imprópria ao consumo dos judeus e a assavam em braseiros, impregnando o ar de cheiro adocicado e apetitoso.

O velho Abraão Schteinbruch, chegando a Filipson, instalou-se dentro do melhor conforto possível. Adaptou-se ao lugar. E logo se espalhou, até os mais distantes rincões do Rio Grande do Sul onde houvesse judeus, que morava em Filipson um *shoiched* que exercia simultaneamente as funções de *moil*, isto é, de circuncidador.

Certa vez surgiu na colônia uma carreta coberta, semelhante às usadas pelos ciganos que, de quando em quando, passavam por ali em suas constantes peregrinações. Viajava nela um casal de alemães acompanhado de suas filhas.

A primeira porteira a que vieram bater foi a nossa. Papai atendeu-os. Mas não foi fácil compreenderem-se. Papai falava em iídiche e eles em alemão. Entretanto, graças à paciência e à boa vontade de ambas as partes, acabamos por saber que se tratava de uma família de judeus alemães, imigrados havia muitos anos, ainda na época das Missões. Moritz, seu chefe, nascera no Brasil, mas, isolado dos de sua raça, não tinha sido circuncidado. E, como tivesse ouvido falar que ali, em Filipson, residia um *moil*, empreendera longa viagem através do Rio Grande a fim de cumprir a promessa que fizera a seus pais: a de se fazer circuncidar, independente da idade que tivesse, desde que se lhe apresentasse a oportunidade.

Moritz era um homem alto, forte, decidido. O *shoiched* não quis assumir sozinho a responsabilidade dessa intervenção, no caso, perigosa. Convocou um *minion*, isto é, dez homens dos mais idôneos da comunidade, para servirem de testemunhas. Intentou demovê-lo de seu propósito com argumentos previstos na Torá para casos semelhantes. Nenhum deles, porém, abalou o enorme Moritz do objetivo que ali o levara.

Neste ínterim, chegava a Filipson um novo elemento: um homem de meia-idade, de tipo imponente, marcial. Usava barbicha em ponta e longos bigodes que lhe caíam sobre os cantos da boca, emaranhando-se e confundindo-se com a barbicha encaracolada. Tinha um estranho cacoete que consistia, vez por outra, quando uma vibração interna lhe incendiava os olhos negros, em mastigar, num movimento nervoso, a ponta dos bigodes ou da barbicha. Servira cinco anos no exército da Rússia, seu país de origem, onde os médicos militares, reconhecendo-lhe as qualidades, facilitaram-lhe as condições para concluir um curso de farmácia. Haviam lhe concedido um privilégio raro, pois naquele tempo, de feroz antissemitismo, somente uma ínfima porcentagem de judeus era admitida nas escolas de ensino superior. Trabalhara ao lado de sumidades médicas num hospital militar e tal capacidade demonstrara que, não raro, tinham ficado a seu cargo casos verdadeiramente delicados, sempre resolvidos por ele com extrema eficácia.

Contava que, ao regressar à sua casa, após o término de seu estágio no exército, encontrou o lar vazio. Nas ruas do bairro judeu em que residia, espalhavam-se corpos de mulheres grávidas trucidadas pelos cossacos do tsar, os ventres rasgados e cheios de plumas de travesseiros. Cães esfaimados comiam-lhes as vísceras e os fetos que se decompunham aos raios do sol. Por toda parte destroços de móveis atirados à rua na fúria do *pogrom*. Os sobreviventes escondiam-se nos porões ou nos forros das casas, como ratos famintos e apavorados que temessem até a luz do dia. E contavam horrores.

Num desses esconderijos o ex-militar reencontrou a família. Faltava-lhe, porém, a pequenina Golde, sua filha. Fora vista, pela última vez, debatendo-se nos braços de um cossaco. Mas, após dias de angustiante procura, acabaram por encontrá-la na isbá de uma mulher do povo que conseguira arrebatá-la de dois cossacos embriagados no momento em que estes, divertindo-se, se preparavam para atirar a pequenina vítima sobre a ponta aguçada de uma espada. A mulher apanhou-a no ar e pôde fugir com a criança, apalermada de pavor.

Desesperado com os constantes *pogroms*, o farmacêutico aceitara o convite da Jewish Colonization e viera com a família para Filipson, onde encontrara a liberdade num país livre de ódios raciais e pudera montar seu lar e, nele, um sumário laboratório para o exercício de sua profissão. Chamava-se Boris Wladimersky, um nome imponente como a sua figura. Os filhos o simplificaram para Valdemar. Para os colonos, porém, era apenas o *felcher*, uma espécie de médico e farmacêutico, o que bem condizia com a sua atividade em Filipson.

Ora, como o grande Moritz continuasse a insistir no seu propósito de se fazer circuncidar, o *shoiched* apelou para o *felcher*. Este mediu de alto a baixo aquela criatura que se igualava a ele em força e tamanho e explodiu com impetuosidade, mordendo, embaraçado, a ponta da barbicha já grisalha:

— Sabes tu o risco que vais correr nessa idade? Para que hás de querer um pedaço a menos, se sempre te deste bem com o que tens a mais?! Atrela teus bois à carreta e volta para os teus campos! Já há tantos judeus sofrendo aí pelo mundo! Não fará mal a ninguém, e nem Deus se lembrará de verificar a existência de um a menos.

Mas o grande Moritz venceu com a sua teimosia todos os argumentos contrários e a intervenção foi feita, revestindo o ato de toda a solenidade. Tudo correu satisfatoriamente e a comunidade passou a contar com mais um judeu.

Moritz e sua família ficaram hospedados em nossa casa. Parte das crianças, incluídas as duas filhas de nossos hóspedes, dormia no galpão, em cima de pranchas recobertas de colchões de palha de milho. As filhas de Moritz ensinaram aos meus irmãos canções em alemão e jogos diversos. Mamãe fazia milagres dividindo o alimento e dobrando as fornadas de pão. Papai cumpria alegremente o mandamento judaico, que manda amar e ajudar seu próximo, cedendo ao hóspede o lugar de honra em sua mesa.

Se existe paraíso, papai sem dúvida lá está. Para ele não existia maior satisfação que trazer para casa cada forasteiro que aparecesse no templo, na sexta-feira à noite, pedindo pouso. Dava guarida a quem lhe batesse na porta, a qualquer hora do dia ou da noite, sem distinção de raça ou religião, repartindo sempre o alimento com o hóspede inesperado. E, cumprindo a lei judaica, o fazia com alegria e devoção.

A INAUGURAÇÃO DA ESCOLA

A monotonia da colônia foi interrompida com a chegada a Filipson dum jovem professor de português. Chamava-se Leão Back. Viera diretamente de uma universidade europeia para ensinar na escolinha rural de um minúsculo ponto perdido na imensidão deste país. E tornou-se, mais tarde, lente de francês do maior ginásio de Porto Alegre, vindo, depois, a dirigi-lo.

Chegaram, também de Paris, mandados pela ICA, um de seus diretores e um engenheiro-agrônomo, o primeiro responsável pela organização da emigração, para estudarem *in loco* as causas dos fracassos da lavoura e verificar a procedência das queixas e insatisfações da nova colônia.

Visitaram colono por colono, indagaram dos problemas de cada um, constataram que a terra daqueles campos não prestava para o plantio e sim para a pecuária, aumentaram para dez o número de vacas de cada colono, e, anexo ao prédio da Administração, fundaram a cooperativa de laticínios, para onde deveria ser levado todo o leite produzido, a fim de transformá-lo em manteiga e queijo. Estes produtos, por sua vez, seriam vendidos ao governo do estado. Com o dinheiro ganho nessa transação, mais o que fosse apurado na venda dos produtos agrícolas, os colonos amortizariam a dívida contraída com a ICA.

O agrônomo convocou uma reunião de todos, durante a qual lhes deu pormenorizadas explicações sobre o melhor aproveitamento das terras das matas a serem derrubadas. A ICA só permitia derrubadas parciais, a fim de aumentar a produção de milho, feijão e outras culturas necessárias. A lenha poderia ser vendida diretamente à estrada de ferro. Isso melhorava de maneira sensível a situação de todos. Entretanto, havia uma dificuldade: as matas ficavam distante da viação férrea, além dos campos de pastagem, e faltavam caminhos. O terreno acidentado dificultava o transporte da lenha. O peso das carretas abarrotadas, que os bois arrastavam através dos campos, arrasava o grosso capim que atingia, por vezes, a altura de um homem. Tropeçavam em pedras, removendo-as, e criando logo adiante novos embaraços. Atolavam em pântanos, dos quais eram arrancados à força de ombros e braços. Cada palmo conquistado às matas representava duro esforço em suor e lágrimas.

Por ocasião da chegada do inspetor da ICA e do agrônomo, papai pleiteou a troca da colônia, no que fomos prontamente atendidos. Deram-nos novas terras localizadas num vale.

Fôramos favorecidos com a troca. A única desvantagem consistia na falta de moradia. Por isso diversos colonos uniram-se a papai e, em pouco tempo, levantaram um galpão onde a família se abrigaria até a construção da nova casa. Ergueram-no sobre um pequeno promontório, onde, mais tarde, seria também edificada a casa, separado da estrada real apenas por um brejo pouco extenso. À sua direita, havia um capão de mato em cujo centro erguia-se, sobranceira, uma árvore de circunferência monumental (um cedro, creio eu). Sua fronde, constituída de possantes ramos, estendia-se acima do galpão e, em meio de suas raízes expostas, semelhantes, guardadas as proporções, às veias esclerosadas e salientes dos anciãos, nascia um límpido olho-d'água. Nascia, para sumir um pouco além nas entranhas da terra e reaparecer cem metros adiante, sob uma laje, já engrossado e transformado em córrego que se ia alargando até fazer-se riacho. Dele nos servíamos em casa e dele se serviam os tropeiros que por ali passavam tangendo tropas de gado pela estrada real. Homens e gado se dessedentavam nas águas do modesto riacho e descansavam à sombra do majestoso cedro.

Cruzando a larga estrada, numa contínua ascensão de terreno, por entre duas barreiras, corria a estrada de ferro. E mais acima, num planalto, ficava a escola. As amplas janelas envidraçadas resplandeciam com os raios de sol e a alvura externa de suas paredes caiadas ofuscava os nossos olhos.

A casa dos professores, bem como a escola, servia-se da água de um poço profundo, o qual, juntamente com seus assoalhos de madeira, representava para nós, crianças nascidas nas colônias não afeitas a nenhum conforto, o máximo do luxo. Nas casas dos colonos o piso consistia numa argamassa especial de certas terras argilosas, misturadas a excremento de cavalo, o que lhe dava certa resistência. Duas vezes por ano era o piso renovado. E a nós, crianças, competia amassar, com os pés descalços, essa argamassa.

O templo também ficava ali por perto. Para alcançá-lo, como também para alcançar a escola, era o bastante subir até a estrada real e cruzar os trilhos do trem que corriam ao longo da Colônia Filipson.

A mocidade da colônia decidira oferecer uma festa em homenagem aos visitantes fazendo-a coincidir com a inauguração da escola. Para tal contrataram-se os mais exímios tocadores de gaita da região. O prédio foi todo enfeitado do lado de fora com lanterninhas chinesas. Tiraram-se dos baús as roupas usadas unicamente nos dias de gala. As mulheres vestiram seus vestidos ainda das bodas, cheios de babados e caudas compridas, cobertos de mantilhas de veludo, bordados e ornados de vidrilhos e pedras coloridas, vidrilhos e pedras que, com o correr dos anos, se foram transformando em colares e pulseiras para embelezar o colo e os braços das suas filhas.

Pelas estradas empoeiradas grupos alegres de moças e rapazes vinham sobraçando seus trajes para a festa e que somente seriam vestidos, em casa dos amigos que moravam nas cercanias, pouco antes de o baile começar. No salão grande da escola, em cadeiras encostadas às paredes haviam se sentado as mulheres da colônia, algumas com crianças de peito, amamentando-as. Os homens, esses conversavam em grupos, à porta de entrada ou espalhados pelo pátio recebendo os convidados.

Os tocadores de gaita (ou sanfona) dedilhavam o teclado, com o ouvido atento à harmonia dos sons. Eram, na sua maioria, analfabetos e tocavam apenas de ouvido; no entanto, a música e a poesia viviam dentro deles. As crianças, já cansadas de tanto correr e brincar, caíam de exaustão nos bancos escolares empilhados por ali.

Por fim, estrugiram rojões iluminando os céus. Todos correram às janelas para ver a chegada dos convidados especiais. Os enviados da ICA vinham chegando de tílburi; as esposas, vestidas à moda parisiense, arrancavam exclamações de admiração da boca das mulheres da colônia, com seus trajes antiquados, guardados durante vários anos para os momentos especiais. Os fazendeiros dos arredores, de Silveira Martins e de Arroio Grande, também convidados, e o delegado Frederico Bastos, por todos benquisto, preferiram vir montados em seus alazões ricamente ajaezados, selas e arreios com enfeites de prata. Traziam belíssimas bombachas, pala de seda jogada sobre os ombros, rebenque de castão também de prata pendente do pulso. Arrastavam as esporas igualmente de prata, com grande garbo sobre a estearina do assoalho, examinando com curiosidade os seus hospedeiros. Suas esposas montavam à amazona sobre selins de veludo grená. As saias compridas caíam sobre as ilhargas das montarias, cobrindo os pezinhos protegidos por botinas de cano alto. Os corpetes justos lhes afinavam a cintura e lhes alteavam o busto. Os cabelos esticados repousavam, em coque, sobre a nuca. À cabeça traziam palhetas que lhes sombreavam o rosto trigueiro, no qual se destacavam olhos rasgados que tanto lhes realçavam os encantos naturais.

E aqueles lavradores de mãos calejadas, afeitos ao uso da enxada e do arado, que teimavam em preservar a alma de um compreensível embrutecimento, souberam portar-se como verdadeiros gentis-homens. Ajudaram as amazonas a apear das montarias, procuraram rodeá-las de atenções, malgrado a dificuldade de se expressarem numa língua que muito pouco conheciam.

Coube a Frederico Bastos, delegado da colônia, e sua esposa iniciar o baile. Polcas, valsas e xotes se sucederam até alta madrugada. Serviram-se doces e salgados feitos à moda europeia e muito apreciados por todos os convivas.

À despedida, houve fortes apertos de mão entre os convidados e colonos que se haviam tornado bons amigos. O agrônomo e o inspetor da ICA, por sua vez, se despediram, naquela noite, da comunidade. Iniciava-se uma nova fase para os que ali permaneciam.

Em consequência dessa festa, espalhou-se o boato de que todos os colonos de Filipson eram gente abastada, de nível superior ao dos das demais colônias. Alcançou as cidades vizinhas a fama da beleza das moças judias. E, a partir daí, mais de uma vez os trens de passageiros desembarcaram curiosos que ali iam para constatar a veracidade do que se propalava. Borges de Medeiros, o grande caudilho, desejou conhecer pessoalmente a colônia e os seus habitantes. E um dia foi lá ter, num trem especial, acompanhado de grande comitiva, ficando hospedado na Administração, que possuía acomodações para tais eventualidades.

JACOB NA ESTRADA DE FERRO

Um dos acontecimentos de grande importância no seio de nossa família foi o meu nascimento. Pelo que contam, não aumentei de muito as preocupações e as dificuldades da casa. Passava os meus dias tranquilamente, quase despercebida deitada num caixote. Quando saíam todos para os trabalhos do campo, carregavam também o caixote e o punham à sombra de alguma árvore. Jacques, ainda de pouca idade, era o encarregado de zelar pela minha integridade física. Devia espantar as moscas, não permitir que as formigas me atacassem, o que, aliás, eu seria a primeira a acusar com toda a força dos meus pulmões. À aproximação de um perigo maior, Jacques chamava papai, que vinha correndo, munido de um grosso cajado, para o que desse e viesse.

Outro acontecimento importante foi o noivado de minha prima Golde, que foi sempre, para nós, crianças, a mais dedicada das irmãs. Acertado o noivado, houve entre as famílias negociações complicadas a propósito do dote da noiva, de quem sustentaria o casal e de com quem moraria. Como houvesse dote, ficou combinado que meus pais anexariam à casa mais um quartinho, no qual o novo casal se acomodaria. Com isso, meus pais não se separavam de Golde, a quem queriam como a uma filha. Golde era sobrinha de mamãe, filha do seu único irmão, e órfã de mãe.

Jacob, que estava esperando uma oportunidade para sair da colônia onde não via nenhum futuro para si, propôs ao futuro marido de Golde se aventurarem mundo afora. Saíram a pé, pelo leito da estrada de ferro. A eles, na cidade mais próxima, reuniram-se outros rapazes igualmente dispostos a mudar de vida. Foi com lágrimas nos olhos que meus pais se separaram do primogênito. Jacob levava consigo algumas roupas, pouco alimento e uma vontade obstinada de vencer na vida.

Luís, embora muito mais moço, substituiu o irmão ao lado de papai, sacrificando, para tanto, as aulas de iídiche e hebraico, que eram ministradas num anexo do *chill* (sinagoga) pelo pai de meu futuro cunhado, o *rebe* Abraão Waissman. As aulas eram acompanhadas de fartos puxões de orelhas e uso amplo da palmatória.

Quando o Luís sofreu o primeiro castigo, sentiu, além da revolta, profundo desejo de desforra. O *rebe* e nosso *mechuten* (compadre), pai do noivo da mana Golde, começou a ser vítima de pequenos "acidentes": pregos enfiados na cadeira, palhas de milho espetadas na gola do casaco etc. Um dia o *rebe* surpreendeu o Luís preparando uma das suas vinganças. Desceu-lhe as calças na frente de todos os colegas e aplicou--lhe umas boas palmadas. Luís, revoltado com o humilhante castigo sofrido na presença dos colegas, deixou de frequentar as aulas, preferindo ajudar os caboclos na doma dos potros xucros, na marcação do gado, e apostar carreiras na cancha recentemente aberta numa reta na nossa colônia.

Quando a nova escola foi inaugurada, dispondo de amplas janelas e tendo como professor de português um pedagogo eminente, Leão Back, a quem breve iria juntar-se o professor Israel Becker, para lecionar o iídiche e o hebraico, o Luís já não dispunha de tempo para frequentar as aulas, tanto estava absorvido e interessado nos trabalhos do campo. Nessa altura, uma nova experiência estava sendo feita em Filipson, o plantio de trigo, contando nos primeiros tempos com o auxílio da Administração, que fornecia as sementes e os instrumentos agrícolas necessários. Luís dedicou-se de corpo e alma a essa tarefa ao lado do papai.

Após semanas de espera, chegaram notícias dos rapazes que haviam empreendido a aventura de sair da colônia e cair no mundo.

———

Otacílio, o chefe da estação, ouvira de um maquinista que os decididos rapazes, seguindo a pé ao longo dos trilhos, tinham deparado com um trem de carga fazendo carregamento de lenha. Ofereceram-se a fazê-lo e foram logo aceitos em vista da grande quantidade de lenha para carregar, e a carência de homens para o trabalho. E, assim, durante vários dias, estiveram ocupados em prover os vagões que se iam sucedendo. O sol forte castigava-lhes a pele alva já ferida pelo contacto da lenha áspera, mas eles permaneciam firmes no trabalho.

O maquinista tivera uma expressão de admiração:

— Puxa! Nunca vi gringos de pele tão clara aguentar trabalho tão pesado!

Recebida a paga do último carregamento, lá se haviam ido, empoleirados no último comboio, sobre pilhas de lenha, no rumo de Santa Maria, Jacob entre eles.

Em casa, com sua ausência, o serviço dobrava e, a fim de não serem prejudicadas as tarefas inadiáveis, cada membro da família, por pequeno que fosse, era forçado a aumentar sua ajuda no esforço comum. Golde auxiliava papai no trabalho de arado, abrindo sulcos na terra, e os menores, de sacola a tiracolo, iam depositando as sementes que a planadeira, por sua vez, ia cobrindo. Luís, o maiorzinho, que mal tinha atingido os nove anos, levava todo o leite à cooperativa e trazia o parco dinheirinho que mamãe economizava para o enxoval de Golde.

Mas aconteceu que mamãe sofreu uma queda e contundiu o pulso da mão direita. Depois de uma noite de sofrimento, papai foi chamar o *felcher* (boticário). Este constatou uma grave fratura. A mão e uma parte do braço se apresentavam inflamadas e bastante doloridas. O *felcher*, praguejando contra a Administração que não lhe fornecia remédios e instrumentos necessários, aplicou em mamãe uma injeção de morfina para aliviar as suas dores. E, enquanto aguardava a ação do medicamento, com uns pedaços de taquara e umas tiras de lençol improvisou umas talas e enfaixou o antebraço de mamãe, aconselhando-a a seguir para Santa Maria e procurar um hospital onde lhe ministrassem cuidados mais completos.

Com a imobilização da mão e do braço, mamãe sentiu-se mais confortada e repousou. No dia seguinte, com a estrela-d'alva, saiu a pé, em companhia da nossa irmã Golde, para Santa Maria. Levava suas pequenas economias e forte dose de coragem. Não permitira que papai interrompesse o plantio retirando os bois do arado para atrelá-los à carroça com a qual tornaria a sua viagem muito mais confortável.

Andaram o dia inteiro e chegaram a Santa Maria ao anoitecer. Golde, que já se fazia entender em português, indagou pela Santa Casa a uma alma caridosa que as encaminhou ao seu destino, onde foram carinhosamente recebidas. Entretanto, somente no outro dia foi mamãe examinada por um médico, o qual elogiou o engenho do *felcher* não vendo necessidade de nada acrescentar ao que já fora feito.

Repousadas da longa jornada, mamãe e Golde saíram pela cidade para fazer algumas compras para o enxoval. Encontraram, na rua, Isaac Russovsky, um dos rapazes saídos da colônia juntamente com Jacob, que lhes falou da dura experiência que haviam tido, ele e os outros companheiros. Acomodara-se ali. Trabalhava num armazém de secos e molhados na esperança de economizar algum dinheiro para voltar a Filipson e casar.

Quanto a Jacob, o noivo da Golde e os outros rapazes, tendo conhecimento de que empreiteiros recrutavam trabalhadores para a construção de uma estrada de ferro que ligaria Santa Maria a Cacequi, se haviam engajado no empreendimento, confiantes na promessa de bom salário, e seguido de trole com o fiscal de obras da futura estrada.

Mãe e filha regressaram a Filipson conforme partiram: a pé. Naquele tempo, os trens de passageiros só trafegavam uma vez por semana. Esperar por eles constituía um desperdício de tempo e de dinheiro.

Passaram-se meses sem que meus pais tivessem notícias de seu primogênito. Mamãe varava as noites em claro, os olhos abertos na vã tentativa de atravessar distâncias desconhecidas e localizar seu filho, e passava os dias atarefada e tristonha, quase sem falar com ninguém. Papai, todos os sábados, ia à estação em busca de correspondência e tornava cabisbaixo com as mãos vazias.

Contudo, uma noite, foram acordados com leves batidas na janela de seu quarto. Uma voz baixa, quase um sussurro, chamava por mamãe. Ela pulou da cama. Seu instinto materno lhe dizia que era seu filho Jacob que voltava. Abriram a porta e depararam com a densa escuridão da noite. Cautelosamente, espiaram para fora e, de súbito, se sentiram abraçados pelo filho de regresso ao lar.

Acenderam o lampião de querosene. A petizada toda se arrancou do leito para atirar-se aos braços do irmão mais velho. A casa, num instante, adquiriu um ar de festa. À cabeceira da mesa sentou-se o herói da emocionante aventura e, enquanto era preparado o samovar para o chá, todos, ansiosos, queriam conhecer o que lhe havia acontecido durante a sua longa ausência.

Jacob, então, num gesto majestoso, tirou do bolso um maço de dinheiro em notas de quinhentos réis e o entregou à mamãe, dizendo:

— É todo teu, mamãe!

Era um total de quinze mil-réis. Mamãe, porém, com o maço de notas na mão, sem atentar na importância que aquilo representava, tinha os olhos fitos no rosto emagrecido e fatigado do filho. Seus lábios continham a custo uma avalanche de perguntas.

E Jacob historiava. Quando ele e os companheiros chegaram à companhia, o diretor não os quisera aceitar. Achara-os incapazes para o trabalho brutal que os esperava. Ali precisava de gente endurecida, calejada no carregamento de dormentes, e de muita força nos pulsos para fincar os cravos e ajustar as porcas nos grandes parafusos. Mas, como insistissem muito, foram por fim aceitos. E, já na manhã seguinte, lá estavam eles dobrados ao peso dos dormentes a estendê-los ao longo do leito dos trilhos, onde outros operários enchiam os vãos de pedra britada e estiravam as longas vigas de aço.

Depois de alguns dias de trabalho, os ombros e as mãos lhes sangravam. Sofriam com os ardores dos raios de sol e com as chacotas dos companheiros de serviço. A noite ia encontrá-los completamente exaustos e saudosos dos entes queridos. A maior parte dos operários afogava a canseira na cachaça, em rixas e chinas. Mas eles, os gringos, como eram chamados, preferiam empregar as horas de lazer estudando o português com a ajuda do guarda-livros da cooperativa da estrada de ferro.

No fim do mês, à maioria pouco sobrava de seu ordenado. Os operários ficavam devendo à estrada de ferro e não podiam, por força do contrato, abandonar o serviço por outro melhor. Jacob e Leão, o noivo da Golde, ao contrário dos demais, pagavam suas contas e entregavam o saldo ao diretor das obras a fim de economizá-lo. Este homem simpatizara com Jacob, por isso, depois de algum tempo, tirara-o da estrada e o empregara como caixeiro na cooperativa. Entrementes, a saudade apertava. Jacob não somente ansiava por rever os seus, como desejava cooperar com as suas economias no orçamento doméstico. Com essa intenção, procurara o diretor, seu amigo, e o avisara de seu regresso. Este, depois de elogiar-lhe a eficiência e honestidade, aconselhara-o a voltar e a trazer consigo nova turma de rapazes empreitando-os por sua própria conta para assim obter um lucro para si. E, assim, Jacob despediu-se de todos os colegas, deixando em seu lugar seu futuro cunhado, Leão, triste por não poder acompanhá-lo a Filipson e rever sua noiva, a Golde.

De madrugada, antes de o sol raiar, Jacob pusera-se a caminho, escondidas no forro do paletó as suas economias.

Esperava ser alcançado em algum trecho da estrada por um trole ou um trem cargueiro que lhe desse condução.

Porém o sol do meio-dia ainda o fora encontrar caminhando ao longo dos quilômetros de trilhos que ele ajudara a ajustar. Exausto, resolveu descansar à sombra de uma árvore. Desfez um embrulho que trazia no bolso e dele retirou algo de comer. Espraiou a vista pela paisagem verde em derredor, imensa e ensolarada, apenas perturbada de quando em quando pela passagem de uma ema em disparada ou pelo voo repentino de uma perdiz. E sentiu-se prisioneiro daquela vastidão. Seus pés lhe doíam de inflamados que estavam. Percebeu que não poderia continuar a viagem se não se libertasse dos sapatos. Arrancou-os. Ergueu-se com dificuldade e reiniciou lentamente a árdua caminhada. Não demorou, seus pés, não afeitos ao contacto das asperezas da estrada, começaram a sangrar. Experimentou calçar novamente os sapatos, mas o inchaço dos pés não o permitiu. Chegado a uma ponte junto a um rio caudaloso, Jacob segurou-se à balaustrada, compreendeu que as forças o abandonavam de vez. Retroceder não podia. Amarrou a mala nas costas, sentou-se a cavaleiro no trilho e, com a ajuda de ambas as mãos, foi se arrastando até alcançar de novo terra firme. A essa altura o desespero já se havia apossado dele, deixou-se cair no chão, arquejante, e sentiu que lágrimas ardentes lhe banhavam o rosto febril.

As primeiras sombras da noite o envolviam justamente com a campina e a solidão. Arrastou-se ainda por alguns metros e, de maneira instintiva, lançou um brado que ecoou pelas longínquas coxilhas. E, para surpresa sua, uma voz humana respondeu ao seu apelo:

— Quem vem aí?

— É de paz! — Jacob respondeu, o coração saltando-lhe do peito de alegria.

Arrastando-se, pouco depois, seguindo a direção da voz, deparou com um carreteiro parado à beira de um riacho. Uma parelha de bois pastava tranquilamente, uma fogueira crepitava assando um naco de carne cheirosa e uma chaleira de ferro fervia no tripé, pronta para o mate reconfortador.

Jacob estirou-se na beira do riacho e sorveu daquela água com deleite. Em seguida, lavou os pés inchados e feridos, contando ao carreteiro toda a sua odisseia desde a sua saída do acampamento da estrada de ferro. Queixou-se da má sorte que o vinha acompanhando durante todo o percurso. O carreteiro, penalizado, preparou um unguento e passou-o nas feridas de Jacob. Fê-lo deitar-se ao lado da fogueira, cobrindo-o com pelegos quentes e deitando-se também.

Jacob acordou já dia alto, refeito, sem febre. O carreteiro, que se dirigia a Santa Maria, ofereceu-se para levá-lo até lá. Nessa cidade, ao se despedirem, Jacob, não sabendo como demonstrar sua gratidão para com o bom homem, deu-lhe de presente o único sobretudo que possuía para os rigores do inverno e que tinha trazido da Rússia.

Agora, só lhe faltava subir a serra para estar em casa. Com passo lento, encetou a marcha pela estrada já muito sua conhecida. A natureza dadivosa quis ofertar-lhe uma recompensa por tudo quanto tinha sofrido. Um espetáculo sem-par desenrolava-se a seus olhos. Um sol feérico tudo iluminava e a vegetação adquiria coloridos de arco-íris. Jacob, embebido na beleza do entardecer, nem percebeu que tinha vencido a subida. A noite caiu rápida. A negra abóbada do céu foi se pontilhando de estrelas fulgurantes. Jacob temeu desviar-se da estrada e ir se perder distante de casa. De súbito, avistou algo sobrenatural, como que uma acha incandescente, que deslizava pela estrada na sua direção. Encolheu-se assustado e viu a coisa passar por si e sumir na escuridão. Finalmente, deparou com a porteira de casa.

Naquela noite e nas noites seguintes ninguém dormiu em casa, pois não nos cansávamos de ouvir as narrativas de Jacob. As famílias dos arredores também nos procuravam para saber notícias de seus filhos. Poucas semanas depois, Leão também regressou e logo marcou a data de seu casamento.

O ROMANCE DO ADMINISTRADOR

Sturdse, o administrador, deixou-se envolver pelos encantos da bela e cândida filha de Baruch Wolff. Este possuía duas filhas do primeiro matrimônio e se casara em segundas núpcias com uma viúva jovem e bonita chamada Mariem, mãe de um casal. Quando chegaram a Filipson, integrando a primeira leva de imigrantes, já vinham enriquecidos com o nascimento do primeiro filho tido em comum.

A filha mais velha de Wolff casou-se logo ao chegar à colônia, recaindo sobre os frágeis ombros de Olga toda a responsabilidade do lar, uma vez que a bela Mariem, todos os anos, presenteava o marido com um novo rebento. A alguém que lhe perguntara se não se sentia exausta com a família numerosa, ela respondera que seu marido era belo e forte e, por isso, preferia que ele gerasse os filhos nela antes de fazê-lo com as chinas dos ranchos.

Baruch Wolff era entendido em agricultura. Na Rússia, trabalhara numa estação experimental de agronomia. Fora o primeiro a plantar trigo na colônia, e graças à sua insistência e ao êxito de sua experiência é que foram distribuídas as primeiras sementes aos demais colonos.

Em vista disso, o administrador visitava-o seguidamente e dessas visitas nasceu o romance com Olga.

Sturdse ia sempre encontrá-la ocupada com os mais rústicos afazeres e, ao acercar-se dela, via-a enrubescer. Suas longas pestanas cobriam-lhe os olhos azuis. Pequenas sardas, que lhe pontilhavam as faces e o nariz, emprestavam-lhe um encanto todo especial, apesar do seu aspecto maltratado. Duas tranças longas como as espigas de trigo que seu pai colhia pendiam-lhe pelas costas magras.

Sturdse um dia lhe perguntou por que não frequentava a escola como as outras filhas dos colonos. Olga respondeu que não podia fazê-lo por ser indispensável à madrasta e às criancinhas sob o seu cuidado. E, quando Sturdse a pediu em casamento, Mariem não ocultou o espanto e o desgosto que isso lhe causava.

Entretanto, ao invés de casar-se imediatamente, Sturdse pediu autorização a seu futuro sogro para internar Olga no colégio mais aristocrático de Porto Alegre, de onde, dois anos depois, sua noiva voltava transformada numa verdadeira dama. Essa história, contada e recontada nos longos serões, adquiria em nossa mente infantil proporções de um maravilhoso conto de fadas.

Inúmeras bodas já se haviam realizado em Filipson. Muitos casais, para permanecerem próximos dos pais, pediam colônias para si. Eny e Schmil Ackselrod foram morar em Rincão das Pedras. Sturdse, em sociedade com o cunhado, Karnos, marido da irmã mais velha de sua eleita, abriu uma venda, espécie de cooperativa, junto da estação de Pinhal, passando a abastecer os empregados da estrada de ferro e também os colonos, em troca de produtos da safra do ano. Construíram os sócios um moinho aonde era levado todo o trigo colhido nas colônias, carregado anteriormente para Vale da Serra.

Todavia, depois do casamento, começou Sturdse a acariciar a ideia de voltar com sua família para a Europa. Um dia, separou-se do cunhado e sócio, recebeu sua parte em dinheiro, entregou a administração da colônia a outro representante da ICA nomeado para substituí-lo e lá se foi para a França. Anos depois, terminada a Primeira Grande Guerra, o pai de Olga, o então já velho Baruch Wolff, recebeu a triste notícia de que sua bela filha Olga deixara de existir, vitimada pela epidemia conhecida por gripe espanhola que assolava o mundo todo. De seu matrimônio ficavam três filhos na orfandade.

ENCONTRO COM A VIDA

Da nebulosidade dos meus primeiros anos de existência, minha memória fixou algumas cenas que marcaram fundamentalmente a minha integração na vida da família.

Morávamos num galpão, em caráter provisório, ao lado do qual a nossa casa estava sendo construída. Evoco ainda hoje o cheiro da serragem desprendida da madeira que ia sendo utilizada, o ruído das ferramentas. Lembro-me de que, num dia muito frio, havia inusitado movimento dentro do galpão. Alguém tirou-me dos ombros o xale que me agasalhava, indiferente aos meus protestos. Num canto uma mulher chorava e umas pessoas a seguravam. Era decerto minha mãe. Por que a magoavam? Por que não me devolviam o xale? Sentia frio mas ninguém ligava para isso. Percebo, então, que embrulham algo no meu xale. Um homem forte, de barba, o mesmo que me carrega sempre ao colo e que, portanto, me pertence, como o meu xale e a mulher que chora, pega do estranho embrulho com muito cuidado e o mantém por algum tempo encostado ao peito. Depois, entrega-o a outros homens que se retiram porta afora. Mamãe, que os segue até o umbral, fica acenando com a mão, em prantos. O lenço que lhe cobria a cabeça escorrega e suas longas tranças ficam pendidas ao longo de suas costas. Eu peço aos gritos que me devolvam o xale. Mamãe promete fazê-lo. Mas nunca mais o recebi de volta.

    Os dias prosseguem envoltos em tristeza. Sinto que algo falta em casa, algo assim como um brinquedo que agitava os bracinhos, ensaiava balbucios, que muito me divertia, mas no qual me era vedado tocar. E choro muito, não sei se por isso. Vivo agarrada às pernas dos maiores, atrapalhando-os. Peço-lhes coisas que não me podem ou não querem dar. E começo a compreender a diferença entre o dia e a noite. O dia tem sol e o sol é quente e bom. E a noite é escura e mete medo. Quando chove, corro a enfiar-me embaixo da chuva, porque a chuva ajuda a crescer e eu tenho pressa de ser grande. Meus companheiros de todas as horas são os filhotes da cadela Tinofre. Vejo-os sugarem gulosos as tetas da mãe. Fico igualmente tentada a experimentar o que fazem. Arranco um deles a custo. É gordo, o focinho porejando leite, tem um cheiro adocicado. Procuro insinuar-me em seu lugar. A cadela, porém, me rejeita com violento rosnar. Há em casa também uma gata com filhotes. Vive metida atrás do forno. Adotei um dos gatinhos.

    Considero-o meu filhinho, devoto-lhe todo o meu amor, contudo ele vem a morrer asfixiado num cobertor, por excesso de desvelo. Não toco nos demais. Parecem-me tão frágeis! Prefiro vê-los brincando ao sol com a mãe que lhes ensina a caçar camundongos. Pega-os de um salto, tonteia-os a tapas e entrega-os aos filhotes, permanecendo vigilante para que a presa não lhes fuja. Ah, como choro a morte do meu gatinho predileto, malgrado me distraia com as travessuras de seus irmãos! Tenho também uns pintinhos recém-saídos da casca. Mamãe os resguarda dentro de um travesseiro macio e fofo para não atrapalharem o nascimento dos irmãozinhos retardatários. Enfio a mão no travesseiro, tiro-os um a um, beijo-os carinhosamente e encosto-os no rosto para sentir-lhes o calor e a maciez da penugem. Um, porém, escapa-me da mão e, na queda, quebra uma perninha. Por isso, apanho de mamãe, que se lamenta de ter uma filha desastrada, que só causa danos onde quer que mexa. E eu choro desconsolada de pena do pintinho e pelo fato de mamãe não ser como a gata, que outra coisa não faz senão brincar com seus filhotes. E patinhos, então! Que alegria segui-los nos charcos e vê-los nadar ao lado da mãe e que tristeza por ver que mamãe, no meu entender, não me dispensa idênticos carinhos.

Mais tarde, desviei as atenções para uma boneca de pano que minha irmã Adélia me fizera. Sua cabeleira fora feita de pelos arrancados aos pelegos. Afinal, a boneca, eu podia apertá-la à vontade de encontro ao peito e dormir com ela, sem o risco de magoá-la ou sufocá-la. E à mamãe, que se queixava da minha excessiva afeição por bichos e bonecas, as comadres começaram a vaticinar que isso era indício de minha futura esterilidade.

Para ser franca, não tenho lembrança da chegada da minha irmã Idinha. Nada ouvi, nada percebi, a não ser a presença de um pequenino ser surgido não sei donde, ocupando inesperadamente o berço vazio.

Meu entusiasmo estava todo concentrado em duas sobrinhas, filhas da mana Golde que viera de Bagé para cuidar de mamãe e da casa. Eu não me cansava de lhes mostrar os meus tesouros intocáveis. Elas, porém, haviam trazido bonecas de verdade, rosadas, com olhinhos e bracinhos, algumas de cabecinha lisa, outras com cabelos muito diferentes da minha pobre bruxa de pano.

Cobicei-as assim que as vi. As sobrinhas, percebendo-o, não permitiam que eu brincasse com elas, apesar das censuras da mãe. Então, principiei a maquinar um plano para tirar-lhes nem que fosse a menorzinha. Neste ínterim, com agradável surpresa, a mãe das meninas, minha irmã, presenteou-me com uma das bonecas. Mas minha alegria durou pouco, pois as sobrinhas abriram num berreiro e avançaram para mim, que, trêmula, segurava a boneca na mão, e puseram-se a puxá-la. Em poucos segundos desmembraram-na, restando em minha mão apenas a cabecinha. Mamãe interveio na briga procurando acalmar as meninas, às quais considerava como netas, dando-lhes toda a razão e castigando-me pela ousadia de desejar coisas fora do alcance de uma filha de colonos. Senti-me como que lesada em meus direitos. Papai chegou-se a mim, acariciou-me os cabelos com a sua mão robusta e falou-me com brandura:

— Minha malandrinha (*sholetonque*), venha ajudar-me a recolher os terneiros ao curral.

Imediatamente esqueci a contenda. Pela primeira vez, senti-me importante e útil. Agarrei-me à mão peluda de papai que, num movimento rápido, içou-me ao alto de seus ombros. Meus bracinhos rodearam-lhe o pescoço sob a barba espessa e, mais uma vez, pus-me a chorar desconsoladamente.

Nossa casa estava quase terminada. Faltava apenas rebocá-la. Próximo dela, haviam cavado uma grande fossa para onde transportavam feixes de palha de trigo, estrume e latas d'água. No centro da fossa fora fincado um tronco de árvore e a este estava amarrado um cavalo branco. Alguém, munido de comprida vara, cutucava o cavalo e o fazia girar em torno da fossa, de forma a ir enrolando a corda em volta do tronco e a ir reduzindo a área do círculo traçado por ele em derredor da fossa. Chegado a certo ponto, a um novo toque da vara, o cavalo girava em sentido contrário, desenrolando a corda e aumentando a área do círculo. Dessa maneira, trituravam aquela argamassa e a retiravam da fossa, depois de devidamente tratada, e a transportavam sobre uma espécie de trenó primitivo, constituído de duas tábuas amarradas entre si e postas em cima de duas rodas, puxado por outro cavalo, e com ela rebocavam as paredes da casa.

Para nós, crianças, esse trabalho representava um divertimento sem-par, pois cada uma de nós dava a sua voltinha no lombo do tristonho cavalo da fossa ou no trenó quando este voltava com vasilhames vazios. Às vezes, uma de nós era cuspida para fora e tal coisa constituía motivo de boas gargalhadas, já que nenhum dano nos causava, exceto o susto. No tocante a mim, sentia-me cada dia mais agarrada à mamãe. Mesmo quando brincava não a perdia de vista. Um dia em que ela necessitou de estar fora de casa algumas horas, de tanto chorar fiquei com febre e, graças a isso, pude desfrutar de toda a sua atenção e da ventura de dormir em sua própria cama, aconchegada ao seu corpo. Bendisse aquela febre que me revelou o seu profundo amor por mim e desejei continuar doente para continuar a merecer-lhe toda aquela ternura.

Na manhã seguinte, percebi que atrelavam os bois à carroça e logo compreendi que meus pais iriam ausentar-se. Então, utilizei-me do recurso nunca usado até a véspera: agarrei-me à sua saia e implorei que me levassem com eles. E foi com alegria que me vi instalada em cima dos sacos de batata, de milho, das melancias, das abóboras, deixando para trás meus irmãos que labutavam em torno da fossa e o cavalo tristonho e cabisbaixo que girava, girava, em volta do tronco. E — oh, coisa maravilhosa! — o mundo começou a alargar-se, uma estrada avermelhada a estender-se à minha frente. Por fim apareceram algumas casas esparsas na beira da estrada. Defronte de uma delas papai se deteve e se pôs a descarregar a carroça. Gente da casa rodeou papai e mamãe conversando alegremente. Tive a intuição de que ambos representavam algo para essa gente. Eu própria fui alvo de atenções. Tudo isso me enchia de júbilo, mas não me fazia largar a saia de mamãe.

Subimos de novo para a carroça, agora vazia, que lá se foi chiando pela estrada. Os bois, atacados pelas moscas, procuravam afastá-las chicoteando-as com a cauda. O sol, cada vez mais alto, principiava a incomodar-me e acabei por meter-me debaixo do banco dianteiro e adormecer. Quando acordei, já tínhamos ultrapassado o misterioso Taboão e íamos entrando por um caminho diferente, marginado de grandes casas de tijolos vermelhos, cercadas de árvores enormes e de flores multicoloridas. Entramos numa delas, eu sempre agarrada à mão de mamãe. Papai escolheu ali algumas cadeiras e amarrou-as na carroça e mamãe mandou embrulhar umas xícaras de asas douradas e com flores pintadas em relevo. Finalmente, apressávamo-nos para o regresso. Quando mamãe, já com o pé no estribo e a saia arregaçada, ia subir na carroça, lembrei-me de pedir-lhe água. Não sei então o que lhe aconteceu. Mamãe soltou um grito e caiu no chão, com o sangue lhe manchando o vestido. Papai acorreu sem perda de tempo, ajudou-a a erguer-se e levou-a a um riacho próximo onde diversas mulheres estavam lavando roupa. Ali rasgaram-lhe a anágua e se puseram a fazer-lhe curativos, enquanto papai e alguns homens que também haviam acorrido para prestar-lhe auxílio se afastavam discretamente.

    A nossa volta para casa foi lenta e penosa, com mamãe, em silêncio, deitada no fundo da carroça e papai guiando os bois com excessivo cuidado a fim de evitar solavancos. Eu, encolhida num canto, tomada de um tremendo sentimento de culpa, seguia muito triste, convicta de que era a responsável por tudo quanto havia acontecido a ela.

CIGANOS

Lembro-me de um fato acontecido comigo, como se o estivesse vivendo agora. Vivia eu, então, essa fase feliz da infância, na qual o dia tem apenas dois períodos: o amanhecer e o anoitecer. Nessa fase não são levados em conta os horários e as obrigações, mas somente a vida livre em que apenas as exigências do estômago prevalecem.

    Era no começo de um dia de verão e eu, já muito cedo, me encontrava tagarelando na casa do nosso vizinho Druch. Todos haviam saído, menos Ana, que se preparava para ir ajudar seu noivo, Moiche Zibenberg, numa experiência de fabricação de caramelos.

Ana convidou-me a acompanhá-la e eu, desvanecida com tal convite, prevendo a possibilidade de ganhar caramelos, não me fiz de rogada, acompanhei-a.

Não saberia dizer quanto tempo ficamos por lá. Pela longa sombra que se estendia atrás da casa e pela posição do sol bem em declínio, percebia-se que o dia terminava. Ana tirou-me dos entretenimentos em que me encontrava empenhada com minha amiga Fani, chamando-me para regressar à casa. Ao cruzarmos a porteira, avistamos uma multidão que vinha ao nosso encontro e, à frente dela, uma figura alta e magra, vestida de escuro, tendo ao seu lado o vulto pequenino de minha mãe, toda aflita.

Em meio às confusas explicações, acabei por compreender que, em frente à nossa casa, havia descarrilhado um trem lotado de ciganos, os quais logo se espalharam pelas redondezas, pedindo comida e dinheiro para ler a sorte. Minha mãe, preocupada com a minha prolongada e inexplicável ausência, receando que os ciganos me tivessem raptado, correra à escola para pedir auxílio ao professor Israel Becker. Este, por sua vez, armara seus alunos mais taludos com pedaços de pau e, com eles, saíra à minha procura.

Olhos indignados me fitavam por sob os casquetes metidos em cima de rostos sardentos ou cobertos de espinhas. Bocas, cujo lábio superior já se mostrava sombreado por um buço acentuado, sorriam de satisfação, assistindo ao castigo que me era aplicado por minha mãe com uma varinha fina que queimava como brasa sobre a pele mal protegida pela sainha curta. Para melhor gozarem do espetáculo apoiavam-se, desajeitadamente, com suas manoplas aos pedaços de pau que poderiam ter servido para proteger-me.

Mãos carinhosas ergueram-me do chão e uma voz meiga desceu sobre mim e inundou-me a alma de profunda gratidão. E, agarrada a uma dessas mãos cálidas e protetoras, segui para casa, sob escolta.

Tempos depois, a mesma mão, guiando a minha com firmeza, ensinou-me a traçar as primeiras letras do alfabeto.

PECY E SUAS ESTÓRIAS

A nossa vizinha Pecy primava pelo espírito jovial e companheirismo. Suas longas estórias de fadas, feiticeiras e encantamentos fascinavam nossa imaginação infantil. Eram sempre sete montanhas, sete lagoas, sete dragões a vencer, para alcançar a mão de uma princesa encantada. Falava com voz um pouco anasalada, erguia-se do assento no auge da narrativa, estendia o braço sobre a mesa como acompanhando o príncipe apaixonado em sua longa peregrinação. A sua sombra miúda projetava-se na parede, à luz fraca do lampião de querosene. E nós acompanhávamos o movimento de seus braços e o brilho gaiato de seus olhos negros perdidos no espaço, perambulando através de mil obstáculos com o príncipe denodado. Acabávamos por adormecer antes de ouvir o fim da estória. Na noite seguinte, azucrinávamos de novo os ouvidos da Pecy, abusando de sua paciência, para que nos contasse outra estória.

    Quando o velho Druch viajava para Santa Maria em busca de tratamento para os seus achaques, agravados por terríveis dores de cabeça e responsáveis por sua morte, nós disputávamos o privilégio de dormir em sua casa, junto com ela numa cama grande. Depois de nos regalarmos com os deliciosos bolinhos de fubá que ela fazia, nos acomodávamos como podíamos. A mana Adélia dormia com Pecy no lado da cabeceira e eu e o Jacques nos pés da cama. Antes de deitar, ela tirava a peruca e uns cachinhos de cabelo preto se lhe espalhavam pelos ombros dando-lhe um aspecto juvenil. Nossos pés cutucavam os seus e sempre encontrávamos receptividade em nossas brincadeiras. Nunca nos satisfazíamos com a liberdade que ela nos permitia. Abusávamos da sua tolerância.

    Às sextas-feiras, os Druch costumavam atrelar o Chimel caolho à carrocinha, que eles mesmos apelidaram de Teredaica, e iam passar o sábado em casa dos filhos Ana e Abraaõ, que moravam em Pinhal. E assim que os dois, empoleirados no assento, desapareciam a distância, arrastados pelo cavalinho meio cego e trôpego que seguia aos trancos, pisando sobre os próprios cascos desferrados, quase cuspindo os donos para fora da carroça, nós, peraltas, invadíamos a casa desguarnecida e devassávamos a cozinha da santa mulher. Ali, devorávamos tudo quanto houvesse, feito famintos canibais. Pecy, na volta, encontrava o postigo dos fundos, pelo qual entrávamos, apenas encostado e vazias as latas dos bolinhos. Conhecia de sobra os autores da proeza, nem por isso nunca nos recriminava e nem se queixava aos nossos pais. Talvez por essa razão, tocados de remorsos, deixamos, com o tempo, de praticar esses assaltos ao alheio. Pecy era ótima companheira para qualquer folguedo que inventássemos. Na sua saudável maturidade, topava qualquer desafio. Parecia querer recuperar a mocidade frustrada por um casamento imposto pela família com um homem inegavelmente bom, porém muito mais velho do que ela, do qual resultou numerosa prole. Mais tarde, estando todos os filhos casados e residindo distante, Pecy passou a dedicar o seu afeto e o tempo que lhe sobrava às crianças lá de casa. Às vezes, à tardinha, quando Jacques e Adélia, de volta da escola, iam buscar os terneiros no pasto para os recolher ao curral, Pecy ia junto. E, se ambos se pusessem a apostar o salto com vara, Pecy entrava na aposta e, por instantes, flutuava no espaço, as saias rodadas enfunadas, a peruca escorregando para os olhos, deixando à mostra o seu cabelo preto encaracolado.

    Mais uma vez Pecy me pareceu uma personagem dos seus contos maravilhosos. Vendo-a saltar daquela maneira, eu tinha a impressão de estar assistindo ao voo de uma bruxa montada num cabo de vassoura e não estranharia se ela se sumisse na direção das nuvens e nelas se perdesse.

PECY, A NORA

A casa de Pecy estava em festa. Seu primogênito chegara de Buenos Aires e trouxera consigo, além da sua família, a prometida de Abraão.

Não me recordo se a festa era de noivado ou casamento. Lembro-me tão somente da impressão que a moça me deixou. Estava vestida de seda verde. Era uma túnica adornada de contas pretas. O cabelo negro, apanhado no alto da cabeça, fazia sobressair um pescoço alvo e um colo cor de leite. Tinha os olhos pretos e a boca rasgada com uns lábios bem vermelhos. Dançava com seu noivo. Não me lembro qual deles não sabia acompanhar o outro. Atrapalhavam-se nos passos, paravam um pouco, prestavam atenção no compasso da sanfona meio desafinada e saíam de novo a saltitar desajeitadamente.

Pecy, a sogra, queixou-se à mamãe que havia um senão naquele casamento. Todavia, como a moça viera de longe, deveria ser o mesmo relevado. Havendo fé em Deus, tudo sairia bem.

Segundo uma crendice, se a noiva e a futura sogra tivessem o mesmo nome, o casamento não deveria realizar-se porque uma das duas teria a vida curta.

O novo casal passou a morar provisoriamente com os pais do noivo. Pecy, a nora, vinha lavar a roupa em nosso riacho. Começava a emagrecer, sua natural palidez tornava-se mais acentuada, tinha náuseas e só melhorava se chupasse algo azedo. Pecy, a sogra, vinha lamentar-se com mamãe, dizendo que a nora outra coisa não fazia senão dormir o dia todo. Mamãe a apaziguava aconselhando-lhe paciência. Que desse tempo ao tempo, que tudo aquilo passaria. E, de fato, principiei a notar uma transformação nova naquela moça que representava para mim o máximo de beleza. As formas iam se arredondando, o busto elevava-se, o andar mais pesado lhe dava um ar de nobreza. Somente uma rainha, no meu modo de entender, poderia andar daquela maneira. Pena Pecy não ter na cabeça, ao invés de uma trouxa de roupa, uma linda coroa! Seus olhos, particularmente, atraíam a minha atenção. Que ternura revelavam! E, quando pensativos, em que mundo de sonhos não estaria ela mergulhada?

Pecy costumava passar por nossa casa e convidava Adélia para acompanhá-la ao riacho. À sombra do arvoredo, num lugar aprazível onde o riacho formava um pequeno açude, as duas, protegidas dos raios do sol e de ouvidos indiscretos, trocavam confidências, ao ruído cadenciado das águas correntes e ao bater das roupas que lavavam. Uma vez surpreendi-lhes numa conversa em torno de problemas relativos ao casamento. Elas, porém, assim que me avistaram, trocaram de assunto enxotando-me de perto. Andei por ali, dando voltas sorrateiras, escondendo-me atrás das árvores, com o intuito de escutar o resto da conversa. Mas o cantar dos pássaros, o farfalhar da folhagem tocada pela brisa e o cascatear do riacho sempre a correr abafavam suas vozes. De tudo, pude ouvir, apenas, que a espera de um filho é bastante para imprimir ao rosto da futura mãe esse ar de sublimidade.

A partir daquele dia, entrava nas minhas brincadeiras todo o cerimonial do casamento. Fiz o véu de noiva duma toalha de saco de farinha, a grinalda de flores silvestres. Substituí a cabeça de uma das minhas bonecas de trapo por uma de celuloide encontrada na casa dos Druch, após o regresso de seus filhos e netos para a Argentina. Tinha olhinhos azuis e bochechinhas cor-de-rosa e nela extravasei toda a ternura maternal, já existente em minha alma de criança.

OS GÊMEOS

Papai voltou da Administração trazendo cartas dos filhos. Ao passar pela estação, Otacílio avisara-o que havia chegado correspondência para nós e que a resma fora entregue, juntamente com a do resto da colônia, no Sobrado. A carta era do cunhado Leão comunicando que, dentro de poucas semanas, a mana Golde viria para casa, pois se encontrava no fim da terceira gestação. Ela queria, como de costume, ter a criança em Filipson, a fim de ficar sob os cuidados e desvelos de mamãe.

Mamãe alegrou-se com a notícia, começando logo os preparativos para receber a filha. Tachos cheios de frutas principiaram a ferver em cima do tripé e grandes colheres de madeira passaram a remexer a espuma branca e açucarada, até a calda tomar a tonalidade vermelha ou dourada, segundo as frutas que estivessem cozinhando.

As crianças, essas se empanturravam com a espuma grossa e pegajosa, lambuzando as mãos e a cara.

Fornadas de pãezinhos feitos de manteiga e ovos eram guardadas em saquinhos alvos. Capões foram separados para engorda em cercados de madeira. As latas de biscoitos, pães de ló ou mel, vedadas para nós, eram guardadas fora de nosso alcance numa prateleira bem no alto, entre a estufa e o teto.

E toda essa atividade visava ao tratamento e ao resguardo da gestante após o parto, para que nada lhe faltasse. Por isso, recebíamos mil recomendações para não nos atrevermos a bulir em coisa alguma, pois, se Deus ajudasse e nascesse um menino, haveria festa com farta distribuição de doces às crianças. Ninguém seria esquecido.

Pecy, nossa vizinha, vinha todas as noites auxiliar mamãe nos preparativos e permanecia até muito tarde contando casos acontecidos com parturientes. Falavam dos cuidados necessários nos primeiros trinta dias de resguardo, dos malefícios e artes que o Impuro pregava, por vezes, quando não eram tomadas as devidas cautelas.

E o nosso sono povoava-se de pesadelos, de raptos de mulheres recém-paridas, de encontros macabros de cadáveres de mulheres afogadas no fundo dos poços aonde eram atraídas e arremessadas. Falavam de uma jovem que, logo depois de dar à luz, caíra num sono profundo e reparador e sua beleza, de radiosa que era, iluminava o quarto com aquele mesmo esplendor que se irradia dos anjos. Vendo-a, o Tinhoso encheu-se de despeito e cobiça. A mãe velhinha, que velava o sono da filha, não resistindo à fadiga, cochilou por um momento e, mal sua cabeça se inclinou para o peito, despertou num sobressalto, ouvindo que uma voz chamava pela jovem. Horrorizada, viu a filha saltar pela janela e sair pisando a neve, descalça, a camisola branca flutuando em volta de seu corpo e a longa cabeleira esvoaçando e ondulando, prateada pelo luar. Ela gritou pela filha, implorou que voltasse e não desse atenção àquela voz maligna que a chamava.

Mas debalde. Aos seus gritos muita gente acorreu. Saíram à procura da jovem. Procuraram-na a noite inteira sem resultado. O demo a escondera sob suas asas negras. Só no dia seguinte a encontraram: estava morta; congelada.

Papai foi ao Abraão Schteinbruch, o *shoiched*, e encomendou as fórmulas escritas em hebraico, em letras de fôrma, as quais possuíam o dom de afastar os maus espíritos e a inveja que rondam, habitualmente, o quarto das parturientes. Essas fórmulas são pregadas no cortinado do leito, nas janelas, sobre a soleira das portas e na chaminé. Em todos os lugares, enfim, por onde possa entrar o Indesejável.

Nós, as crianças, acompanhávamos todos esses preparativos com respeito e temor. Flutuavam na atmosfera fluidos sagrados e festivos. Algo de solene iria acontecer. E, realmente, aconteceu.

Certa madrugada, acordaram o mano Luís para ir buscar às pressas a "Schtivelmanque" (Golde Schtivelman) entendida em partos. Graças a ela e a uma sua cunhada, a "Velvelque" (esposa de Velvel Ackselrod), a maioria dos descendentes desses pioneiros teve a possibilidade de ser trazida a este mundo.

Golde deu à luz gêmeos. Um casalzinho.

Na cabeceira da caminha rústica, onde dormiam os recém-nascidos, colocaram uma faca de prata e um livro de rezas. A faca, para amedrontar os maus espíritos; o livro de rezas, para invocar o sagrado nome "Dele" (Deus) que espantaria o demônio, o qual, em havendo o mínimo descuido, se apossaria das alminhas inocentes dos recém-nascidos.

Eu observava o sono plácido dos gêmeos quando percebi um sorriso esboçar-se e iluminar a face de uma das crianças. Alvoroçada, chamei mamãe para contar-lhe a minha descoberta. Ela, pondo um dedo nos lábios, mandou-me silenciar. Atraiu-me para si e me disse:

— Quando vires um bebê sorrir, não o perturbes com tuas efusões. São os anjos do profeta Gabriel que estão brincando com o neném. Estão lhe ensinando coisas maravilhosas, enquanto passeiam com a sua alminha pelo Éden. E a criança sorri, porque é feliz.

— Mas que será que lhe dizem, mamãe?

— Dizem-lhe que devem ser boazinhas e puras e que devem respeitar os pais e sempre auxiliar o próximo.

Aí, meus lábios truncaram em tempo uma pergunta:

— Será que os anjos não se lembraram de mim quando eu era pequenina?

Golde restabeleceu-se rapidamente. Fizeram a circuncisão do menino, com farta distribuição de doces e salgados às pessoas convidadas. No sábado, no templo, foi anunciado o nome da menina, logo após a leitura dos rolos sagrados. Novamente, desta vez na sinagoga, procedeu-se à distribuição de pão de mel e licor especial ou simplesmente um bom cálice de cachaça. E todos se congratularam e confraternizaram nesse sagrado dia.

Depois disso, a casa esvaziou-se, Golde e os gêmeos foram-se embora. Eu não podia compreender como nos tínhamos arranjado com tanta gente numa casa tão pequena, de apenas dois cômodos e cozinha. Mas esse era um problema de mamãe e ela sabia sair-se sempre bem em todas as circunstâncias.

E de novo voltamos à pasmaceira dos dias sempre iguais e das noites intermináveis. Madrugadas rompidas pelo cantar dos galos avisando a aproximação do dia com a resposta dos galos das outras colônias. Podíamos dizer, sem medo de errar, de que terreiro provinham. E a vida ia despertando nos campos. As chaminés começavam a expelir fumaça. As vacas amanheciam junto dos currais, mugindo e chamando, à sua maneira, pelos terneiros para os alimentarem com as sobras do leite que, instintivamente, retinham nos úberes ordenhados...

Um dia recebemos um pacote da mana Golde. Continha uma mantilha de veludo carmesim. Era toda bordada com contas coloridas e terminava em franjas douradas. Destinava-se a ser vestida na Torá, dia de festa em que todos os judeus, reunidos na sinagoga, tiram o livro da arca e entoam cânticos de louvores a Deus por haver lhes legado as leis que regem a Humanidade. Nesse dia, quando grandes e pequenos têm o direito de carregá-la, ou pelo menos tocá-la com a ponta dos dedos, as crianças, tentadas pela beleza da mantilha que fulgurava com o reflexo da luz das velas, aproveitavam-se da confusão para a despirem, pouco a pouco, de suas belas contas e vidrilhos.

Uma noite, o sono tranquilo de todos de casa foi interrompido pelo ladrar alegre dos cachorros. Papai ergueu-se da cama, procurou os fósforos, acendeu o lampião e encostou-o à vidraça da janela. A noite era escura como breu. Quem quer que fosse, orientado pela luz do candeeiro, encontraria facilmente o caminho até a casa. Não demorou muito, apareceu de dentro das sombras a figura abatida de Leão, nosso cunhado. Fomos proibidos de sair da cama e recebemos ordem categórica de dormir.

Durante algum tempo, ficamos a ouvir sussurros, cochichos, soluços abafados, passos e toda sorte de movimentos. O sono, por fim, voltou a apossar-se de nossa consciência cerrando-nos as pálpebras. E acordamos com uma manhã luminosa. Teríamos sonhado? Teriam sido um pesadelo os acontecimentos daquela noite? Nada teria acontecido? Alguém teria realmente chorado?

Na casa reinava uma atmosfera que impedia perguntas. Somente anos depois, por fragmentos de conversas, descobri que não havia sonhado naquela noite. Leão viera escondido num trem de carga, ao lado do maquinista a quem gratificara, trazendo dentro de um caixotinho de madeira, envolvido em papelão, o corpinho de seu filhinho morto e que não quisera enterrar em cemitério cristão. Tivera a conivência do médico que lhe havia tratado do filho e dos vizinhos amigos, os quais, demonstrando compreensão e piedade verdadeiramente cristã, auxiliaram no doloroso transe uma família judaica, desorientada e só, num ambiente estranho. O maquinista desse trem-fantasma diminuíra a marcha, já bastante lenta na subida da serra, ao aproximar-se da escola, permitindo a Leão saltar com seu trágico invólucro.

Na manhã seguinte, na presença de dez homens da colônia, foi dada sepultura, de acordo com o rito judaico, ao hirto corpinho do menino, a quem os anjos não puderam resguardar das garras do demônio.

Ao acordar, naquela manhã, senti a falta da mana Adélia, que dormia comigo na mesma cama e de quem apanhava infalivelmente, ao levantar, pela umidade esparzida no lençol. Mamãe explicou-me que Golde precisava dela e que eu também, quando crescesse, iria com Leão para Bagé.

Adélia voltou depois de alguns meses de ausência. Grandes modificações se notavam nela. Usava pó de arroz, sapatos de saltinhos. Estava vestida da cabeça aos pés como uma boneca. Os cuidados e afetos da irmã mais velha tinham operado o milagre. Voltara com ares de mocinha.

DIFTERIA

Era uma noite fria de inverno. Soprava o minuano gelado insinuando-se debaixo das telhas, penetrando em assobios pela chaminé, dispersando as labaredas e devolvendo a fumaça para dentro da cozinha.

O gado, pressentindo o frio intenso que se aproximava, cedo se retirara da invernada procurando proteção no interior da mata.

Os terneirinhos, papai os recolhera na cozinha, onde, sustendo-se a custo sobre as pernas longas e frágeis, andavam atrás das pessoas, roçando o focinho úmido em nossas mãos. Nos cantos da casa galinhas cobriam seus pintainhos, protegendo-os do frio, e, através de suas penas, entreviam-se os biquinhos lustrosos, os olhinhos brilhantes e as cabecinhas aveludadas e ouvia-se o contínuo piar dos pequeninos seres. Os cachorros dormitavam embaixo da mesa, as orelhas aguçadas, para o mínimo rumor vindo de fora. Um gato todo encolhido aos pés da cama, de Adélia, roncava ritmicamente ao calor da estufa.

Papai afundara na leitura de um livro de preces. Sua sombra, projetada na parede, movimentava-se de modo engraçado, de um lugar para outro. Esfregando as mãos para aquecê-las, repetia pela centésima vez:

— Faz um frio tão intenso que é até pecado deixar um cachorro ao relento.

Deitada na cama, ao lado da estufa, Adélia tossia e se agitava gemendo. Ardia em febre. A respiração saía-lhe em roncos da garganta. Mamãe, de mãos postas, rosto colado à janela, pedia a Deus que dissipasse as trevas da noite e mandasse a claridade do dia para substituí-las. O negrume de fora servia de fundo aos vidros embaçados e devolvia as imagens do quarto como um desdobramento do mesmo.

Adélia, em certo momento, gemeu mais alto e despertou mamãe de seu torpor. Mamãe levou-lhe uma tigela de leite quente, tentou fazê-la beber, mas a garganta congestionada negava-se a deixar passar a menor quantidade de líquido, fazendo-o escorrer pelas comissuras da boca. Mamãe, assustada, sacudiu papai pelos ombros e implorou:

— Corra, Toive, depressa, e traga o nosso compadre, o *felcher* (farmacêutico), que nossa filha está muito mal!

Papai ergueu do livro os seus ingênuos olhos azuis e disse como se acordasse de um sonho:

— Como? Queres que eu me perca?! Não se enxerga um palmo adiante do nariz... — E suspirou profundamente.

Não obstante, calçou as botas de cano longo, pegou de seu cajado e esvaneceu-se em plena escuridão, açoitado pelo vento gélido.

Mamãe, tomada de pavor por se sentir rodeada apenas de seus filhos pequeninos e em face da doente angustiada, escancarou a porta e gritou para dentro da noite:

— Meu Deus, valei-me! — E com toda a força de seus pulmões: — Professor Israel!

No alto, do outro lado da estrada, uma pequena luz brilhava na escuridão, na janela da casa do professor Becker. Não sei se foi o vento soprando a favor ou se foi a Providência que fez com que o desesperado apelo chegasse aos ouvidos do professor. O certo é que, decorridos poucos minutos, ele apareceu. Aproximou-se da doente, falou-lhe com brandura e pediu-lhe que abrisse a boca. E, percebendo que Adélia não poderia fazê-lo por sua espontânea vontade, forçou, com uma colher, a separação dos dentes e fez escorrer para dentro da boca um pouco de azeite quente.

Adélia não tardou a mostrar-se um tanto aliviada e, em seguida, adormeceu. O professor Becker sentou-se a seu lado, segurando-lhe a mão escaldante. O tempo se escoava lentamente. De inopino, os cachorros latiram e, no umbral da porta, apareceram as figuras enregeladas de papai e do *felcher*. Este, à luz fraca do lampião, examinou Adélia, que acordara, preparou-lhe um rápido pozinho dissolvido n'água e, apesar de seus protestos, fê-la beber. Depois, chamou papai à parte e disse-lhe:

— Se quiseres que tua filha viva, tens de ir a Santa Maria imediatamente, buscar vacina antidiftérica e regressar com a maior brevidade possível.

Ainda hoje, não consigo compreender como foi que puderam encontrar naquela escuridão um cavalo e o encilhar para que papai se pusesse a caminho.

Naquela noite, interminável como um pesadelo, o *mechuten* e o professor não arredaram o pé de casa até a volta de papai. Mamãe, como uma estátua de dor, pregada à janela, na esperança de ver surgir das trevas a salvação de sua filhinha, rezava sem cessar:

— Pai todo misericordioso, salvai-a! Tende piedade de uma mãe castigada! Já vos servistes de mim escolhendo, a um só tempo, dois de meus filhos, mortos da mesma insidiosa moléstia! Fazei com que o medicamento chegue a tempo de salvá-la! Deus todo-poderoso, atendei-me!

Papai era mau cavaleiro. Mas nessa noite realizou um milagre: venceu o longo trajeto de ida e volta em apenas seis horas.

Enquanto o esperávamos, enroscada na grande cama de mamãe eu observava todo esse movimento, sentia-me contagiada pela aflição ali reinante e agarrava-me aos meus fantoches de trapo, procurando não molestar mamãe. Idinha dormitava perto de mim. Quando principiava a chorar, eu lhe enfiava na boca a bonequinha de açúcar adrede preparada e que ela não demorava a rejeitar empurrando com a ponta da linguinha.

Chegada a vacina, o *felcher* aplicou-a em Adélia e em todos os presentes. Refeitos os ânimos, o professor Becker retirou-se. O *felcher*, porém, permaneceu conosco, velando a doentinha que viria um dia a ser sua nora, até o escurecer quando vieram chamá-lo para atender por certo a outro caso.

A partir daí, o professor Becker tomou por hábito vir todas as manhãs, antes do começo das aulas, assistir à ordenha das vacas e receber das mãos de mamãe um morno e espumoso copo de leite. E eu me plantava entre as suas longas pernas e lhe perguntava quando poderia ir à escola para aprender a ler. E ele, depois de gabar, como sempre fazia, a inteligência e a aplicação de Adélia e do pequeno Jacques e lamentar que Luís não tivesse tido a mesma possibilidade de estudar, dirigia-se à escola e abria as largas janelas para que o sol e o ar puro da manhã ali penetrassem, antecedendo os seus alunos.

SERAFIM

Amanheceu um dia de claridade baça. Nuvens pesadas corriam velozes, tangidas pelo vento. Um cheiro de enxofre pairava no ar, ameaçando tempestade.

Mamãe, preocupada com a demora de papai e do pequeno Jacques, ia a cada instante espiar a estrada, esperando avistá-los de longe e, assim, acalmar a sua explicável ansiedade.

Ao raiar da aurora, papai se pusera a caminho das roças que ficavam ao fundo da invernada, levando consigo o menino que lhe servia de cicerone. Queria falar com Serafim, saber dele por que faltara com a palavra, deixando de entregar a lenha vendida por papai ao Russovsky. Serafim, mediante o recebimento adiantado, havia se comprometido a cortar e transportar a lenha até a estrada de ferro, onde uma composição de carga iria buscá-la. E o prazo já estava expirando e nada de Serafim aparecer.

Vivia ele com sua mulher e filhos num ranchinho quase na encosta das matas, atrás do qual serpenteava um córrego que, nas enchentes, transbordava fertilizando as margens. Esse córrego, vejo-o em sonhos transformado num imenso lago que me impede de alcançar a outra margem, onde plantamos o nosso milho. A mulher de Serafim, a quem chamávamos de Serafina, plantava ali, naquela terra fértil, seus pés de couve e milho para alimentar os leitõezinhos que viviam fuçando a lama e algumas galinhas criadas à solta no campo.

Serafina gostava de pentear os bastos cabelos da Adélia e besuntá-los de gordura de mocotó que preparava com ervas aromáticas. Nós, as crianças, adorávamos permanecer no terreiro bem varrido, vendo Serafina confeccionar à mão as bombachas de seu marido, caprichando nos pormenores, ou vendo-a trançar as taquarinhas tenras dos balaios, ocasiões em que ela ia apanhar braçadas de milho-verde, assava-as na brasa sempre viva e o distribuía entre nós.

Com ela, aprendemos a selecionar as palhas de milho mais sedosas para os cigarros de papai. Ela era alta e forte, podia medir forças com qualquer homem, cortava a machado qualquer árvore por mais grosso que fosse o tronco, ajudava o marido na queima das sobras da derrubada e carregava imensos feixes de lenha à cabeça, tendo um filho escanchado na ilharga, sem demonstrar o mínimo cansaço. Fumava muito, tinha sempre um toco de cigarro atrás da orelha. Nos momentos de lazer, acocorava-se com a saia entre as pernas, acendia-o num tição e se punha a pitá-lo com delícia.

Naquela manhã, a preocupação de mamãe ia se estendendo aos filhos. Esperávamos um eclipse do Sol. A nossa imaginação estava povoada de suposições assustadoras. Na véspera, quisemos saber o que significava *leique chama*.

Adélia, divertindo-se com a nossa credulidade, explicou-nos que queria dizer uma luta entre o Sol e a Lua. Se a Lua vencesse, mergulharíamos numa noite eterna. E, se ao contrário o Sol vencesse, a Lua seria banida para todo o sempre do céu e teríamos um dia eterno. E, como a manhã se apresentasse plúmbea, tínhamos fundados receios de que papai e Jacques fossem surpreendidos pela noite eterna e não pudessem mais voltar para casa.

Afinal, avistamo-los. Papai e Jacques vinham correndo terla abaixo. Mamãe não se conteve e, acompanhada pelos outros filhos, dirigiu-se ao seu encontro. Jacques vinha debulhado em lágrimas gritando:

— Serafim quis matar papai!

Papai tinha a camisa em farrapos, grandes vergões avermelhavam as suas costas. E, enquanto mamãe punha compressas de salmoura sobre os ferimentos, papai foi relatando o acontecido.

Ao chegarem, ele e Jacques, ao rancho, Serafina os recebera acintosamente. Ao ser perguntada pelo marido, respondera com grosseria que Serafim não se considerava mais nosso empregado, por isso estava trabalhando para outro colono e, ademais, não tinha que lhe dar satisfações.

Papai, então, exprobou o procedimento do empregado que, tendo recebido adiantadamente a paga do corte de lenha, não fizera o serviço e ainda o punha em situação embaraçosa perante os Russovsky. A mulher deu de ombros, com pouco-caso, e respondeu:

— Pois, se é assim, vá o senhor cortar a lenha sozinho!

Nesse instante, vinha chegando Serafim. Interpelado por papai, confirmou as palavras da mulher. Papai, exasperado, ordenou que desocupassem o rancho com presteza, porque iria arranjar outro homem para o serviço. Aí, Serafim atirou-se a papai, passando a agredi-lo.

Papai desviou o corpo e, com certeiro soco, fendeu a face do agregado. Serafim voltou a investir. Os dois se atracaram. A mulher apanhou uma acha e com ela se pôs a malhar papai pelas costas. Jacques, apavorado, começou a implorar que não matassem papai, e prometia ao Serafim que lhe daria o

Malacara que ele tanto cobiçava se deixasse de espancar papai. Papai, a custo, desvencilhou-se dos braços do agregado, atirando-o a distância. Serafim gritou à mulher que fosse buscar o facão. Vendo-se livre, papai pegou Jacques pela mão e arrastou-o consigo para a estrada, pois não podia teimar em enfrentar seus terríveis adversários. Pouco tinham caminhado, quando ouviram o galope de um cavalo. Serafim, montando em pelo, ia com a intenção de atropelá-los. Papai saltou para a beira da estrada, puxou o filho atrás de si e assentou o punho fechado no focinho do animal. Este, com dor e espanto, torceu para um lado, derrubando o cavaleiro. Papai, que não quis se prevalecer da situação para atacar o agressor, achou melhor continuar a fuga, pois receava não se dominar e praticar uma violência de resultado imprevisível. Serafim, contudo, ergueu-se e, de facão em punho, pôs-se a perseguir papai. O pequeno Jacques, gritando e intercedendo por papai, agarrou-se às calças do peão. Estas, inesperadamente, soltaram-se do cinturão e lhe caíram aos pés, dificultando-lhe os movimentos e impossibilitando a perseguição.

  Jacques, mais tarde, contou-nos que, enquanto se agarrava a Serafim, lamentava não ter levado consigo seu canivete e marcava com os olhos, que ficavam à altura do ventre do peão, o lugar exato em que o espetaria, a fim de pôr aquele homem fora de combate. Não percebeu, em seu desespero, que ele próprio poderia ter sido ferido. Nem Serafim, na sua fúria, tentou fazê-lo.

Quando Frederico Bastos, que era a autoridade local e grande amigo dos pacatos colonos, foi informado do ocorrido, encheu-se de indignação pelo procedimento de Serafim. Prontificou-se a acompanhar papai até o rancho do agregado para exigir sua retirada da colônia.

Encontraram-no vazio. Dálias, num canteiro solitário, dobravam tristemente as hastes por falta de cuidados. Um cãozinho dormitava na soleira do rancho. Não quisera acompanhar os donos.

Quando papai e Frederico se puseram de regresso para casa, o cãozinho começou a segui-los a distância. Não se atrevia a aproximar-se. Se papai parava, parava também, abanando humildemente a cauda. Nós o adotamos. Pusemos-lhe o nome de Perdido.

PASSEIO À ESTAÇÃO E NOVIDADES

Tornara-se um hábito entre os colonos jovens e idosos reunirem-se nos sábados à tarde na estação. Os mais velhos trocavam ideias sobre política e lavoura, dirigiam-se, por vezes, ao escritório da Administração que ficava nas proximidades, à procura de cartas vindas do estrangeiro. Alguns recebiam regularmente jornais, enviados por parentes radicados nos

Estados Unidos, impressos em iídiche. Em redor dos donos desses jornais, formavam-se grupos que se punham a comentar as notícias lidas em voz alta para que todos as conhecessem. E, ao voltarem para casa, contavam à esposa, que ficara cuidando dos filhos, os acontecimentos que iam pelo mundo. Os milagres, conforme diziam.

— Imagine, Eva — dizia meu pai, de volta de um desses passeios à estação —, uns fios pregados a uns postes iguais aos que passam atrás de casa e ligados a um aparelho pendurado à parede... E basta à gente dar umas voltas na manivela do aparelho, tocar uma campainha, para poder conversar com qualquer dos vizinhos ou amigos sem sair de casa.

"Verás, Eva, as coisas que ainda acontecerão neste mundo. Tudo sairá conforme as palavras dos nossos profetas, exatamente como está escrito nas sagradas escrituras. Poderás palestrar com teu irmão que reside no outro lado do oceano. Tempo virá em que será possível o enxergares!

"Está fora de dúvida de que se aproxima a época da vinda do Messias e da volta do nosso povo a Israel."

E, vendo a incredulidade estampada na fisionomia de minha mãe, acrescentava com convicção:

— Hás de ver com o passar do tempo se não tenho razão.

Certa feita, voltou da estação profundamente preocupado:

— Os cientistas preveem o fim do mundo para breve — foi dizendo. E explicou: — Apareceu um cometa desconhecido que está se acercando da Terra. Tem uma cauda muito longa...

"Se ele tocar neste planeta, seremos destruídos num segundo."

As crianças, sentadas ao redor da mesa, entrefitavam-se assustadas, mudas, com receio até de se mexerem do lugar para não precipitarem os acontecimentos.

Papai, creio eu, nem dormia a fim de perscrutar o céu. Acordei, certa madrugada, ouvindo-o chamar por mamãe e dizer-lhe, todo excitado, que o cometa estava à vista, quase desaparecendo no horizonte. De minha parte, permaneci na cama, trêmula de medo, esperando o fim do mundo naquele mesmo instante.

À noite, ouvimos nosso vizinho Druch dizer que tinha assistido também à passagem do cometa e notado que sua cauda, cuja extremidade assemelhava-se a uma vassoura, expelia um brilho invulgar, diferente do das demais estrelas.

Afinal, acostumamo-nos com a ideia de o mundo terminar por obra do cometa, mas, como nenhuma de nós chegasse a vê-lo, acabamos por esquecê-lo e caímos sob o pavor de outras revisões não menos tétricas.

O sol, ao entardecer, se punha num leito de sangue. Parecia uma enorme bola de fogo tingindo de vermelho todo o poente. Os judeus contemplavam-no estáticos. Longos suspiros fugiam de seus peitos. Gemiam. Lamentavam-se:

— Mau presságio! Mau presságio! O mundo está à beira de uma guerra! Esse pôr do sol é um aviso, é o sinal. A Terra se cobrirá de sangue e de cadáveres!

— Deus todo-poderoso, não permitais! — oravam outros.

PARALISIA

Mamãe não se ergueu do leito naquela manhã. A família do *mechuten*, o *felcher*, está toda reunida conosco, como se tivesse madrugado em casa. A cortina do quarto abre-se de vez em quando para dar passagem à Adélia, que vai à cozinha executar alguma ordem do *mechuten*. Este não sai de perto do leito de mamãe. Na boca do forno, sobre o fogo crepitante, há sempre panelas de água fervente. Constantemente virado para a parede, xale de reza jogado sobre as costas, submerso em profunda reza, verga em movimentos lentos, como um tronco de árvore abatida prestes a tombar...

Mal acordamos, Pecy, nossa vizinha, nos arrebanha para a sua casa, onde, sem nos dar tempo para muitas perguntas, nos serve café e bolinhos e nos recomenda para ficarmos quietinhas, à espera do Jacques, que logo nos virá buscar.

Jacques chega montado no velho Chimel, o qual tropeça a cada passo. A Golde não sabe montar, por isso fica entre mim e o mano, que, sentado nos quartos do animal, empunha as rédeas. Eu me seguro na longa crina emaranhada, cheia de carrapichos, e a Golde, por sua vez, agarra-se a mim, cingindo-me com os braços. Jacques apeia-se perto do mato, aonde vamos colher amoras e outras frutinhas silvestres. Depois de fartar-nos, queremos regressar a casa, mas Jacques protela esse momento propondo ensinar a Golde a cavalgar o inofensivo Chimel.

Primeiro, faz com que eu me exiba sozinha no lombo do cavalo a fim de inspirar confiança à futura cavaleira. Mas, à vista das constantes negativas da Golde em montar sozinha, Jacques se impacienta e coloca-a na garupa. A pobre agarrava-se a mim. Suas mãos parecem tenazes. Jacques a pé, segurando as rédeas de Chimel, fá-lo trotar em círculo. Num dado momento o infeliz tropeça e a Golde, com o susto, perde o precário equilíbrio e arrasta-me com ela na queda. Quando ela se quis erguer, soltou um grito de dor. Seu braço direito pendia inerte.

Eu nada sofri, mas, para infundir-lhe ânimo, fingia estar também contundida. A volta antecipada foi penosa. Além da dor que sentia, Golde receava a violenta reação do pai. Escondeu-se atrás da casa e esperou que o Jacques se adiantasse em explicar o acontecido.

O *mechuten*, visivelmente preocupado, apenas enfaixou o braço da filha, deixando outras providências mais concretas para mais tarde. Entrementes, chegou uma carroça puxada por uma parelha de bois. Mamãe foi colocada dentro dela, com todo o cuidado. Estarrecidos com todos aqueles acontecimentos, ficamos suspensos, vendo a carroça afastar-se. Quando a carroça transpôs a porteira grande, pusemo-nos a chorar e tentamos correr no seu encalço, chamando por mamãe. Gitel, a *machteineste*, impediu-nos de fazê-lo, agasalhando-nos com ambos os braços no seu vasto colo maternal.

Não me recordo exatamente de quanto tempo mamãe ficou hospitalizada.

Mas, quando voltou, falava com dificuldade, arrastava uma perna e a boca puxava levemente para um lado. Durante a sua ausência, as vizinhas se revezavam, auxiliando Adélia nas fornadas de pão e nos cuidados com a Idinha, ainda muito pequena. A cada uma que aparecia em casa, a Adélia repetia a história do acontecimento.

— Depois do jantar, mamãe ergueu-se da mesa e saiu ao terreiro para uma necessidade. A noite era escura, com poucas estrelas. Mamãe não se afastou muito, nem demorou muito. Mas, quando entrou, trazia no rosto uma expressão de espanto, a boca repuxava para o lado. Sem dar tempo para a gente perguntar o que tinha acontecido, mamãe agachou-se perto da mesa, onde os cachorros dormiam, pegou um deles, abriu a porta, jogou-o para fora, e voltou com a intenção de fazer o mesmo com o segundo, mas rodou sobre si e caiu no chão...

As vizinhas ouviam consternadas, sacudiam a cabeça e murmuravam:

— Não tem dúvida que foi um *nicht guiter* (mau espírito) o que ela viu.

O *mechuten* compadre Wladimirsky sorria seu sorriso cético e mandava alimentar bem a doente e advertia que não a deixássemos fazer trabalhos pesados.

Um dia ele irritou-se com a sugestão de uma vizinha e gritou para papai:

— Não deixe entrar aqui essas comadres!

Entretanto, o *felcher* nunca se opunha à vinda de algum caboclo curandeiro que se propunha a experimentar seus unguentos feitos de ervas ou de produtos animais.

Certa vez, apareceu um velho curandeiro que, de há muito, não abandonava o rancho localizado na divisa com Silveira Martins ou Arroio Grande. Trouxe um unguento de gordura de capivara, para fomentações, um bicho raro naquelas paragens. Contou como levara meses na caça do bicho e as dificuldades que tivera naquelas matas cheias de imprevistos. Trouxe igualmente uma beberagem feita de raízes e ervas raras. O líquido era de um vermelho espesso, perfumado. Mas ela teve receio de beber a droga. Papai experimentou-o e disse que tinha o sabor de um néctar verdadeiramente divino. E, como mamãe continuasse a negar-se a tomá-lo, papai acabou por ingeri-lo todo.

Com os cuidados do *felcher* e da boa gente da região mamãe ia se recuperando pouco a pouco, muito lentamente. Neste ínterim, trouxeram-lhe outro remédio curioso para dores reumáticas, uma mistura de mel com formigas parecidas com saúva mas que vivem na superfície da terra em tocas de terra argilosa. Eram umas formigas avermelhadas, cuja trilha se tornava extremamente difícil de descobrir, pois constituía um intrincado labirinto, que desaparecia subitamente embaixo da guanxuma. Na mesma trilha, notavam-se duas mãos, uma para as formigas que iam e outra para as que voltavam da faina carregando as provisões. Entre elas havia uns formigões vermelhos com ares de chefes. Quando algo não ia bem, interrompiam o trânsito, formavam uma aglomeração, a questão era resolvida e a marcha prosseguia em ritmo normal.

Finalmente, depois de muito procurar, descobrimos-lhes a toca e pusemos uma garrafa com a boca encostada a um dos orifícios do formigueiro. Passados alguns dias, fomos recolher a garrafa, certos de encontrá-la cheia de formigas. Um punhado delas jazia morto, misturado ao mel. A trilha que levava ao formigueiro apresentava-se deserta, quase apagada. De raiva e maldade, destruímos o formigueiro que, de resto, estava abandonado. À medida que o íamos destruindo, encontrávamos um sem-número de corredores em declive que se bifurcavam a todo momento. Alguns pareciam celeiros, porque

Recordo, como num sonho, o casamento da filha mais velha dos Nicelovich, Ana, com Simão Schtivelman. O lustre pendia do teto, todo iluminado por inúmeras velas. Seus pingentes brilhavam refletindo as chamas. Embaixo do lustre, duas criaturas belas e altas ao compasso de uma valsa transmitida pelo gramofone, como duas borboletas atraídas pela luz do lustre da sala e que corressem o risco de queimar-se. A noiva, vestida de branco, a cinturinha fina, o busto cheio e redondo, os cabelos apanhados em bandós, tendo por tiara uma coroa de flores de laranjeira que lhe prendia o véu, o qual esvoaçava, emaranhando-se por vezes nas dobras largas da saia, durante os movimentos rápidos da valsa. O noivo, de preto, enlaçava-a com seus braços, como se ela fosse uma frágil boneca. Pareciam personagens saídos de um conto de fadas, com os quais a Pecy nos povoara a imaginação.

Geraldo era o nome de um dos filhos do Moritz Nicelovich. Era meio aleijado. Quando andava, uma das pernas se projetava para o lado. As mocinhas caçoavam dele, menos pelo defeito físico que pelos perdigotos com os quais borrifava os seus ouvintes. Isso tornava-o tímido, acanhado. Vinha, em seguida, outro rapaz, cujo nome me fugiu da memória. Depois a Rina, colega de minha irmã Adélia, e o Nicim, companheiro do mano Jacques, e logo o mudinho, menino meio franzino, nervoso, de olhar inteligente, mas rebelde, e que sempre usava ao pescoço um babador de oleado, para não molhar a blusa ainda conservavam fresquinhas as últimas colheitas consistentes de flores de pepino e feijão. No centro do formigueiro, abria-se um desvão, uma espécie de *hall* para o qual todos os túneis convergiam. O chão e as paredes estavam atapetados de ovinhos minúsculos, do tamanho de uma cabeça de alfinete. Arrasamos tudo e demos início a nova procura.

Mamãe, apesar de ter obtido grandes melhoras e de haver recuperado totalmente a fala, vivia atormentada, cheia de maus presságios. Dizia sempre que acabaria paralítica presa ao leito como a velha Nicolaievsky.

VISITA DE JACOB

Jacob chegou de Uruguaiana. Reinam grande alegria e fartura em nossa casa. Jacques levou ao *shoiched* diversos frangos para matar. Eu própria ajudei a depená-los. Agora, na boca do forno, estala um bonito fogo de línguas douradas e se espalha pela casa o bom aroma dum caldo de frango. Todos nós ganhamos presentes. Eu, uma botinha de couro de bezerro; papai, um novo capote para o sábado; mamãe, uma echarpe de seda com longas franjas, comprada em Buenos Aires. Todos estamos sentados à volta da mesa prestando o máximo de atenção em tudo quanto Jacob nos vai contando. Encosto-me com timidez nas pernas de Jacob e fixo os meus olhos em seu belo rosto numa atitude de verdadeira adoração. Suas roupas são novas e finas. De sua camisa engomada e de suas mãos macias exala-se um perfume delicioso. Seu cabelo bem penteado e lustroso cheira a brilhantina estrangeira. Mamãe procura afastar-me de perto dele a fim de não incomodá-lo. Mas eu, teimosa, insisto em me roçar no mano como um gato. E, se ele ao calor da conversa me acaricia a cabeça, sinto que uma onda de afeto me afoga o coração e que o pranto me sobe aos olhos. Quero aproveitar o mais possível a sua breve visita, pois ele ainda irá à casa de seus sogros para levar-lhes notícias da filha e dos netos e entregar-lhes alguns presentes.

Entretanto, minha felicidade não é completa. Sei que amanhã, na escola, a Golde espicaçará meu ciúme, afirmando que Jacob gosta mais dela do que de mim e que a pegou no colo e que lhe deu presentes mais bonitos, somente porque ela é irmã de Sara, sua mulher. Por que razão? Pelo simples fato de ela, Golde, ser irmã da mulher dele. E eu não terei argumentos para contestá-la, apenas lágrimas fáceis e abundantes.

Depois do almoço, Jacob se instalou com meus pais e conversaram longamente. Quando ele se despediu de nós, pareceu-me que com ele se ia toda a tranquilidade de nosso lar. No rosto sempre calmo de papai, transparecia uma leve sombra de inquietação. Seus olhos azuis e risonhos se apresentavam melancólicos.

Por esse tempo, Luís morava com Jacob em Uruguaiana. Durante o dia ajudava-o na loja e à noite estudava no colégio dos padres. Frei Antônio, um de seus professores, passava de vez em quando pelo estabelecimento em que o discípulo trabalhava, para dar dois dedos de prosa com Jacob. Discutiam religião e política e não saía sem recomendar a Jacob que não se descurasse dos estudos do Luís.

— É verdade que ele é um rebelde, um espírito voluntarioso, mas, inegavelmente, é um talento. Devemos aproveitar e incentivar a sua inteligência. Faça-o estudar, Jacob.

Luís, de fato, era um rebelde. Não se dava bem com a cunhada. Recusava-se a acatar suas ordens. Não aceitava nenhuma disciplina. Arranjara um estilingue e vivia a caçar passarinhos e inclusive os pombos que se abrigavam em nichos na torre da igreja matriz. Com suas pedradas quebrara os vidros da claraboia. O bom frei Antônio admoestara-o com jeito, sem nada conseguir.

Passada a fase de caça aos pombos, Luís entusiasmou-se pelo futebol, ingressou num dos clubes da cidade, tornando-se conhecido com o nome de Turquinho e abandonou por completo os estudos.

Poucas semanas após a vinda de Jacob, contemplávamos da porta de casa a passagem do trem que subia a serra vindo de Santa Maria, quando vimos um lenço branco acenar de um dos vagões. Mamãe ficou toda alvoroçada. Logo imaginou que seria um de seus filhos ausentes. Seu coração não a enganava. Alguma novidade boa viria alegrá-la. E, como a confirmar o vaticínio, um passarinho voou naquele instante para dentro de casa e um galo se postou em frente da porta e cantou voltado para dentro. Já não podia haver a menor dúvida. Eram indícios infalíveis. Mas quem iria chegar? O genro Leão trazendo Golde e as crianças, pois a mulher já se encontrava no término de uma nova gravidez? Mas Golde teria escrito avisando de sua chegada... Nisto apareceu algo estranho descendo o morro à nossa frente. Era o Luís montado numa bicicleta. Ficamos espantados com aquela novidade. Nunca tínhamos visto uma bicicleta. Em meio à cordial recepção, Luís explicou-nos as vantagens que aquele estranho veículo oferecia. O difícil era equilibrar-se no seu dorso. Trazia também duas espingardas, uma para si e outra para Jacques, a fim de caçarem passarinhos e perdizes pelos arredores. Papai e mamãe olharam aquelas armas perigosas com receio e desaprovação.

A bicicleta durou pouco. As câmaras de ar não resistiram à aspereza daquelas estradas pedregosas de Filipson. Luís vivia consertando-as com cola especial trazida da cidade. Enchia-as em seguida à bomba de mão, despendendo grande esforço para, algumas centenas de metros adiante, refazer todo o serviço ou voltar carregando o seu veículo.

A vinda de Luís para Filipson tinha por objetivo matar as saudades da família e dissuadir papai de vender o gado conforme havia prometido a Jacob em conversa íntima, por ocasião da visita do filho, quando este lhe expôs as dificuldades comerciais em que se encontrava.

A venda do gado, segundo Luís, não resolveria os problemas de Jacob, mas arruinaria a vida da família. Como iriam arar a terra se se desfizessem dos bois? Aonde iriam buscar o leite e a manteiga para o consumo da casa, se vendessem as vacas? Luís demonstrou por a mais b a inconveniência daquele propósito. Se uma colheita fracassasse, havia o recurso de vender um novilho e adquirir novas sementes para um segundo plantio. Porém se se vendesse todo o plantel...

Papai, contudo, resistiu a todos os argumentos do filho. Prometera a Jacob que iria ajudá-lo e o faria. E de resto, ajudando Jacob, auxiliaria toda a família.

Luís não concordou:

— E por que hás de ser tu o único a ajudá-lo? Por que razão, seu sogro, o *felcher*, que pode mais do que tu, não o socorre também?

Papai deu de ombros, como quem diz, ignoro; não me interessa sabê-lo.

E o gado foi vendido, conservando papai, apenas, uma vaca de leite, a Flora, e uma parelha de bois para puxar a carroça. Mas o dinheiro apurado não foi suficiente para saldar as dívidas. Jacob fechou a casa comercial em Uruguaiana.

Entrementes, Luís distraía-se fazendo pandorga com o auxílio de Jacques. Enfunada a pandorga, o vento a elevava e Luís ia desenrolando os novelos de barbante até vê-la flutuando no espaço, bonita e colorida, lá pela altura da casa do Isaac Russovsky, a cauda comprida descrevendo arabescos.

Quando não empinava pandorgas, Luís abatia perdizes, preparava-as e cozia-as no mato sobre uma fogueira de gravetos, pois papai, considerando *treif* (contaminada) a ave morta dessa forma, não lhe permitia prepará-la em casa. Às vezes, nós, crianças, nos esgueirávamos atrás do mano e participávamos do banquete proibido.

A família de Jacob ficou na colônia aos cuidados dos parentes. Ele seguiu sozinho para Cruz Alta para iniciar nova vida. Assim que estivesse encaminhado mandaria buscá-la. As sobras de tecidos do estabelecimento de Uruguaiana foram remetidas para Filipson. E, quando chegaram, Luís encilhou o Lebuno, encheu com elas duas grandes malas de mascate, amarrou-as à garupa do animal, foi subindo a serra e oferecendo a mercadoria de estância em estância, de vila em vila, tendo como ponto final a cidade de Cruz Alta, onde iria encontrar-se com o irmão e ali abrir, em sociedade, um armazém de secos e molhados, cujo nome já estava escolhido: O Sol Nasce para Todos.

Mamãe acompanhara com os olhos o filho até este perder-se de vista. Não lhe agradava o novo mister em que ele se metia.

Havia muito risco e perigo naquelas estradas desertas. A bicicleta, agora inútil, ficara por ali, num canto da casa, e as duas espingardas, sem serventia, penduradas à parede. Luís apenas levara consigo um Colt que Frederico Bastos lhe vendera.

OS NICELOVICH OU O FURTO DO ANEL

Transpostos os campos de pastagem de Iankel "Chinder" e do Schtivelman, ficava a colônia do Moritz Nicelovich.

Moritz era alfaiate, quando havia trabalho. Os filhos o ajudavam e, quando o serviço escasseava, mascateavam pelas demais colônias e estâncias vizinhas.

Guardo gratas recordações dessa família numerosa e unida. Ouvi muitas vezes alusões ao nível superior de cultura adquirido pelos Nicelovich, graças aos longos anos vividos numa próspera colônia de alemães.

Ao saberem que estava sendo organizado um núcleo judaico em Filipson, os Nicelovich compraram sua colônia e construíram uma casa confortável, com assoalho de madeira e postigos nas janelas, o que constituía uma dispendiosa inovação naquelas bandas onde ninguém se dava a esse raro luxo. Trouxeram consigo alguns móveis, um lustre de cristal e até um gramofone.

com sua permanente salivação. Mais abaixo, vinha a Janete e, finalmente, Luba, um bebê rosado, se não errei na ordem cronológica na enumeração da respeitável prole dos Nicelovich. Se por acaso errei, peço a essa brava gente que me perdoe, em particular à esposa do Moritz, à mãe dessa progênie, a essa mulher sublime e incansável obrigada a trabalhar em dobro ao fazer as fornadas de pão, no coser, lavar e consertar a roupa de tantas crianças a fim de os mandar ao colégio asseados e bem-arrumadinhos.

Um dia, corri à casa dos Nicelovich toda esbaforida. Precisava partilhar com alguém a minha alegria. Luís havia chegado altas horas da noite montado em seu Lebuno. O relinchar do cavalo, ao reconhecer seus pagos, nos tirou do sono. Luís viera de Cruz Alta, serra abaixo, mascateando quadros com estampas de santos, cortes de fazendas e outras bugigangas enfiadas em dois baús amarrados à garupa do cavalo. Dera-me de presente um anelzinho com uma pedra azul muito brilhante, que papai precisara apertar com o alicate para ajustar-se ao meu dedo.

Contei a Janete, num fôlego, as novidades de casa e mostrei-lhe o anelzinho que ganhara. Tirei-o do dedo para melhor exibi-lo e notei que ele marcara com um círculo azul o lugar em que estivera, e, ainda, que começava a perder sua primitiva rutilância ao contato úmido da mão.

Janete, então, me disse:

— Papai também vende anéis, mas os seus não ficam pretos.

Tomada de repentina curiosidade supliquei-lhe:

— Mostre-me os anéis... Eu gostaria de vê-los...

Janete abriu um baú coberto de latão cheio de quinquilharias.

Nele, havia de tudo: botões, tesouras, agulhas e mil outras coisas. E Janete escolheu em meio dessa confusão uma caixinha dentro da qual havia algumas alianças, anéis de vários tipos e, entre eles, um que me encantou: tinha duas pedrinhas brancas, límpidas como duas gotículas de orvalho, semelhantes às que eu via com frequência nas manhãs primaveris, presas na teia que as aranhas teciam durante a noite e os raios de sol matinal faziam cintilar.

O mudinho, ao nosso lado, começou a impacientar-se, pois queria brincar. Puxava-nos pela saia, dava-nos pontapés com suas botas pesadas e nos obrigou a guardar a caixinha e a fechar o baú. E não tivemos remédio senão atendê-lo.

O anelzinho, porém, não me saiu do pensamento. Sonhei com ele aquela noite. Suas pedrinhas se transformavam em gotinhas de chuva presas aos fios de telégrafo, escorregavam uma após outra e se fundiam formando uma gota só, cintilante, ou uma pedra só, que, por momentos, oscilava. E, quando eu me propunha a pegá-la, ela se desprendia do fio, caía e desfazia-se no pó.

Despertei desejando possuir aquele anel. Sentia que não poderia mais viver sem ele. Compreendia que aquelas pedrinhas brancas e límpidas representavam a concretização de algo havia muito desejado mas que eu nem mesmo saberia dizer o quê. Levantei-me e, assim que pude, saí a perambular pelos campos. Quando dei por mim, me achei perto da casa dos Nicelovich. A mulher do Moritz viu-me e perguntou se mamãe mandava pedir alguma coisa e, como eu dissesse que não, mandou-me brincar com as suas crianças, estranhando, contudo, o meu jeito. Meu pensamento, porém, não se fixava nas brincadeiras e, num instante oportuno, propus a Janete trocar o meu anelzinho por aquele que tanto me encantara. Dar-lhe-ia, também, a boneca de trapo que Adélia me fizera. A boneca era linda. Adélia bordara-lhe a boca, os olhos e o nariz e lhe colara à cabeça fios de lã tirados dos pelegos. Ficara uma beleza! Mas não entusiasmava Janete, que a todas essas propostas respondia com um não. Desiludida, voltei para casa mais triste do que nunca.

No dia seguinte sofri um grande susto. O velho Moritz passou na estrada em frente à colônia, a caminho de alguma vila ou estância. Montava uma mula teimosa e arrastava atrás de si, pelo cabresto, outra mula que levava no lombo dois grandes baús. Dentro de um deles provavelmente seguia o meu tesouro também.

— Meu Deus! — rezei. — Não permitais que o Moritz venda o meu anelzinho! Como eu poderia viver sem ele?!

Passei aquele dia com os olhos pregados na estrada à espera de ver o velho Moritz regressar. (Para mim todo chefe de família era velho.) Rejubilei-me quando o reconheci meio vergado sobre o pescoço de sua mula que caminhava lentamente, embalando-o.

Incontinenti, desapareci de casa. Meus pés criaram asas. Desviei pelos atalhos, esgueirei-me sob as cercas de arame farpado e me encontrei em frente à casa dos Nicelovich, no momento exato em que Moritz descarregava os seus baús. Para justificar minha presença ali, pretextei que mamãe mandara pedir emprestado um pouco de sal. E, enquanto a mãe de Janete se dirigia à cozinha para atender ao que eu lhe dissera, eu pedi a esta que espiasse dentro do baú para ver se o pai tinha vendido o anel. Graças a Deus! O anel lá continuava. Aproveitei, então, uma distração de Janete, tirei o anel da caixinha e fechei o baú. O coração saltava-me do peito, acelerava suas pulsações como se fossem violentas marteladas, a ponto de fazer meus ouvidos doerem e minhas mãos tremerem. De súbito, pareceu-me que parava de vez. Apavorada com o furto cometido, dispunha-me a erguer a tampa do baú para recolocar o anel em sua caixinha, quando vi a mulher de Moritz reaparecer trazendo na mão um pacotinho contendo o sal pedido.

— Vá para casa depressa — falou, entregando-me o pacotinho — e avise a mamãe que o meu joanete está doendo... Que venha logo, por favor.

Não esperei que ela o repetisse. Saí em disparada apertando na mão o meu tesouro e só parei quando, distante da casa dos Nicelovich, podia contemplar sem testemunha o maravilhoso anel. Mas um ruído próximo causou-me um sobressalto. Assustada, olhei para trás. E se alguém me tivesse seguido e se estivesse ocultando para me surpreender com a prova do furto na mão? Sim, eu acabava de praticar um furto. E agora? Que faria com esse anel? Bem, depois pensaria no caso. Primeiramente, necessitava de dar o recado à mamãe. Talvez fosse melhor tratar de devolvê-lo... Mas, se o fizesse, não estaria confessando o meu delito? O certo seria não ficar com o anel, mas escondê-lo de tal forma que ninguém pudesse encontrá-lo...

No dia seguinte, Pecy foi ao riachinho buscar uma lata d'água e parou para dar um dedo de prosa com mamãe. E eu ouvi mamãe lhe contar que a Moritz tivera um menino aquela noite. Desta maneira, eu compreendi que em poucos dias tinha feito duas grandes descobertas: a primeira, que as gotinhas de orvalho que tanto brilhavam aos raios do sol podiam transformar-se em duas sólidas pedrinhas luminosas; a segunda, que a dor produzida por um joanete podia anunciar a vinda de mais uma criança a este mundo.

Entretanto, eu comecei a viver uma terrível inquietação. Evitava ao máximo o convívio dos meus, com receio de que já houvessem descoberto o meu delito.

Tristes pressentimentos me angustiavam os dias e as noites. Resistia ao desejo de me livrar daquele anel do qual me tornara escrava. Pensava em atirá-lo no rio ou ir devolvê-lo ao Moritz com uma desculpa qualquer. Também, de que me valia possuir o anel se não me era dado usá-lo? Nos raros momentos em que me arriscava a retirá-lo do seu esconderijo, sofria tremendos sobressaltos ao menor movimento das árvores tocadas pelo vento. Imaginava estar sendo observada por olhos irados. Criaturas invisíveis por certo me seguiam esperando o momento oportuno para me despojar do meu tesouro. Sentia necessidade de revelar a alguém o meu segredo, mas a quem? Ninguém iria compreender-me, menos ainda perdoar-me.

Um dia vi a Moritz chegar em minha casa. Mamãe mandou que eu fosse brincar. Aproveitei o ensejo para retirar o anel do esconderijo. Enfiei-o no indicador e me pus a admirá-lo, como sempre fazia. De repente, ouvi que Jacques me chamava procurando-me. Saí do mato às pressas, escondendo a mão atrás das costas. O mano fingia não perceber o meu enleio e convidou-me para ajudá-lo a pegar Malacara. "Graças a Deus", falei comigo mesma. "Ele nada notou..." Arrancamos de uns pés de milho um punhado de folhas tenras para atrair o animal, que as adorava. E, enquanto eu as estendia, Jacques atirou-lhe a corda ao pescoço. Malacara, julgando-se preso, imobilizou-se. O mano prendeu também o Chimel, um cavalo caolho e capenga, o único que os Druch possuíam e que lhes servia para puxar a charanga nos dias que iam a Pinhal visitar o Abraão. Jacques, com especial atenção, permitiu-me montar o Malacara e saímos para a cancha a apostar carreira. Montada no lombo do cavalo, agarrei-me firme à sua longa crina cobrindo assim o anel que eu não tivera tempo de tirar do dedo e esconder. Todavia, com o trote do animal e o esvoaçar da crina minha mão ficou descoberta e Jacques, que cavalgava a meu lado, viu o anel.

— Estás com o anel que Janete te deu? — perguntou com indiferença.

Emudeci. Não sabia o que responder. Que bom seria se um precipício me tragasse juntamente com o cavalo e o anel!

— Vamos para casa — acrescentou ele. — A Moritz está esperando para que lhe devolvas o anel, do contrário a Janete vai apanhar a valer.

Desmontamos no terreiro, Jacques à frente e eu atrás dele, como um réu e seu juiz. Na pequena distância que ainda nos separava da casa, imaginei mil desculpas e mentiras para justificar meu ato, mas compreendi também que a ninguém convenceriam. Somente nesse momento, avaliava em toda a extensão o erro praticado e odiei o anelzinho querido e até o dedo que o usava. Não me incomodava morrer. Tomara mamãe me matasse! Seria preferível a morte a ter de suportar dali por diante os seus olhos acusadores.

Felizmente, a Moritz já se havia ido. Assim, não presenciou o castigo corporal a que fui submetida. O corpo doía-me e, por dentro, alguma coisa me comprimia o estômago a ponto de provocar-me náuseas. Gostaria de me evaporar sem deixar vestígios e que ninguém mais se lembrasse de que eu tinha existido. Comecei a chorar baixinho, um choro doído que vinha das profundezas de minha alma. Tive uma imensa piedade de mim mesma. Julguei-me a criatura mais infeliz deste mundo. Por fim uma chamazinha de revolta principiou a despertar e a inflamar o meu cérebro.

— Bem feito para todos! Fiz o que devia — murmurei sem que ninguém me ouvisse. — Só assim se lembrarão de que eu existo. Não disseram sempre que eu só servia para chorar, que fazia pipi pelos olhos e que iriam me devolver à velha Ackselrod, que me ajudou a nascer?

E em parte era verdade. Diziam meus irmãos, para mexer comigo, que eu não era filha de mamãe e, portanto, sua irmã. Não tinham muito carinho para comigo. Esqueciam-se de mim durante dias inteiros. E eu vagava pelos campos enchendo-me de frutos silvestres que, às vezes, me embrulhavam o estômago. Cobras deslizavam cruzando o meu caminho. Quando as topava frente a frente, eu as fixava intensamente com meus olhos verdes. E se imobilizavam e desapareciam no capim assim que eu desviasse os olhos delas. O velho Tibúrcio, certa vez, pegou-me ao colo e disse-me:

— Tu tens os olhos verdes da cor dos olhos das cobras. Se os teus olhos se fixarem bem nos seus olhinhos, elas não te morderão.

Bem feito! Eu tinha os olhos verdes como as cobras, por isso é que era má! E um episódio então recente e que me marcara de maneira profunda veio também à tona, enquanto eu soluçava desconsoladamente. Mamãe precisara ir a Uruguaiana atender a minha cunhada que estava esperando bebê e levara consigo a pequena Idinha, deixando-me aos cuidados de Adélia. Papai trabalhava na roça desde o raiar até ao pôr do sol. A Pecy vinha fazer o pão para nós e ajudar Adélia nos serviços da cozinha. E eu ficava por aí, entregue à própria sorte. Corria o dia inteiro no encalço de borboletas, destruía ninhos de passarinhos, suja e desgrenhada, metida no meu vestido único e ensebado.

Em casa da Pecy haveria uma alegre reunião da mocidade. Papai, para cooperar, levara para lá um saco de milho-verde. Acenderam uma fogueira no terreiro e encheram de milho-verde duas latas e as puseram a cozinhar. Adélia, por esse tempo, já era uma linda mocinha de catorze anos e andava muito absorvida consigo mesma, pois começava a despertar a atenção dos rapazes das colônias. Duas amiguinhas vieram buscá-la para a festa. E ela se foi dizendo que não me levaria por ser muito pequena, mas me traria milho cozido se eu me comportasse bem em casa. Eu detestei a ideia de ficar sozinha.

Chorei. Esperneei, mas acabei por ficar, porque não tinha vestido limpo para trocar.

Depois da saída de Adélia, saí também a perambular pelo terreiro no meio de patos e galinhas. Aborrecida com a solidão, subi a encosta e me pus a circundar a casa dos Druch, escondida atrás da vegetação com os olhos compridos e gulosos, esticados na direção da álacre fogueira de onde chegava até as minhas narinas o cheiro gostoso do milho-verde que estava sendo cozido. Desci até o riacho. Tirei o vestido e a camisinha, imergi-os na água límpida e, com um pedaço de sabão que ali achei, me pus a ensaboá-los e enxaguá-los desajeitadamente. Mas nada de a espuma do sabão sumir. Acabei por pendurá-los por ali, sem conseguir torcê-los, e fiquei à espera de que secassem, todinha nua.

O passo de uma alimária me despertou dos tristes pensamentos. De um salto, escondi-me atrás de uma pedra grande que nos servia às vezes de cavalo em nossas brincadeiras. Reconheci o inspetor do telégrafo, que cruzava mensalmente a colônia inspecionando os postes e os fios, montado em seu alazão. Ele fingiu não me ver. Ia meio inclinado sobre o pescoço de sua montaria que, ao atravessar o riacho, sorvia a água clara e fresca.

Esperei que ele se afastasse, vesti a roupa mesmo molhada que acabou secando no corpo e subi outra vez até a casa dos Druch, na esperança de ainda encontrar uma suculenta espiga de milho-verde.

Ao recordar esse episódio, meus soluços redobraram de intensidade. Com toda a certeza, a partir desse dia, aos muitos epítetos com que me molestavam acrescentariam, sem dúvida, o de ladra. Pois não me alcunhavam de "Nuchem" só porque, certa ocasião, eu tinha brincado com o Nuchem, o neto da Golde Schtivelman, um menino de minha idade, de marido e mulher e fazíamos de conta que seu irmãozinho ou irmãzinha, de meses, era o nosso filhinho? Tratava-se de uma brincadeira inocente, afetiva. Num transporte de ternura pelo bebezinho deitado num vasto leito, alto demais para nos permitir olhá-lo e acariciá-lo, trepamos sobre o leito e, com os pés sujos, enchemo-lo de lama. Afora a tremenda sova que me fora aplicada, ainda me ficara a alcunha de "Nuchem".

Acredito hoje que o mesmo tratamento era reservado a todas as crianças das colônias, pois ninguém ali podia dedicar muito do seu tempo para os filhos. Estávamos entregues à nossa própria sorte até o instante em que pudéssemos compartilhar das responsabilidades atribuídas a todos os membros da família. Por isso, mendigávamos afetos. Quando as irmãs ou os irmãos casados chegavam das cidades próximas aonde tinham ido morar depois de abandonar as colônias, ficávamos a contemplá-los em muda adoração, roçávamos embevecidos em suas roupas novas e bonitas, impregnadas de um cheiro gostoso. Traziam o cabelo emplastado de brilhantina, e as mulheres, grandes chapéus enfeitados de vistosas plumas e vestidos de tafetá terminados em compridas caudas. Eram visões efêmeras, pois pouco demoravam. Quando partiam, sempre acompanhados de bênçãos e das lágrimas dos pais, esqueciam pela casa um objeto qualquer ou uma peça de roupa que assumia aos nossos olhos importância de relíquia. E a nossa atmosfera familiar conservava por uns dias ainda o perfume bom da presença deles.

Mas voltemos ao principal deste relato, ao meu delito. Malgrado meus negros vaticínios, ninguém tocou mais naquele assunto, muito menos os Nicelovich. Continuaram a receber-me carinhosamente e a dispensar-me a mesma confiança e amizade anterior. Quanto a mim, no intuito de redimir o meu pecado multiplicava as atenções para com o mudinho que, com o passar do tempo, se ia tornando irascível e mais magrinho, quase transparente. A Janete que, em virtude de um resfriado constante, tinha as narinas obstruídas por uma crosta de muco, eu a ajudava a lavar-se no riacho até amolecer e despregar a crosta, permitindo-lhe assim respirar com desafogo, e ministrava-lhe conselhos para evitar se repetisse aquilo que tanto a incomodava.

Casualmente, decorridos alguns anos, eu vim a compreender o sofrimento de mamãe, por não ter podido comprar-me aquele anel que tanto me encantara.

Passou por Filipson um funileiro ambulante. Pediu pousada em casa e, no dia seguinte, ofereceu-se para consertar panelas e outras coisas mais. À noite, enquanto eu preparava minhas lições, mamãe se aproximou de mim, pousou a sua mãozinha calejada em meus cabelos e, timidamente, me falou:

— Quero dar-te uma coisa. Mas, antes, preciso explicar-te algo importante sobre o presente. Mandei diminuir a única joia que possuo, o aro de prata com o qual teu pai me recebeu por esposa. Quero que o uses até à hora em que Deus houver por bem enviar-te o teu predestinado. Se for vontade do Altíssimo, ele substituirá esse aro de prata por outro de ouro. De uma coisa, porém, te previno: por nada deste mundo deverás tirá-lo do dedo e confiá-lo a um rapaz.

Abri muito os olhos, emocionada e curiosa pelo mistério que envolvia esse aro de prata. Mamãe prosseguiu:

— De acordo com nossas tradições, se um rapaz solteiro colocar no dedo anular de uma rapariga um aro de ouro ou prata, e pronunciar as palavras sacramentais: *Arei At*, ela se tornará irremediavelmente sua esposa. Portanto, te previno: nunca confies esse anel a ninguém! Foi com esse anel que acabei de te dar que teu pai me recebeu como sua esposa perante Deus e os homens!

Caí em prantos nos braços de mamãe, sentindo e só então compreendendo que não tinha vivido e sofrido sozinha aquele terrível drama.

— Mais uma coisa vou dizer-te — acrescentou mamãe —, as criaturas mais incompreendidas e injustiçadas não são como parecem as mais inditosas... Porque o Destino sempre lhes reserva no futuro uma grande recompensa...

CASAMENTO DE ZELDE

Hoje casa a Zelde. Iremos todos ao casamento. Afinal, assistirei a uma boda. Comerei *chitrudel* e bolo de mel e verei uma noiva e um noivo de verdade. Meus pais não puderam comprar-me um par de sapatos novos. Não importa! Irei com os velhos mesmo. Ricachinevsky pôs-lhe uns remendos invisíveis, deixando-os quase novos, embora me apertem um pouco nos dedos em virtude de meus pés haverem crescido. Mamãe saiu pela manhã para ajudar a *machteineste* Guisse a fazer a sopa de ouro dos nubentes e Adélia está ajudando a Peirel, irmã da noiva, no adorno do galpão cobrindo as paredes de folhagem e tecido adamascado que os vizinhos emprestaram. O lugar de honra a ser ocupado pelos noivos foi improvisado com as únicas cadeiras existentes na casa. Puseram-lhes travesseiros cobertos com uma colcha de veludo grená.

Os convidados, vindos de todas as colônias, já se encontram reunidos. Os mais velhos foram à casa dos Schtivelman buscar o noivo. Os jovens, aproveitando-se da confusão reinante, esgueiraram-se por entre os pessegueiros pejados de suculentos frutos. Amanhã, a Guisse porá a colônia em polvorosa com suas reclamações contra a invasão de seu pomar. E, prevendo isso, todos se divertem desde já.

O noivo vem vindo, ladeado dos padrinhos que o seguram pelos braços. Assemelha-se mais a um condenado a quem os guardas se preocupam em não deixar escapulir.

Levam-no ao galpão, onde a noiva, sentada no trono improvisado, espera por ele para que lhe cubra o rosto com o véu. Neste ínterim, as carpideiras entoam monótona ladainha:

Chora, chora, noiva,
para nunca perderes a graça
perante teu esposo e senhor!

Desfazem-lhe o belo penteado, deixando-a toda desgrenhada. E a noiva realmente chora, mas de raiva e impotência contra essa bárbara tradição que se vê obrigada a respeitar. Tem os olhos inchados, o nariz vermelho e a boca contorcida num ríctus de ódio. Tanto tempo perdido em frente ao espelho na arrumação do cabelo para essas velhas ignorantes a enfeitarem desse jeito!

O noivo, vestido de negro dos pés à cabeça, verga sob a própria figura. Parece um cipreste esguio e longo que qualquer vento pode dobrar. Somente seus olhos têm vida e brilham da profundeza de suas órbitas. Dizem que é muito lido e tem ideias anarquistas e que somente um anarquista se arriscaria a casar com a Zelde.

Que quererão dizer com isto? E que será um anarquista? Deve ser um homem terrível, pois quando pronunciam essa palavra o fazem em voz baixa até revelando certo receio. Onde e como terá a Zelde encontrado esse anarquista, meu Deus!

A canseira da longa espera e o estômago entupido de pêssegos meio verdes revolveram-me as entranhas. Vomito no escuro, atrás da casa, e me arrasto para um quartinho atulhado de cacarecos onde as crianças foram postas para dormir. Tombo sobre um monte de pernas e braços e afundo no sono.

Despertei com a voz de mamãe me chamando. Era dia claro. A primeira pergunta que fiz foi se a Zelde já se tinha casado. Mamãe ordenou-me silêncio com um gesto: pondo o dedo nos lábios.

Os noivos estavam dormindo na sala em frente ao quartinho, a porta apenas cerrada por uma cortina de chita. Ouvi vozes lá dentro. A cortina afastou-se e a *machteineste* Guisse apareceu trazendo nos braços, como um troféu sagrado, um lençol amarfanhado. Chamou mamãe e todas as mulheres que, no momento, aprontavam os filhos para levá-los de regresso às suas casas. A todas mostrou com grande orgulho algo existente no lençol. As mulheres, em coro, começaram a grasnar:

— *Mazel tov! Mazel tov!* (Parabéns! Parabéns!)

Vi o rosto de mamãe tingir-se de vermelho. Pegou-me às pressas pela mão e levou-me dali antes que, com minha aguçada curiosidade de criança, me apercebesse do que se tratava.

Pouco depois, os recém-casados apareceram, de mãos dadas, frescos e felizes, com uma toalha de rosto em volta do pescoço, e foram lavar-se no riacho próximo. Quanto a mim, invejei-lhes a felicidade que os envolvia e desejei, de todo o coração, crescer depressa para também me casar. Mamãe apressou-se a levar-me para casa com certeza para eu não escutar a conversa das comadres a propósito dos nubentes.

CAPELISH MACHER

Pairava sobre a colônia um halo de angústia e expectativa. Os moradores se entreolhavam entre amedrontados e esperançosos. Todos os olhares dirigiam-se para a estrada à espera de alguém que surgisse com a boa nova. As mulheres idosas cochichavam entre si, apenas movendo os lábios como se rezassem. Algumas, paradas na soleira das portas; outras, atrás das janelas cerradas, com o rosto grudado à vidraça. Todos esperavam um milagre.

A atmosfera pesada, carregada de nuvens cinzentas, nada de bom pressagiava. As crianças, assustadas pelo mistério, que pairava no ar, haviam deixado de brincar e se enroscavam nas saias de suas mães.

Em todos os lares, aquela tarde, orava-se a Deus pela nora do fabricante de bonés (*capelish macher*) que sofria as atrozes dores do parto. As duas *bubes* de Filipson revezavam-se ao lado da pobre mulher, cada uma empregando seus poucos conhecimentos. No cômodo ao lado, homens envergando xales de reza *taleicim* rezavam, misturavam suas vozes em preces dolentes aos gemidos da parturiente, que, pouco a pouco, ia perdendo as forças. De todos os lados surgiam sugestões. Uma velha contava que a filha de tia Reizel sofrera suas dores de parto durante três dias consecutivos e que a criança somente resolvera nascer quando puseram o *tales* e o *tvilen* (filactérios) embaixo do travesseiro da parturiente. Outra afirmava que, como *zguile* (talismã), nada havia de mais eficaz do que vestir na parturiente as calças do marido, mas às avessas. Os familiares, de ouvido atento, ansiosos por aliviar os sofrimentos da infeliz, apressavam-se a pôr em prática os ensinamentos que escutavam.

As horas, porém, se escoavam, longas, lentas, dolorosas. Gritos sobre-humanos se faziam ouvir do quarto da mulher. Alguém lembrou-se de chamar o *felcher*, o velho Wladimirsky, e, sem perda de tempo, esgueirou-se para fora de casa com esse objetivo. Outros acharam melhor ir ao cemitério. A noite caíra havia muito. E um grupo composto de homens e mulheres, com lanternas acesas nas mãos, para lá se encaminhou.

Lá chegados, fizeram ouvir seus clamores rompendo com eles a treva e o silêncio. Luzes bruxuleavam em meio às sepulturas, e súplicas eram endereçadas aos mortos para que se erguessem de seus túmulos e corressem ao trono do Altíssimo para implorar clemência e vida para a mãe e o filho em agonia.

Enquanto isso, o *felcher* chegava à casa do *capelish macher*. A primeira coisa que fez foi libertar a parturiente dos amuletos e das calças do marido e enxotar do quarto as comadres e as curiosas. Pegou no pulso da mulher murmurando palavras de conforto e limpando-lhe, ao mesmo tempo, o suor do rosto escaldante. Mas já era tarde demais para qualquer socorro.

O *felcher* ordenou aos brados que corressem à estação e pedissem a Otacílio para telegrafar a Santa Maria pedindo um trem especial a fim de transportar a parturiente a um hospital. Porém era tarde demais. O ventre, que se negara a libertar o pequenino ser, lhe serviu de túmulo.

Na tarde seguinte, as mulheres que tanto haviam esperado na soleira das portas ou atrás dos vidros das janelas o milagre que não veio, acenavam o último adeus para a pequena procissão que levava a mãe e o filho não nascido para o cemitério.

RICACHINEVSKY

Morava entre Rincão das Pedras e Pinhal, quase na encosta da pedreira. Era o único sapateiro dentro de muitas léguas em redor. E, como o seu ofício não o ocupasse muito, ele se dedicava também a outros misteres. Contudo, em seu ofício era um mestre consumado, confeccionava verdadeiras obras-primas em sapatos tidos como imprestáveis. Fazia remendos invisíveis, executava os cerzidos com extraordinária habilidade no manejo da agulha e, muitas vezes, à falta de couro para cobrir os buracos, ele aproveitava o tirado de outros sapatos e com este criava uma obra de arte que servia para ser calçada pelo colono ou seu filho nos dias de festa ou de cerimônia no templo.

Ricachinevsky era casado com uma filha dos Slipack, considerados os melhores fabricantes de *matzot* (pão ázimo ou bolacha) para a Páscoa. Para isso, eles haviam construído um forno especial.

Chegada a ocasião, Ricachinevsky instalou na ampla cozinha mesas compridas impecavelmente limpas, retiradas do sótão onde eram guardadas quando desnecessárias. Revezando-se em turmas, as famílias ali se reuniam, cada qual com a quantidade de farinha correspondente ao número de membros. Mulheres vestidas de branco esticavam com a ajuda de rolos de madeira a massa que os homens, por sua vez, com grande destreza e com o auxílio de pás de cabos compridos, levavam ao forno para assar, enquanto outros retiravam as bolachas já cozidas e as depositavam sobre alvíssimas toalhas estiradas ao chão. Em cada toalha estava gravado o nome da família sua proprietária, e cada qual pagava a Ricachinevsky pequena taxa e, por fim, todas em conjunto preparavam o pão ázimo do dono da casa.

Trabalhava-se dia e noite durante os cinco ou seis dias que antecediam a Páscoa e, no decorrer do serviço, contavam-se pilhérias e os rapazes, quando podiam, beliscavam as mocinhas, que davam gritinhos e sorriam encabuladas, os rostos afogueados pelo calor do forno constantemente aquecido por grande braseiro e pela malícia contida nessas brincadeiras. Surgiam apostas para ver quem esticava maior quantidade de massas ou preparava maior número de bolachas. Animavam-se uns aos outros para vencer a canseira. Finalmente, cada família atrelava os bois à sua carroça, recolhia seus *matzot* (bolachas) e, com afetuosas despedidas, desejando-se reciprocamente Feliz Páscoa, lá se ia para a sua colônia, não sem antes prometer que voltaria no ano seguinte para o mesmo fim.

O resto do ano, Ricachinevsky, auxiliado pela mulher e pelo filho mais velho, cuidava da roça.

A colônia em que vivia estava atravessando uma grave crise. O verão fora cruel negando as chuvas costumeiras e o inverno chegara rigoroso, trazendo temporais fora de tempo.

As estradas tornaram-se intransitáveis e o vento fustigava os campos ressequidos, forçando o gado a retirar-se para o fundo dos cerrados bosques de bambus a fim de proteger-se das rijas intempéries. Poucos colonos se arriscavam a sair de casa à procura dos terneiros. Deixavam-se estar junto da estufa caseira, mastigando caroços de abóboras ou girassol torrados e ouvindo a leitura de romances feita em voz alta por um dos familiares.

Num desses dias gélidos, vimos, através da janela envidraçada, passar o boticário *felcher*, nosso compadre, em seu tílburi, cujas rodas se enterravam na lama, obrigando o cavalo a patinhar no esforço de tirar o veículo do atoleiro. O *felcher* ia embuçado até as orelhas. Na volta, parou em nossa casa, para um dedo de prosa junto da estufa e para ver Idinha, que estava febril. E contou-nos, então, que as crianças do sapateiro haviam contraído a escarlatina, agravada a moléstia por falta de suficiente nutrição. E, assim falando, mastigava, como de hábito, as pontas do bigode, soltando, vez por outra, uma blasfêmia. Examinou Idinha e constatou que ela também estava atacada de escarlatina. Todavia, tratava-se de uma forma benigna que não traria maiores complicações. Recomendou o tratamento, embuçou-se de novo em seu poncho e partiu fustigado pela ventania.

No dia seguinte, Bernardo, um dos filhos do nosso *mechuten* (compadre) o boticário, ajudado por um peão, tangia duas vacas com suas crias ainda novas para a colônia de Ricachi-nevsky, proporcionando dessa forma o precioso alimento para os doentinhos. Entretanto, apesar dos cuidados do *felcher* e das atenções dos vizinhos, aquele tremendo inverno levou para a cova duas das crianças do sapateiro.

O "RÉBALE"

Entre alusões veladas, palavras apanhadas no ar e perguntas que apenas recebiam meias respostas, pude compor com a ajuda da imaginação a tragédia desse personagem cognominado o "Rébale", diminutivo de "professor de hebraico".

O "Rébale" apareceu em Filipson sem que ninguém soubesse de onde vinha nem para onde ia. Os colonos o receberam com a costumeira hospitalidade. E na sexta-feira, no templo, todos lhe disputavam a presença à sua mesa no dia do *sabatt* (sábado).

Uma acentuada miopia, que chegava quase à cegueira, distinguia-o do comum dos colonos. Nas suas constantes perambulações de colônia a colônia, era preciso que alguém o acompanhasse até a estrada real, ao longo da qual se estendiam as cercas de arame farpado. E o "Rébale", com o auxílio de seu inseparável cajado e de sua curta visão, ia se guiando por elas até atingir a próxima colônia, onde pernoitava e de onde, na manhã seguinte, prosseguia o seu roteiro.

Numa dessas perambulações o "Rébale" desapareceu. Os últimos que o viram foram os lá de casa e os Nicelovich, nossos vizinhos.

No dia anterior ao seu desaparecimento, chegara pelo entardecer. Fizemo-lo sentar-se à mesa e participar da refeição, pusemo-lo a dormir em cima do forno, aquecido horas antes para a fornada do pão semanal. Pela manhã, tomou seu café, esperou que a neblina se dissipasse e o sol envolvesse a colônia de luz e calor. Ao partir, disse-nos que passaria pela casa dos Nicelovich e, dali, iria ao boteco dos irmãos Russovsky para uma prosa com a Golde, de quem muito gostava, não se cansando de louvá-la. Esta jamais o deixava afastar-se sem lhe deslizar no bolso algumas moedas.

Em seguida, iria passar o sábado com os Nicolaievsky, que o estavam esperando.

Ao sair da casa dos Nicelovich dispensara companhia, pois um estreito corredor cercado de arame farpado o levaria facilmente à estrada real. Terminada a cerca, bastaria tomar a esquerda para se achar, duzentos metros adiante, no boteco dos irmãos Russovsky instalado na beira dessa estrada. Os Nicelovich tinham insistido em acompanhá-lo até lá mas, em vista de sua negativa, deixaram-no sair sozinho. E o caso é que o "Rébale" nunca chegou à casa dos

Russovsky, menos ainda à dos Nicolaievsky, que era o ponto final do seu roteiro.

Os colonos, em pânico, puseram-se à sua procura ajudados por nosso chefe de polícia, Frederico Bastos, e seus filhos. Na esperança de encontrá-lo perdido, mas vivo, todas as matas foram batidas e todas as furnas perscrutadas. Após longos dias de angústia para toda a coletividade, encontrou-se, em meio à invernada que ligava as colônias dos Nicelovich à dos Russovsky, um sapato do "Rébale". O revoar suspeito de urubus por sobre a mata do Taboão que dividia Filipson de Pinhal deu a pista procurada. E acabaram por achá-lo meio putrefato, despojado das vestes, tendo apenas um dos pés calçado.

Jamais foi possível saber-se como um dos sapatos tinha ido parar tão distante do sítio onde o infeliz topara com a morte e de que maneira o desventurado "Rébale" teria atingido aquela mata próxima do rio, ligada a Pinhal por uma ponte de toras e tábuas.

Recaíram suspeitas sobre o velho Bonifácio. Cada qual, porém, guardou-as para si, na impossibilidade de positivá-las e receoso das consequências que poderiam advir se chegassem aos ouvidos do preto velho que ainda trazia no seu sangue os recalques do seu antigo cativeiro e a quem todos intimamente temiam.

FILIPSON

Os campos de pasto separavam das moradias uma cordilheira de matas que ligavam as colônias entre si. No meio dessa cordilheira serpenteava um rio aos caprichos da natureza, ora se alargando sobre um leito raso cheio de pedregulhos, ora se precipitando pelas penedias, penetrando em gargantas estreitas, dividindo-se em córregos, para reencontrar-se depois de percorrer longas distâncias. Essas gargantas, por onde a água fluía límpida e agitada, encobertas por densa vegetação, eram pressentidas de longe em virtude da amenidade do ar e do sussurrar da corrente deslizando sobre um leito de algas e longas cabeleiras de limo que flutuavam à tona sem despregar-se nunca.

Trilhos produzidos pelo pisotear dos animais da mata conduziam aos córregos. Quem por ali caminhasse ouviria os répteis fugirem à sua aproximação para se esconderem nos recôncavos das margens, quando se não atiravam com um baque surdo nas águas para se ocultarem debaixo das algas do leito.

Assistimos, por vezes, a tremendos combates entre enormes lagartos, talvez jacarés, e nossos cachorros, que sempre seguiam em nosso encalço. Aqueles, pressentindo os seus inimigos, intumesciam o tronco já grosso e escamoso, e enfrentavam os cães, arrojavam-se a eles tentando ferrar-lhes a bocarra em suas goelas. Os cães atacados, latindo e ganindo, aos saltos, escapavam habilmente aos golpes e faziam por cansar os lagartos, forçando-os a rápidos círculos sobre si próprios. E sabiam aproveitar os descuidos dos adversários. Quando estes, no afã da luta, viravam, por segundos, ficando com o ventre para cima, os cães saltavam-lhes ao pescoço e os sacudiam de encontro ao chão até vê-los imobilizados.

Outras vezes, em manobra feliz, era o lagarto que, por seu turno, ferrava os dentes no pescoço do cachorro. E sem perda de tempo intervínhamos, munidos de grossas achas de lenha ou de grandes pedras, e malhávamos o bicho até liquidá-lo, salvando o cachorro. Ignorávamos o medo, porque éramos ignorantes do permanente perigo de que estávamos rodeados.

Em certo lugar, no meio da mata, as correntes esparsas reuniam-se e formavam um açude marginado de lajes lisas e lavadas, dispostas desordenadamente. O chão entre as lajes era coberto de pedregulhos de tamanhos e colorações diversas. Dentre eles, escolhíamos os mais arredondados e bonitos, com os quais jogávamos gude, à falta de bolinhas de vidro.

As árvores frondosas entrelaçavam as frondes acima do açude e através delas filtravam-se os raios do sol pintalgando águas, pedras e vegetação de confetes cor de ouro. E à noite, quando havia luar, todo o recinto enchia-se de magia.

O açude constituía o santuário das mocinhas de Filipson. Aos sábados de tarde, em dias ensolarados, suas águas se povoavam de corpos juvenis. O canto dos pássaros silenciava e o marulhar das águas desaparecia sob a cascata de risos e gritinhos inocentes. As lajes em volta se coloriam com as roupas das banhistas. Uma cadela, que nos acompanhava, permanecia de atalaia, avisando com latidos quando percebia o mais leve movimento entre os arbustos. Produzia-se, então, um corre-corre. Algumas escondiam-se atrás da árvore, outras, indecisas, cobriam com as mãos os seios roliços e se quedavam encolhidas; outras ainda mergulhavam até o pescoço na água turvada pelos resíduos que subiam do fundo. E o susto, em geral, terminava em sonoras gargalhadas, ao surgir do meio da mata o corpanzil de uma rês que ali ia ter para fugir do calor ou com o fito de se dessedentar no açude.

Os rapazes costumavam banhar-se noutro açude mais distante e, apesar de tentados, nunca se atreviam a espiar-nos. Divertiam-se gritando de longe, ameaçando-nos de invasão.

Após o banho o grupo embrenhava-se por ali à procura das suculentas amoras e das pitangas cheirosas. Em seguida encaminhava-se para a estação, à espera do trem de passageiros que descia a serra lotado de viajantes vindos das grandes cidades.

Essas cabecinhas cheias de sonhos românticos, que se ataviavam com as melhores roupas para assistir à passagem do trem, sonhavam com os heroicos personagens dos romances lidos até altas horas da noite. Parecia possível que eles pudessem apresentar-se na figura de alguns desses viajantes para, num momento qualquer, levá-las para longe daquela solidão insípida.

O chefe da estação, o bondoso Otacílio, trilava o apito e o trem arrancava-se aos poucos, sumia na curva, deixando atrás de si um frêmito nos trilhos e um frêmito maior na alma dessas ingênuas criaturas. E, durante algum tempo, um longo penacho de fumaça ficava pairando no ar até desfazer-se lentamente e, com ele, um cheiro bom de carvão queimado...

SAL E BIOLOGIA

Uma vez por semana distribuía-se o sal ao gado. As reses, por instinto, percebiam qual era o dia. Muitas delas já amanheciam em volta do cercado de casa; as que se atrasavam vinham terla abaixo, atropelando-se, atendendo ao aboio de papai.

Uma que outra, ao terminar de comer seu sal, intentava avançar pelo território alheio. Papai, à força do punho, ia-as afastando. As crianças, que ignoravam o medo, metiam-se no meio do gado, atiravam-lhe pedras, cutucavam as vacas com uma vara pontiaguda.

Elas nos cheiravam com as narinas sempre úmidas, abanavam as orelhas, espantavam com a cauda alguma mutuca incômoda e, pachorrentamente, dirigiam-se ao arroio. Ali, quando por qualquer razão a água se apresentava turva, elas procuravam sorvê-la aflorando delicadamente a beiçola pela superfície ainda mais ou menos limpa.

Os novilhos mais afoitos ensaiavam suas conquistas cheirando o ar com imbecil beatitude. E nós, crianças, andávamos por entre os animais a tudo assistindo sem falsos pudores e sem a menor malícia. Víamos os touros reprodutores selecionarem as suas fêmeas, procurando as não fecundadas, num respeito às leis que a Natureza lhes impunha. E só eles nos intimidavam. Temíamos a majestade de seu porte e a sua conhecida agressividade, razão por que cuidávamos de nos conservarmos fora do alcance de sua fúria.

Raramente esses touros consentiam concorrentes no pasto em que imperavam individualmente.

Se dois deles se encontrassem frente a frente, punham-se ambos a mugir com ferocidade e a escarvar o chão, jogando a terra para trás, a língua pendente, as aspas em riste, e acabavam por chocar-se de maneira amedrontadora.

Certa vez um de nossos cães ousou tomar o partido do mais fraco investindo contra o outro e foi atirado a grande distância, sendo quase estraçalhado pelo touro.

Participando plenamente da vida animal que nos rodeava, cedo aprendemos os mistérios do sexo. Sabíamos ser necessário que o galo cobrisse a galinha, sem o que não teríamos ovos e sem ovos os pintos não viriam ao mundo. Enfrentávamos as cobras que se aproximavam de casa ou dizimavam as ninhadas de pintos. Mas não nos preocupávamos com elas quando as encontrávamos distante, onde não pudessem causar-nos danos. Éramos também uma espécie de bichos selvagens aclimatados ao ambiente. Com a cabeça enfiada em sacos de estopa e armados de longos chuços acesos, quantas vezes não atacamos casas de maribondos ou colmeias de abelhas melíferas em busca de favos, com os quais nos deliciávamos. E quantas vezes também não fomos corridas sob nuvens de maribondos ou abelhas e não chegamos em casa com os lábios dobrados de tamanho em virtude das ferroadas recebidas de alguma abelha viva, retida nas células do delicioso favo de mel.

O NAMORO DE ADÉLIA

A fama da beleza de Adélia tinha transposto as fronteiras de Filipson, a ponto de atrair rapazes das cidades vizinhas que se punham a frequentar as festas realizadas ao som de um gramofone numa das salas da escola, transformada em salão de baile.

Ela era a mais jovem do grupo e a mais bela de todas. Dançava com leveza e graça, os longos cílios velando-lhe o olhar sonhador, como que alheia ao tumulto da festa, mas consciente da beleza que irradiava. Rejeitara vários pedidos de casamento, inventando uma desculpa qualquer como se estivesse à espera de alguém havia muito prometido.

A colônia, de ordinário tão sossegada e sem novidades, fervilhava agora com a notícia de que Jacob, o filho do *felcher*, voltava à casa paterna depois de longos anos de ausência. Julgavam-no desaparecido, morto talvez.

Adélia foi a primeira dentre nós a saber da notícia. Transmitiu-lha Raquel, sua amiga inseparável, num alvoroço de alegria. Quem, porém, a recebeu com um aperto no coração, como um mau presságio, foi mamãe, que resolveu não ir à estação recepcioná-lo nem permitir que Adélia fosse. Papai representaria a família. Mas Adélia, sempre voluntariosa, achou de ir em companhia dos *mechuten*, pais de Jacob, assim contrariando a vontade de mamãe.

O trem fez-se anunciar por um silvo agudo que, naquela tarde primaveril, ressoou pelas coxilhas e planícies com um eco diferente. O coração de Adélia recebeu-o de modo alvissareiro. Postada ao lado da *machteineste*, seus olhos acesos estavam pregados nas janelas dos vagões que deslizavam vagarosamente junto à plataforma até estacar.

De súbito surgiu a figura alta e morena de Jacob à sua frente e Adélia, como preciosa oferenda, foi empurrada pela *machteineste* para os braços do jovem. E seus lábios se uniram num beijo, indiferentes à presença dos demais.

Não se viram lágrimas nem se ouviram recriminações por tão longa ausência e tão prolongado silêncio. As malas foram postas no tílburi e todos foram caminhando na direção de casa.

Tomaram pelo atalho, passando rente da antiga colônia dos Zeiligman, onde a única coisa que ainda lembrava essa gente boa era uma roseira debruçada sobre a porteira em ruínas, toda coberta de rosas vermelhas e perfumadas. A casa e o galpão apresentavam um aspecto desolador, as paredes fendidas, e uma parte da cobertura de sapé do celeiro, arrancada pelos temporais, balouçava-se ao vento, presa a uma viga, como a velar um defunto querido, sem coragem de o abandonar. Na porta escancarada, uns gurizinhos de umbigo de fora, pele acinzentada, chupavam os dedos juntamente com o muco que lhes escorria do nariz. Porcos entravam e saíam ou focinhavam, num lamaçal do terreiro galinhas ciscavam ao lado dos porcos. Encostada nos umbrais daquela ruína, nhá Gracinda pitava seu toquinho de cigarro de palha. Fizeram-lhe um aceno amigável e trataram de afastar-se daquele ambiente triste.

Esperava-os em casa a mesa servida. Sentaram-se em volta. Adélia e Raquel, em frente a Jacob, bebiam-lhe as palavras. Para Jacob, parecia haver apenas uma ouvinte: Adélia. Tudo quanto contava e descrevia em cores vivas era somente para ela. O *mechuten* não se sentia à vontade. Cortava a conversa do filho e o interrogava sobre coisas práticas da vida. Queria saber o que ele fizera durante todos aqueles anos, por onde andara.

— Saíste de casa ainda adolescente — falou — e hoje voltas homem-feito...

Jacob lhe respondia com uma pontinha de impaciência na voz:

— Teremos tempo, agora de sobra, para conversar, meu pai. Está se fazendo tarde. Acompanharei Adélia a casa e aproveitarei para ver a *machteineste* Eva e o *mechuten* Tobias... Vamos, Raquel. Vais fazer-nos companhia, queres?

A partir de então Jacob passou a frequentar nossa casa com assiduidade. Sabia contar proezas e enfeitá-las. Falava de São Paulo, onde estivera durante os últimos anos, que havia feito o serviço militar, pois se naturalizara brasileiro. Seu português era fluente, sem aquele sotaque característico que acompanhava a vida inteira o imigrante judeu.

Mamãe ouvia-o e calava. Papai, em sua natural bonomia e credulidade, mostrava-se encantado com a conversa de Jacob. Sua alma sonhadora e lírica se comprazia com o romance nascido entre a filha e o galante rapaz e se alegrava pelo fato de Adélia realizar um casamento de amor.

Tornei-me a sombra de minha irmã. Aonde quer que ela fosse, lá estava eu grudada às suas saias. Acompanhava com prazer o seu namoro e me sentia uma espécie de elo entre os dois. Recebia com agrado os transportes de ternura a ela endereçados, sentava-me sobre os joelhos de Jacob ou caminhava ao lado dele, de mãos dadas, e brincava com seu dedo minguinho cuja unha ele deixara crescer desmesuradamente, merecendo severas críticas de mamãe.

Certa ocasião, passamos quase o dia inteiro em casa de seus pais. O *mechuten* havia sido chamado pela madrugada a fim de socorrer a esposa de um estancieiro de Arroio do Sul. Estivera a noite toda em vigília ao lado de seu leito, lutando bravamente contra a hemorragia pertinaz que ameaçava aquela vida.

Por fim, conseguira afastar o perigo. E à tardinha, ao voltar para casa, vinha fatigado e enervado. Quando desceu do tílburi, notava-se-lhe o alquebramento. O cavalo também estava coberto de suor.

Jacob, vendo o pai chegar, anunciou, satisfeito, que ia nos levar para casa naquele tílburi. O *mechuten*, numa fúria inusitada, endireitou seu alto porte, correu para o tílburi, arrancou os arreios e, num grande esforço, fê-lo virar de borco, partindo o encosto do assento. Com ambas as mãos espalmadas, empurrou o cavalo, que retrocedeu e empinou sobre as pernas traseiras, quase esmagando o *mechuten* ao voltar à posição natural.

— Quebrem a cabeça todos vós! — gritou, fora de si. — Não é isso que desejam?

E entrou em casa furibundo, como jamais o tinha visto antes nem o veria depois.

A *machteineste* Guitel, com sua habitual paciência, procurou acalmá-lo. Pôs-lhe um xale sobre as costas doídas da canseira, deu-lhe uma bebida quente e pediu que se deitasse.

Já acomodado no leito, ele falou à mulher:

— Creio ter visto aqui a pequena Frida... Chame-a para me massagear as costas.

— Mas eles já estão de saída — respondeu a *machteineste*. — A Golde ou o José podem fazê-lo.

O *mechuten* impacientou-se:

— Quero a Frida, já disse. Teus filhos são uns cavalões. Só sabem dar coices.

Tirei meus tamanquinhos dos pés, subi às costas largas e macias do *mechuten* e comecei a passear por elas, com passos miudinhos, dos rins aos ombros.

Não era a primeira vez que executava esse rito. Aquela vez, porém, procurava sair-me à perfeição, pois compreendia que, ao menos em parte, o ataque de nervos do *mechuten* fora provocado pelas atenções de Jacob para com Adélia.

E, enquanto eu me ocupava de aliviar o estado do velho, Jacob levou o cavalo ao arroio. Amarrou-o, em seguida, a uma árvore e colocou ao seu alcance uma boa quantidade de alfafa.

Adélia, quieta e encabulada, junto de sua amiga Raquel, aguardava o momento de poder voltar para casa.

Jacob aprontou o cavalo e colocou-me em seu lombo. Com a mão esquerda segurou as rédeas e com o braço direito rodeou os ombros da namorada. E puseram-se a andar em silêncio. O cavalo seguia-os obediente, encostando, de quando em quando, o úmido focinho na mão que o conduzia. Parecia pisar cuidadoso para não perturbar a solenidade do momento. A noite caíra sobre os campos, densa de negrume. Vaga-lumes assomavam aqui e ali, entre a vegetação rasteira. Calavam-se os grilos e cessavam os queixumes dos sapos nos brejais. Movíamo-nos como sombras perlustrando a escuridão.

Um doce murmúrio brotou dos lábios de Jacob. Adélia, embevecida, ouvia-o mantendo um silêncio sagrado. De súbito, o céu cintilou com a luz de milhares de estrelas. E eu, deslumbrada com o resplendor do espetáculo, perdi de assistir à cena do beijo entre os dois namorados.

Nunca o caminho me pareceu tão longo e tão repleto de significados. Descíamos declives e, novamente, subíamos os morros, num desejo de eternização. Por fim, avistamos a luz de nossa casa. Os cachorros, com alegres latidos, correram ao nosso encontro. Abriram a porta. Jacob, junto à cancela, fez as suas despedidas. Ouvi que prometia a Adélia uma vida de rainha e que não permitiria que suas mãos delicadas entrassem em contacto com trabalhos penosos.

Dar-lhe-ia criadas e luxo e a faria feliz.

Meu coração não cabia em si de contentamento. Alegrava-me com a felicidade que o futuro reservava à minha irmã. Ouvi-o ainda pedir a Adélia que prevenisse mamãe e papai de que, no dia seguinte, ele viria participar-lhes as suas intenções.

VIAGEM A URUGUAIANA

Um dia, voltando da escola para almoçar, encontrei dentro de casa uma atmosfera festiva. O rosto de mamãe tinha um ar de satisfação e de quem tinha algo de bom para me participar. Um cheiro gostoso de caldo de galinha acariciou-me o olfato. Quis logo adivinhar quem teria chegado. Gritei, alegre:

— Já sei! O Jacques chegou!

— Não.

— Então, o Luís!

— Também não.

— O Jacob, então!

— Também não!

Era o cunhado Leão. E queria levar-me consigo para Uruguaiana. A mana Golde prevenira-o de que não o deixaria entrar em casa se não me levasse junto.

Oh, não era possível! Não podia acreditar que me estivesse reservada uma viagem tão maravilhosa! E assim repentinamente. Mas mamãe me afirmou que era a pura verdade. Leão tinha ido ver seus pais e logo voltaria para comer alguma coisa. Naquele mesmo dia seguiríamos com o trem da tarde.

— Então, preciso subir até a escola e avisar o professor Budin, pedir-lhe licença...

Oh! Eu desejava voar para perto das colegas e contar-lhes o que estava acontecendo. Queria gozar o espanto e a incredulidade estampados em seus rostos. E, como naquele instante mesmo grupos de meninos e meninas vinham voltando do boteco de Isaac Russovsky, onde os que moravam distante da escola reforçavam a merenda com tijolinhos de rapadura, saí correndo morro acima ao encontro deles. Atravessei a estrada de ferro por onde um trem de carga vinha apitando. O monstro apontava na curva, arquejante, e na minha direção. Inconsciente do perigo a que me expunha, cruzei os trilhos e me encontrei em meio ao rebuliço da criançada. Dominava a custo o ímpeto de gritar que ia viajar, que ia a Uruguaiana. E, parentando calma e superioridade, anunciei-lhes que fora despedir-me do professor e deles todos, pois naquele mesmo dia viajaria com Leão.

Rodearam-me curiosos e, como eu já esperava, incrédulos.

— Ela está inventando, contando lorotas — falou alguém.
— Se fosse verdade, nos teria dito de manhã.

Disse-lhes adeus e, obtida a licença do professor Budin, voltei para casa.

Meus pés não encontravam mais sossego, meu coração queria romper as paredes que o aprisionavam. O tempo parou. O dia tornou-se longo, infindável. E, por cúmulo, nem sinal do cunhado Leão! Ter-se-ia esquecido de mim? Teria sido apenas um gracejo? E eu que tivera tanta pressa de espalhar a notícia! Logo devia ter percebido que era bom demais para ser realidade! Com que cara voltaria no dia seguinte à escola para enfrentar os motejos da classe? Contudo, dessa vez, minha boa estrela não deixou de proteger-me. Leão apontou no alto do morro, atravessou a estrada de ferro e tomou pelo atalho que conduzia a nossa casa. Corri ao encontro e pendurei-me ao seu pescoço num transporte de felicidade e gratidão.

Estou instalada no trem. Nos ouvidos, soa-me ainda a voz preocupada de mamãe recomendando-me mil cousas e, entre elas, que eu fosse obediente, respeitasse os mais velhos etc. etc. Ainda sinto em meu corpo o abraço meio sem jeito de papai e vejo a figura rotunda de Otacílio, de boné vermelho e apito preso entre os lábios, distanciando-se na plataforma da estação.

O trem agora acelera a marcha, desliza sobre os trilhos as rodas cantando, as engrenagens obedientes e rítmicas no mesmo compasso do meu coração.

Já passamos a colônia do Zanvel Ackselrod. À direita a dos Copchtein, a do Menache Zibenberg e a dos Druch. À esquerda o templo, a escola... E novamente à direita, a nossa casa, com a mamãe, pequenina visão — na soleira da porta, acenando com um lenço sem nos poder enxergar. Ao lado da casa, os dois pessegueiros em flor, tão lindos vistos assim de relance, como uma rápida miragem verde-rosa...

Será que os desconhecidos companheiros de viagem têm da minha modesta casinha a mesma agradável impressão que eu tenho, ao vê-la no centro daquele promontório, meio envolta pelas sombras do entardecer, enquanto a casa dos Druch, no alto do morro, ainda aparece beijada pelos últimos raios do sol? Algum desses anônimos viajantes se terá perguntado:

— Quem habitará aquela casinha enfeitada com dois pessegueiros floridos? Como serão seus moradores e de que maneira viverão?

À noite, chegamos a Santa Maria e hospedamo-nos em casa de Shulem Iuch, que negociava com frutas e verduras. A casa cheirava a bergamotas maduras e a laranjas empilhadas em caixas pelos cantos dos aposentos.

No quintal, patos e gansos grasnavam em redor do dono que, na ocasião, dava alfafa a um velho matungo cansado de arrastar pelas ruas da cidade a carroça cheia de frutas e verduras. Dormimos no mesmo quarto dos filhos do casal, eu e Leão no mesmo catre. Dormimos é maneira de dizer, pois os mosquitos, aos magotes, zuniam sobre as nossas cabeças e nos atacavam impiedosamente com seus aguçados ferrões. Eu e Leão, meio dormindo, passamos a noite disputando o lençol para cobrirmos a cabeça. Eu sonhava, nos breves cochilos, que o quarto estava cheio de diabinhos que se divertiam em espetar-me o rosto, os braços e as pernas com pontiagudos alfinetes. Com o alvorecer o pandemônio diminuiu, mas já era hora de nos levantarmos para tomarmos o trem que nos levaria até Cacequi, onde haveria baldeação para Uruguaiana.

Estremunhada, com o rosto todo picado de mosquitos, engoli sonolenta o café que nos foi servido, procurando prestar atenção nas instruções de máxima importância que Leão me ia ministrando. Quando o chefe de trem passasse por mim, eu deveria encolher-me o quanto possível para parecer menor do que era e, se me fosse perguntada a idade, eu não deveria esquecer-me de dizer que tinha apenas cinco anos e que era sua filha.

Em cada parada do trem, Leão descia e ficava passeando pela plataforma e, cada vez que o trem se punha em marcha, o desespero se instalava no meu coração. Porque eu nunca chegava a ver Leão reembarcar e ele demorava a vir recuperar o seu lugar ao meu lado.

Na ausência, eu me sentia esquecida, abandonada, e apenas seu sobretudo largado ali no banco me alimentava a esperança de tornar a vê-lo.

O trem corria e eu procurava distrair-me com a monotonia da paisagem. Verdejantes planícies se sucediam interminavelmente. De quando em quando um avestruz pacato se assustava com a aproximação do trem e disparava sobre as longas pernas. Rebanhos de gado pastavam ou cochilavam à sombra de uma árvore solitária. O cansaço apoderava-se de mim. Como demorava a chegar! A composição era comprida e, em certas curvas, a locomotiva parecia aproximar-se do último vagão, como se fosse a cabeça de uma enorme cobra a querer engolir a própria cauda. E o vento trazia a densa fumaça e as fagulhas da fornalha para dentro do vagão.

Em Cacequi fizemos a baldeação. Peguei o meu embrulhinho de roupa e saí atrás de Leão com receio de perder-me dele. E nos instalamos noutro trem em nada diferente do anterior.

A noite maldormida, a excitação da viagem, a ânsia de chegar ao meu destino, os sumiços esporádicos de Leão deixaram-me enervada. A noite caiu obliterando a vastidão das campinas. Fagulhas incandescentes de mistura com rolos de fumo espesso raspavam a janela, através da qual, rosto grudado na vidraça, eu tentava esquadrinhar a escuridão.

A cada nova parada, eu me levantava querendo acompanhar meu cunhado, certa de que havíamos chegado. Numa dessas vezes, ele mostrou-se irritado com a minha impaciência e ordenou-me que não me movesse do lugar até que me fosse mandado. Repentinamente, avistei ao longe um amontoado de luzinhas.

— É lá? — interpelei-o cheia de alegria.

Mas, numa curva da estrada, as luzes desapareceram deixando-me desapontadíssima.

Todavia, logo adiante, elas surgiram do lado oposto, como se girassem em volta do trem brincando de esconder.

Leão ergueu-se do assento, entregou-me o pacotinho de roupas e se pôs a procurar o seu sobretudo que desaparecera de cima do banco.

— Não o pegaste?! — perguntou-me assustado. — Não estavas com o sobretudo quando fizemos a baldeação?

— Qual sobretudo? — perguntei, sem entender direito.

— O meu. Qual havia de ser? — perguntou Leão, já irritado.

— Ora, pensei que estivesse com o senhor — respondi toda trêmula, receosa de ser responsabilizada pela falta do sobretudo.

Apareceu o chefe de trem. Leão contou-lhe o ocorrido, atribuindo-me a culpa por não ter sabido tomar conta da única bagagem que levava. Humilhada e em desespero, eu fixava os olhos nas luzes de Uruguaiana através das quais o trem ia freando e que me apareciam como um porto de salvação. Houve um último solavanco e o trem estacou, finalmente, junto à plataforma.

Gente corria empurrando-se, carregadores ofereciam os seus serviços. Homens envergando capotes com pequenas sobrecapas, chapéus pretos de copa alta na cabeça e longo chicote na mão direita ofereciam condução. Quanto a mim, apalermada, olhava para aquilo tudo, temerosa. Senti-me impelida pelas costas, Leão dizendo-me:

— Não fiques aí com essa cara de boba, de boca aberta! Anda.

Penetramos num cubículo, onde um senhor nos recebeu e Leão tornou a contar toda a história do sobretudo desaparecido. Felizmente, para mim, aquela barafunda de coisas inéditas conseguiu distrair-me e reduzir a minha mágoa.

Acomodei-me num canto do coche desejando que meu cunhado se esquecesse da minha presença e do desagradável incidente. Viajamos por algum tempo aos solavancos, em plena escuridão, tendo como única luz as fracas lanternas do veículo. Depois de alguns momentos comecei a notar outras luzes. Os cascos ferrados dos cavalos do coche tiravam chispas do calçamento das ruas. O cheiro do esterco e do suor dos cavalos como que me transportava a um ambiente familiar. O ruído das rodas como que me embalava. Principiava a sentir-me reconfortada... De súbito, paramos e uns braços fraternais me envolveram como suprema proteção a um novo ataque de nervos de meu cunhado. As priminhas rodeavam-me curiosas querendo notícias dos avós e tios. Eu, mal podendo me manter de pé, sentindo a sala girar como se continuasse no trem em grande velocidade, perdi o equilíbrio e caí. A Golde ergueu-me do chão e acomodou-me com infinita ternura numa cama, dizendo-me:

— Dorme, dorme! Não te incomodes com o que o Leão está falando... Eu sei que não tens culpa, irmãzinha! Ele também o sabe, mas precisa de alguém em quem descarregar seu mau humor. Amanhã tudo estará esquecido... Não chores mais, bobinha...

E, ao som de sua voz, fui me acalmando pouco a pouco e acabei por cair num sono profundo.

No dia seguinte, uma nova existência começou para mim. Tudo ali me deslumbrava. Casa iluminada a eletricidade, ruas planas e calçadas, trepadeiras de rosas-chá caindo em profusão sobre os muros dos quintais, sem que ninguém as apanhasse, o jardim público não longe de casa com canteiros floridos onde predominavam rosas de todos os matizes e o delicado perfume dos amores-perfeitos, cujas pétalas aveludadas eu tanto gostava de esfregar em minha pele... Colhia braçadas de rosas, indiferente aos espinhos, sem compreender como podiam os moradores da cidade passar por tantas flores debruçadas sobre eles sem cair na tentação de apanhá-las.

E os sinos da matriz! Existiria algo mais maravilhoso do que o festivo badalar daqueles sinos numa manhã ensolarada e toda impregnada do perfume exalado das flores do jardim público? E os palacetes com escadarias brancas como véus de noiva ao alto das quais largas portas de ferro trabalhado deixavam entrever, através dos vidros coloridos iluminados pelos raios do sol, as criaturas privilegiadas que ali habitavam indiferentes à riqueza e ao conforto! Mal sabiam elas que uma garota semisselvagem, recém-vinda dos pampas, colava o seu rosto aos vidros transparentes para surpreender tanto fausto e opulência como se assim penetrasse no ambiente descrito nos romances de Pérez Escrich. Nesses palacetes viviam as famílias de generais e políticos cujos nomes estavam intimamente ligados a episódios da história do Brasil.

Ao anoitecer, um homem surgia na penumbra, na ponta da rua e, com uma vara mágica, ziguezagueando, de uma calçada a outra, ia tocando nos postes e acendendo os lampiões.

Como tudo isso era novo para mim! As priminhas se divertiam com as minhas exclamações de admiração.

E no fim da longa rua em que morávamos corria o río de La Plata, de cuja margem se avistava no outro lado a cidade argentina de Paso de Los Libres, de onde, diariamente, mulheres, vindas de bote, traziam embaixo das saias compridas e volumosas contrabando de miudezas e quinquilharias muito apreciadas do lado brasileiro. Chamavam-nas as correntinas.

D. CORINA

Estava frequentando a escolinha particular de d. Corina. A mana Golde enfeitava-me dos pés à cabeça. Eu e minhas três priminhas vestíamos iguais; saiinha xadrez e blusinha branca. Meu português ia melhorando naquele ambiente onde as crianças, na sua maioria, eram brasileiras. De minha parte, procurava aproveitar as aulas ao máximo e observar com grande interesse todos os aspectos que o meio novo me oferecia.

D. Corina, a professora, era uma solteirona gorducha com um pequeno bigode a sombrear-lhe o lábio superior. Andava sempre apertada num espartilho que lhe levantava os volumosos seios quase à altura do queixo. Talvez por esse motivo tivesse a respiração acelerada como se subisse uma ladeira íngreme. Era severa com as alunas e com sua irmã do meio, Maria, que, humilde e serviçal, andava sempre de avental, de vassoura e espanador na mão, varrendo e tirando o pó, limpando tudo, incessantemente.

O rosto de d. Corina somente se iluminava de satisfação quando surgia no limiar da porta a figura graciosa de sua irmã caçula. Então, ela descia do estrado a toda a pressa, corria a abraçá-la e beijá-la e as duas, enlaçadas, desapareciam atrás de uma porta envidraçada e protegida sua transparência por um *brise-bise* de cassa, que separava o quarto da professora da sala de aulas.

Através das frestas da porta, chegavam até nós o cicio dos cochichos, o estalido dos beijinhos e o cascatear das risadinhas nervosas com que as irmãs se mimoseavam. D. Corina esquecia-se inteiramente das alunas e estas, vez por outra, quando percebiam que a porta que dava para a cozinha havia ficado entreaberta, iam espiar o que se passava e, não raro, surpreendiam a pálida Maria, atarefada, preparando bolinhos e refrescos para as suas irmãs se deliciarem.

Às vezes, quando as alunas, cansadas de esperar e incapazes de conter sua inquietude infantil, iniciavam as costumeiras reinações, era Maria quem aparecia para dizer que d. Corina exigia silêncio, ou nos dispensava sob o pretexto de que estava com dor de cabeça.

Contaram-me as priminhas que Neném, a caçula, cursava a escola normal e era noiva de um tenente e que seu casamento vinha sendo adiado pela irmã mais velha, que a achava muito jovem para se casar.

Eu estranhava e me comovia com todo aquele zelo de d. Corina por Neném, porém não atinava com o sentido da indiferença a que Maria era relegada.

Um dia, uma de nossas coleguinhas espiou, por uma fresta do *brise-bise* mal ajustado, para dentro do quarto de d. Corina, algum tempo depois de as irmãs se haverem nele trancado e, excitada, chamou-nos. E uma a uma nos fomos revezando naquele inesperado observatório do qual pudemos surpreender

d. Corina e sua irmã caçula, num largo leito, bem aconchegadas, entregues a intensos transportes de carinho.

Uma de nós não conseguiu conter o riso. D. Corina percebeu que estava sendo espionada e levantou-se às pressas. Todas corremos para as nossas carteiras. E as aulas daquele dia foram suspensas e as meninas surpreendidas ainda em pé ficaram de castigo.

REGRESSO A FILIPSON

Naquele tempo, meu cunhado Leão prosperava a olhos vistos. Era a fase mais feliz e sossegada que a sua família até então gozara. Após terem perdido três crianças, todos meninos, tinham na ocasião outro, de oito meses, forte e corado, que prometia vingar. E graças a isso, além da fartura, reinava a alegria dentro de seu lar.

Meu cunhado dirigia um armazém de secos e molhados, possuía também uma pequena marcenaria, instalada num barracão no fundo do quintal, e vendia, igualmente, muita coisa a prestação, modalidade de negócio tão vulgarizada hoje pelas grandes casas comerciais. Uma vez em cada mês percorria de tílburi a freguesia para efetuar a cobrança. A mana Golde, então, tomava conta dos negócios e nós, crianças, aproveitávamos a sua ausência para nos enchermos de balas, rapaduras e tijolinhos. De minha parte, eu lamentava que as minhas coleguinhas de Filipson não me pudessem ver em meio a essa fartura toda.

    Durante o período que duravam as cobranças, Leão necessitava buscar o cavalo do tílburi, pela manhã, a uma chácara fora da cidade e recambiá-lo, à tardinha, a fim de que passasse a noite no pasto. Eu me ofereci para o serviço, pois já sentia a nostalgia dos meus campos de Filipson. Dessa maneira, eu tinha a oportunidade de me exibir com êxito perante minhas priminhas que receavam lidar com o cavalo e admiravam minhas corajosas façanhas equestres. Naquele pasto descobri com satisfação minhas singelas verbenas vermelhas que, desconhecidas e ignoradas, feneciam ali no anonimato. Ensinei as priminhas a destacar as florzinhas e sugar-lhes o adocicado do caule. Juntava-as em ramalhetes cor de sangue e enfeitava com eles a sala de visitas. E comecei a notar que estava sentindo saudades de casa, inclusive da pobreza em que vivia em Filipson, e que não me seria possível continuar por muito tempo em casa de Leão.

    Dentre as novidades com que deparei em Uruguaiana, sobressaía o telefone. Havia um desses aparelhos no armazém de meu cunhado. Eu movimentava a manivela para chamar a telefonista, que, por sua vez, me punha em comunicação com o armazém do Juvenal, que pertencera antes ao mano Jacob, e podia conversar com o primo de minha cunhada, o caixeiro. Era um rapaz muito quieto e introvertido. Só se expandia com as crianças. Uma noite, levou-nos ao teatro, coisa para mim inteiramente desconhecida. A Companhia de Clara Weiss, de regresso de uma *tournée* na Argentina, resolvera dar um espetáculo em Uruguaiana. Assisti à *Viúva alegre*, opereta muito em voga e cujo sentido me escapou de todo. Apreciei, entretanto, os números de bailado.

  Bons (era o nome do rapaz) apareceu uma tarde em casa de Leão, desesperado. Vinha despedir-se de todos. Devia voltar à Argentina, onde seu pai tinha sido assassinado por um peão. Como filho mais velho, competia-lhe tomar conta da família. Sentia deixar o Brasil e, sobretudo, Uruguaiana, de que tanto gostava. E doía-lhe também a certeza de que nunca mais nos veria.

  Eu, igualmente, não tardaria em retornar a Filipson. Golde começou a preparar-me. Encheu uma mala de roupas tiradas das prateleiras do armazém. Disse ao marido que se tratava de roupas usadas, sem serventia para eles, mas de muita utilidade para mamãe. No meio delas, meteu mais um par de sapatos para mim. Queria que nada me faltasse por bastante tempo. À última hora, ainda, entregou-me uma roupinha vinda de Buenos Aires.

  Fui me despedir das coleguinhas de escola e de d. Corina, que me abraçou e ofereceu um punhado de confeitos. A mana

Golde prometeu que mandaria a Dorinha, sua filha mais velha, para o casamento da nossa irmã Adélia no começo do próximo ano.

PROFESSOR BUDIN

Sensíveis mudanças encontrei em Filipson por ocasião do meu regresso. O professor Budin e a família estavam ausentes, em gozo de longa licença. O professor de iídiche Israel Becker teve de abandonar suas funções devido ao seu precário estado de saúde ainda antes do meu embarque para Uruguaiana.

Sim, como os leitores percebem, os acontecimentos, para mim, só giram em torno do antes... e do depois da minha viagem a Uruguaiana.

Enquanto esperávamos o substituto do professor Budin, a escola permanecia de portas cerradas. Uma tristeza, um vácuo em toda a redondeza. Não mais aquele movimento de crianças chegando à escola, duas ou três montadas no mesmo matungo, ou em bandos, a pé, levando os sapatos a tiracolo, ou buliçosas, em volta do poço, disputando a vez de ajudar d. Lina a puxar os baldes d'água para abastecer a casa, aquela d. Lina, sempre vestindo um avental branco, tão delicada e frágil, embrutecendo as mãos em tarefas pesadas. Não mais o sorriso azul dos olhos azuis da pequena Janete e as veladas reprimendas de sua avó ao usarmos, junto da menina, o nosso linguajar irreverente. Na intimidade, entre eles, falavam o russo ou uma língua parecida com o iídiche, língua para nós incompreensível e que diziam ser o alemão.

Certa vez fui repreendida asperamente pela mãe de Janete porque me surpreendeu tentando aprender o russo às custas dos balbucios da menina. Senti-me tremendamente envergonhada como se fosse apanhada furtando.

O professor Budin era impecável nas suas maneiras e no seu modo de trajar. Nunca se exaltava com os alunos, ministrava as aulas com bondade e paciência. Quando algum aluno cometia alguma falta, as faces do professor Budin se cobriam de rubor, um sorriso encabulado se esboçava no canto de sua boca, como se fosse pedir desculpas à classe pela falta que não cometera.

Um acontecimento importante deixou marcada em Filipson a passagem do professor Budin. Foi no fim do ano, pleno de atividades, quando, a convite do administrador Pereira e do próprio professor Budin, tivemos uma comissão de examinadores enviada pelo governo do estado, entre os quais João da Silva Belém, um dos luminares da pedagogia do Rio Grande do Sul, e Walter Jobim, que veio a ser, mais tarde, presidente do estado.

O mano Jacques tirou o primeiro lugar e foi contemplado com um bonito exemplar d'*As aventuras de Robinson Crusoé*. Restam ainda algumas fotografias feitas naquela ocasião.

Na mesma oportunidade, meus pais foram visitados pelo administrador, que lhes levou um convite oficial da ICA, propondo-se a custear os estudos do Jacques em Paris. Meus pais assustaram-se com a ideia de se separarem do filho, deixando-o ir para um país tão distante e, ademais, abalado por sanguinolenta guerra. Com medo de perdê-lo, não aceitaram o convite. No entanto, sofreram por isso, pois compreendiam muito bem que o acendrado amor ao filho o estava privando, quiçá, da maior oportunidade de sua vida.

No ano seguinte, Jacques reuniu-se aos irmãos em Cruz Alta, dando início ao lado deles à dura luta pela vida. À noite, extenuado, buscava algum repouso na biblioteca local, onde saciava sua sede de saber.

Outro acontecimento que me deixou profunda impressão foi a reunião especial, convocada pelo professor Budin, em que nos comunicou, num tom solene, que o Brasil se decidira a entrar na conflagração mundial, ao lado das nações aliadas.

Falou-nos como se se dirigisse a adultos e compreendêssemos o alcance daquele acontecimento. Em pé, cantamos o Hino Nacional acompanhados ao violino pelo professor Budin.

Eram por demais remotas as notícias que nos chegavam da guerra. Vinham a nós com grande atraso, através de jornais em iídiche americanos que as famílias de Filipson recebiam de parentes radicados nos Estados Unidos. Eram notícias longínquas que não nos tocavam de perto, pelo menos a nós, crianças. A partir daí, porém, tudo se tornava diferente: a guerra havia chegado até nós.

Temíamos que, do céu azul anil, subitamente começassem a cair bombas despejadas dos pássaros de aço e nos destruíssem antes de termos tempo de avisar nossos pais do perigo que corriam.

Na minha volta de Uruguaiana, as janelas da casa do professor Budin pareciam olhos sem luz, a fitar-nos do alto da colina, como que indagando quando ele e sua família regressariam.

SABEREI LER

Saberei ler era o nome do livro que eu ganhei no meu primeiro ano de escola. Na capa vermelha, as letras grandes, douradas, faiscavam sorrindo para mim.

Ainda sinto nas narinas o cheiro bom dos cadernos, da caneta envernizada. Grata me é a recordação do primeiro dia de aula. A sala parecia imensa, toda banhada de luz. Posso ainda sentir a pressão da mão do professor Budin sobre a minha, tentando ensinar-me a escrever, e recordo-me ainda dos feios borrões de tinta que maculavam as folhas brancas dos cadernos.

À noite, em casa, sentada junto da única mesa que possuíamos iluminada pela dúbia luz do lampião, Adélia lutava comigo para que penetrassem no meu cérebro as letras do alfabeto e os números. Eu cabeceava sobre os livros, tonta de sono e fastio. Despertavam-me os safanões da Adélia, que tinha pressa de terminar seus próprios deveres, para dar início à sessão de leitura. O seu assíduo auditório já a estava esperando. Mamãe, absorvida como sempre se achava em seus eternos consertos e remendos, duvido tivesse prestado alguma atenção em qualquer romance. Quando terminava o seu trabalho, punha-se a reclamar do adiantado da hora e a falar na necessidade de economizar o querosene do lampião. Nessa altura, todos se achavam empolgados. Pecy, no auge da emoção, enxugava as lágrimas com a ponta do lenço da cabeça. Papai nem percebia as lágrimas que lhe deslizavam pelas fundas rugas e se escondiam no emaranhado da sua barba. O velho Joine, marido de Pecy, quando as dores de cabeça não o castigavam, caía num sono profundo, logo no início da sessão, fazendo-se acompanhar pela orquestra de roncos e assobios.

Eu também, de minha parte, deixava-me enlevar pelas emoções da leitura da Adélia, e esta, ao perceber que eu me distraía das lições, mimoseava-me puxando as orelhas e ordenando-me:

— Estuda!

Como se isso fosse possível! Mal ela recomeçava, meus ouvidos tornavam-se pura atenção. Dos lábios da Adélia brotavam nascentes de sons límpidos que se transformavam em personagens vivos e se movimentavam ao nosso lado, banindo as sombras do aposento, fazendo-o adquirir o aspecto de um castelo feudal ou de uma mina de carvão onde o grisu asfixiava os mineiros em massa.

Ouvindo atentamente a leitura dos romances, comecei a perceber que em certos trechos Adélia parava de ler, hesitava, ruborizava-se às vezes, e, pelo jeito de seus olhos, compreendia que ela saltava algumas linhas ou frases. Eu, disfarçadamente, anotava a página e, às escondidas, procurava, na ocasião oportuna, verificar o porquê do mistério.

Trabalhei arduamente com o alfabeto e, quando consegui reuni-lo em palavras e sentenças, fiquei emocionada com as minhas descobertas, muito mais maravilhosas porque deslindadas por mim. Introduziam-me num mundo de encantos, num mundo diferente daquele em que me era dado viver. E, como aprendi a ler com rapidez, lia tudo quanto me caísse nas mãos. Essa felicidade, contudo, durou pouco.

Adélia surpreendeu-me no meu esconderijo e os livros desapareceram do meu alcance.

Na escola, durante o recreio, formavam-se grupos entre os alunos mais adiantados, indiferentes à disputa do jogo da barra ou à cantoria da ciranda. Tornei-me a sombra inseparável de minha irmã. Seguia-a como um cachorrinho, muito embora ela se revoltasse contra essa permanente perseguição. Ouvia-os discutir sobre os autores preferidos, Victor Hugo, Zola etc.

Esses livros eram fornecidos aos alunos pelo bibliotecário da escola, o jovem Ide-Leib Averbuch, rapaz culto e muito simpático, que era adorado como um ídolo.

Quanto a mim, também tinha os meus "ídolos": Luísa, a irmã mais nova do Ide-Leib, e seu primo Abraão. Encarnavam para mim toda a beleza e perfeição da Terra. Não sei se já havia um plano visando ao futuro de ambos, por parte de seus pais, ou se era eu que, pelo fato de vê-los sempre juntos, me pus a imaginá-lo. A verdade era que eu me embevecia em suas presenças e gostava de roçá-los e tocá-los.

O professor Ide-Leib costumava reunir os alunos já prestes a terminar o curso e com eles debater sobre os livros e orientá-los na escolha de outros. Fugia a minha compreensão se o que estava se realizando na sala grande, nesse momento, era um debate ou um julgamento. O implicado era o Abraão. Aos alunos menores era proibido o acesso. Entretanto, eu consegui introduzir-me no meio dos maiores e vi o Abraão em cima do tablado, cabisbaixo, rodeado dos professores. Tinha uma lágrima, uma lágrima só, que lhe escorria dos olhos e se desmanchava como um cristal precioso no tablado. Essa lágrima tornou-se para mim o símbolo da inocência, espelhava a sua alma que devia ser pura e nobre.

Passaram-se alguns meses. Somente o professor Budin permanece à testa da escola. Luta com infinitas dificuldades para manter o moral do colégio, enquanto espera a vinda do substituto do professor Becker.

Ide-Leib, gravemente enfermo, demitiu-se do cargo de bibliotecário e construiu só para si uma casinha toda branca, próxima da casa de seus pais, para onde se retirou num isolamento voluntário, com receio de contagiar os seus parentes, especialmente sua querida irmãzinha Luísa, vindo depois a falecer. Sua morte foi chorada por todos os colonos e alunos que o acompanharam no longo trajeto de Pinhal ao cemitério de Filipson.

Hucher, filho mais velho do Meyer Schteinbruch, substituiu o professor Becker nas aulas de iídiche e hebraico. O novo professor viveu muitos anos nos Estados Unidos. Atraído pelas cartas animadoras que recebia dos seus parentes da colônia, veio com toda a sua numerosa família tentar a sorte em Filipson.

Os filhos do professor Hucher tinham um jeito engraçado de falar, enrolavam a língua falando iídiche misturado a umas palavras completamente estranhas, tuteando velhos e crianças.

O professor Hucher era um homem magro, encurvado. Usava tanto no frio como no calor uma manta enrolada no pescoço. Era constantemente atormentado por uma tosse seca que o deixava impaciente e irritadiço nas aulas.

Ana, a mais velha de suas filhas, travou logo amizade com a mana Adélia e a Raquel, filha do Bons Wladimirsky, nosso compadre.

Costumavam reunir-se lá em casa, onde ficavam até altas horas da noite conversando, rindo e prestando atenção nas estórias que a Ana lhes contava de sua terra natal, a América do Norte.

Ana conhecia certas fórmulas mágicas que punha em prática quando todo mundo em casa estava profundamente adormecido.

As três, então, erguiam-se do leito, embrulhavam-se nos lençóis, acendiam duas velas que depositavam nos castiçais ao lado do espelho e ficavam fixando concentradas a superfície do espelho à espera de que o mesmo lhes revelasse a face do futuro esposo. Raquel, que possuía profundo sentido de humor, esgueirava-se silenciosamente, surgindo repentinamente atrás das amigas vestida com um terno e chapéu de homem enterrado na cabeça. Sua imagem refletida assim repentinamente no fundo do espelho provocava um susto nas duas amigas, que se transformava em hilariante gargalhada. Mamãe acordava com a algazarra, ameaçava-as com o dedo em riste e obrigava-as a recolher-se ao leito. Maurício, irmão da Ana, acompanhava-a nessas visitas. Por falta de espaço, ele e o mano Jacques, à noite, recolhiam-se sobre a plataforma do forno e, entre caroços de abóbora e girassóis e a ninhada de gatos, arranjavam um jeito para dormir.

Maurício Schteinbruch, filho do professor Hucher, distinguiu-se logo no colégio pela sua aplicação e inteligência. Na mesma ocasião que o Jacques se reunia aos irmãos em Cruz Alta, o Maurício também abandonava Filipson, seguindo para Porto Alegre, onde desde logo começou a mourejar para poder sustentar-se, custear seus estudos e, ainda, economizar algum dinheiro para poder ajudar os pais a saírem de Filipson!

IMPACTO

Uma ocasião, indo postar uma carta para meus irmãos que moravam em Cruz Alta, encontrei, passeando na estação em conversa animada, a Ida Menaches e o Abraão, a essa altura um homem-feito. Não contendo em mim a satisfação de revê-los depois de muito tempo, joguei-me nos braços de Ida e prendi a minha mão na de Abraão e comecei a acompanhá-los no passeio. Ambos pararam então de conversar. Iam de ponta a ponta da plataforma sem proferir uma palavra. Percebi que estava sendo importuna, mas não sabia como agir para me afastar discretamente. De repente, não suportando mais a situação, a Ida exclamou:

— Tamanha menina quase uma moça e se pendura desse jeito no braço de um rapaz! Parece que não tem vergonha...

Surpreendi-me, não soube o que dizer. Esperei que o Abraão me defendesse, mas qual não foi a minha decepção ao ouvi-lo dizer:

— Pudera! Foi isso que ela aprendeu na cidade. — E libertou bruscamente a sua mão da minha.

Recebi o impacto como uma chicotada no rosto. Rodopiei sobre mim mesma, desnorteada, e saí correndo. Passei perto do Otacílio, que me falou qualquer coisa que eu nem sequer ouvi.

Abrira-se um vácuo a meus pés. Todas as minhas caras ilusões iam por terra. Como que era tragada por esse precipício. Precisava pensar com muita calma sobre o acontecido e fazer com que o fato ficasse ignorado por todos, do contrário não poderia mais fitar os olhos de ninguém. A partir daí, deveria ter mais cuidado no trato com as pessoas e recolher dentro de mim, com extremos cuidados, a imensidão de meu afeto, a fim de não romper algo muito tênue que me faria sangrar a alma e perder irremediavelmente a fé em meus semelhantes. Eu, que sonhava entregar-me de todo o coração a todos aqueles que de mim necessitassem, que desejava viver da amizade e para a amizade, pelo amor do próximo, servir de guia aos cegos, fazer chegar minha mensagem de simpatia humana aos surdos e abrir com minhas canções o coração dos maus, me via obrigada a encaramujar-me daí para o futuro, para evitar novas e tremendas decepções. Fazia-se mister recolher quanto antes os meus sentimentos mais puros e não confiar em mais ninguém. As belas coisas que me passavam pela imaginação só eram possíveis em romances, não na vida real. Não, não mais permitiria que me ferissem com tanta crueldade como fora ferida.

PROFESSOR FRANKENTHAL

Levei algum tempo para me acostumar novamente à vida da colônia, após a minha volta de Uruguaiana. Não saberia dizer se era a vida citadina que se havia infiltrado em mim de maneira a fazer com que me caísse a venda dos olhos, abrindo-os para comparações, ou se realmente era a nossa colônia que estava passando por transformações visíveis.

Que era feito daquela juventude que, depois de um árduo dia de trabalho, transformava as estradas em salões de baile e as estrelas em lampiões? Por que não se reuniam os vizinhos em longos serões, os quais, em virtude da animação, assim nos pareciam, quando da mútua cooperação para a debulha do milho? Lembro-me que a debulhadeira cantava friccionando os dentes de aço contra as espigas, as quais se iam despindo de seus grãos dourados que se amontoavam como ouro. As estórias e reminiscências dos mais velhos, as alegres canções dos mais jovens, os gritos assustados das mocinhas ao toparem, no meio do milho, com um ninho de ratos, as gostosas polentas servidas após a faina, tudo isso dava um sentido profundo a essas reuniões. Os menores sonhavam em continuá-las mais tarde, quando crescessem, como uma tradição.

Mas a colônia ia se despovoando. Ao longo das estradas, dos corredores de arame farpado, deparava-se cada vez mais com casas abandonadas. Eu vivia aborrecida, espiando a colina, à espera de que as janelas se entreabrissem para o sol e a vida fosse de novo encher aquele vazio. Desejava ardentemente o regresso de minha irmã de Cruz Alta, aonde ela fora ultimar os preparativos para o seu próximo casamento, como se a sua volta fosse o bastante para pôr um fim àquela monotonia da colônia.

As estradas já não ofereciam completa segurança. Em cada elevação do terreno, atrás de cada moita podia esconder-se o perigo na figura do famigerado João Ortiz. A confirmar as razões desse receio, ocorreu comigo própria, ou melhor, na minha presença, o fato seguinte, na venda do Isaac Russovsky:

Dois caboclos encontravam-se encostados ao balcão, bebendo, quando entrei para uma compra qualquer. Um deles olhou-me de esguelha, os olhinhos vidrados pela bebida, e disse para o outro:

— Se a guerra chegar até aqui, eu passo uns gringos pelo facão e me raspo pelo mato.

O Isaac, dono da venda, continuava a encher os copinhos de cachaça e os caboclos os entornavam pela goela abaixo, cuspindo com desdém a última tragada, logo pedindo mais. Pensei: "Será que os gringos somos nós?". Que mal lhes tínhamos feito? Senti os músculos do pescoço endurecerem de medo. Achava que o Isaac não deveria servir-lhes mais bebidas, pois seriam capazes de avançar contra ele próprio com seus longos facões. Mas o dono da venda não parecia preocupar-se muito com os bêbados nem com o que eles diziam. Ambos já vacilavam nas pernas e começavam a amparar-se um no outro. Por fim saíram abraçados e em zigue-zague pela estrada afora.

Recebi minhas compras. Com a ajuda do Isaac coloco-as no lombo do cavalo. Monto, acomodo-me em cima do pelego e saio num largo trote, sentindo, embaixo de mim, o sacolejar de todos os órgãos dentro do gordo ventre do Malacara. Passei ao lado dos dois bêbados que, parados, um inclinado sobre o outro, como que confabulavam. Senti um grande alívio quando os vi retornar na direção da venda.

Cheguei em casa, contei a meus pais o acontecido.

Sobre o rosto de mamãe vi descer uma sombra de preocupação, enquanto papai continuava a rezar, aparentemente impassível, e um sentimento de confiança apossou-se de mim, ao contemplar sua figura maciça e tranquila.

O sol estava deitando atrás da coxilha quando os dois caboclos apontaram na estrada, perto do capão. Um deles gritou na direção de nossa casa:

— Ô gringo da peste! — E principiou a aproximar-se da cerca de arame farpado.

Os cães despertaram e saíram ladrando no encalço dos ébrios, como se tivessem compreendido o insulto e procurassem desagravar-nos. Os bêbados se afastaram e sumiram numa curva da estrada.

Numa dessas minhas idas à venda do Isaac Russovsky, deparei com um casal desconhecido. Palpitou-me logo que deveria ser o nosso novo professor e sua mulher. Apresentei-me a eles como futura discípula e me ofereci para levá-los a Russovsky. Uniu-me logo a esse casal uma amizade espontânea, tanto mais porque eram pais de uma linda criança que me brindou com um gracioso sorriso e um terno abraço.

A escola, por tanto tempo fechada, reabriu suas portas e a vida recomeçou a fluir pelas estradas. O pátio da escola animou-se com jogos infantis e cantigas de roda. Eu me sentia feliz por ter voltado às aulas e sentir-me na classe a aluna preferida do professor Frankenthal. Em pouco tempo, tornou-se ele muito benquisto entre os alunos e os seus parentes.

A solidão da colônia oprimia-o. Por isso, de quando em quando, no fim da semana, ele montava em seu pangaré e lá ia para Santa Maria em visita aos amigos que possuía na cidade. Eu já nem esperava pelo convite de d. Sara, sua mulher. Mal avistava o professor que se afastava para os lados de Pinhal, corria à sua casa e lá passava a noite com d. Sara e sua filhinha.

Certa ocasião, ali me encontrava dormindo, quando, altas horas da noite, fomos acordadas por fortes batidas no portão. Assustadas, erguemo-nos da cama e fomos espiar por uma fresta da janela quem poderia ser o tardio visitante. Ao vermos uma sombra embuçada dentro da espessa escuridão, tivemos simultaneamente o mesmo pensamento: devia ser João Ortiz, o bandido, metido nalgum disfarce, que viera pregar-nos alguma das suas, ciente da ausência do professor Frankenthal. Com a máxima preocupação fechamos a janela e, sem acendermos o lampião, tateando, chegamos ao quartinho dos fundos, onde dormia o Sotero, um menino de uns quinze anos, que ajudava nos serviços da casa. Acordamo-lo e pedimos-lhe pelo amor de Deus que fosse chamar papai, porque estávamos correndo grave perigo. Que saísse pelos fundos para não ser percebido, mas que fosse correndo...

Na porta, as batidas sucediam-se, agora acompanhadas pelo grito de "ó de casa!". Tremendo de medo e prevendo o momento em que o bandido (não podia ser outro) arrombaria a porta e invadiria a casa para nos trucidar, d. Sara resolveu contemporizar até a chegada de papai. Abriu a janela e gritou:

— O professor está se vestindo. Já virá atender.

Esperávamos ver o bandido assustar-se com a presença de um homem na casa e sumir na noite. Mas qual não foi nosso espanto quando a figura embuçada nos respondeu em iídiche:

— *Cha, cha*, não façam tanto barulho. Não sou nenhum inimigo. Podem deixar-me entrar. Venho de Santa Maria e foi o próprio professor que me mandou para cá. Estou cansado e com frio...

Quando, já sossegadas, estávamos retirando a tranca da porta, surgiu outra figura dentro da noite, com uma foice na mão. Era meu pai que chegara. Vendo que se tratava de um israelita, abaixou a foice e lhe estendeu a mão num largo "Sholem Aleichem!".

O forasteiro era artista, cantor, malabarista. Estava se exibindo em *tournée* pelas cidades de Santa Maria e Porto Alegre, com grande êxito. Pretendia dar um espetáculo em Filipson e outro em Pinhal, e, se fosse bem-sucedido, daria mais do que um.

Servimos-lhe chá quente. Papai, depois, levou-o para dormir em casa.

JOÃO ORTIZ

Os moradores de Filipson foram profundamente abalados com os últimos acontecimentos. Quando a noite descia sobre os campos, recolhiam do terreiro todo o material cortante e o escondiam embaixo das camas. O ladrido dos cachorros punha-lhes o cabelo em pé, com receio de que o bandido aparecesse por ali.

Essa criatura, agora tão temida, surgira em Filipson procurando serviço. Era jovem, forte, e mostrava disposição e vontade de trabalhar. A primeira porta em que viera bater fora a nossa. Papai contratou-o para uma roçada. Mamãe, com sua habitual bondade, deu-lhe logo umas calças dos filhos e um prato de comida, pois ele se apresentava visivelmente esfaimado. Quando se lhe perguntava de onde vinha ou onde havia trabalhado anteriormente, ele desconversava. Cumpriu com fidelidade o combinado, despediu-se de casa pesaroso e foi trabalhar na colônia dos Ackselrod. Trabalhou depois para outros colonos. De repente, sumiu. Ninguém mais sabia dar notícias dele. Finalmente, depois de andar durante muito tempo desaparecido, João Ortiz reapareceu em Pinhal e pediu trabalho em casa de s. w.

A família do s. w. costumava vir todos os anos a Filipson, na véspera de Iom Kipur (dia de expiação). Hospedavam-se conosco suas filhas mais velhas, que eram muito amigas da mana Adélia. Para isso, estendíamos no chão colchões de palha de milho, cujas pontas cutucavam seus corpos, o que as mantinha acordadas em alegre conversa até altas horas da noite. De manhã, quando mais profundo era o sono de minha irmã e suas amiguinhas, eu me divertia em puxar o lençol e em descobrir seus corpos seminus. Elas acordavam aos gritos, cobriam os colos alvos com os braços em cruz. Mamãe acudia, dando-me umas boas palmadas. As mocinhas, penalizadas, punham-me na cama entre elas e consentiam então nas minhas brincadeiras.

Em casa do s. w., João Ortiz revelou inteiramente a má índole de que era dotado. Chamado um dia à ordem por pessoa da família, desacatou-a com rudeza. Despedido, feitas as contas, pegou a trouxa de roupa, pendurou-a na ponta de uma vara e, ao transpor a porteira, jurou vingar-se da família.

Passado algum tempo, já esquecidos do incidente, quando se encontravam ocupados nos trabalhos do campo, os s. w. ouviram gritos de socorro vindos da casa deles. Ao acudirem, depararam com uma das filhas caída inconsciente no chão. A outra, mais feliz, teve tempo de refugiar-se em casa de um vizinho. Foi esta que contou que tinham sido surpreendidas com o súbito aparecimento de João Ortiz, que se lançou sobre elas, como se fosse uma fera.

A partir de então, João Ortiz não mais escondeu seus verdadeiros instintos. Tornou-se o terror das estradas, dos tropeiros incautos e dos mascates que por elas transitavam. Atacava-os quando dormiam, despojava-os dos bens, seviciava-os até a morte, dando vazão à sua bestialidade. Dele contavam-se proezas de arrepiar os cabelos. Tornou-se lendário.

A polícia dava-lhe caça como a uma fera, porém não o encontrava. Quando imaginava tê-lo encurralado, chegavam notícias de que tinha praticado um novo crime muito distante dali, deixando, como sempre, sinais inconfundíveis no corpo de sua vítima. Por fim, capturaram-no no interior da densa mata que bordejava o caminho entre Pinhal e Filipson. Essa mata, para nós, ficou sendo assombrada, a mata de João Ortiz.

Mas João Ortiz conseguiu um belo dia escapar da prisão travando combate com os guardas, apesar de baleado numa perna. Do ferimento mal curado ficou-lhe um defeito, pelo qual era sempre reconhecido em seus inúmeros disfarces. Quando perseguido, embora mancasse, corria e saltava com tal ligeireza que se começou a dizer que o bandido tinha pacto com o diabo. Aos olhos dos perseguidores aparecia e desaparecia como se tragado pelo chão ou por artes de feitiçaria. O seu quartel-general continuava a ser as matas e as cavernas nos arredores de Filipson. Os colonos, por isso, viviam em constantes sobressaltos e, à noite, se percebiam movimento suspeito, saltavam da cama e se armavam de qualquer instrumento cortante, dispostos a defender a vida e a dos seus a todo preço. Suspeitava-se que, em noites tempestuosas, João Ortiz procurava guarida nos galpões mal fechados. Mas ninguém se atrevia a averiguar o fato, nem mesmo mencioná-lo.

Após longa série de crimes, sempre perseguido pela polícia, o bandido foi novamente localizado no interior da densa floresta que marginava a estrada de Filipson. Sitiado por um destacamento de soldados, faminto, enfraquecido por ferimentos mal curados, acabou por se entregar aos milicianos. Faleceu pouco depois numa prisão, em Porto Alegre.

CASAMENTO DE ADÉLIA

É véspera do casamento da Adélia. Ultimam-se os preparativos com auxílio das vizinhas e amigas da noiva.

Papai transporta os doces no carro de boi para a casa dos *mechuten* onde se realizará a cerimônia, pois o nosso galpão ruiu e jaz num montão de caibros e sapés, transformado num verdadeiro reino de ratos e cobras.

À tarde será feito o casamento civil, acontecimento inédito na colônia. O juiz de paz veio de Santa Maria para esse fim. E, como há, entre os convidados e parentes, alguns pares casados somente no religioso, irão aproveitar a oportunidade para se casarem também perante a lei. Nos atestados de nascimento, os primeiros filhos do mano Jacob e de outras pessoas em idênticas condições constam como sendo filhos naturais.

Pela manhã desse dia, o professor Frankenthal entregou-me um discurso em homenagem aos noivos. Eu devia decorá-lo até a noite. Se o professor não tivesse permanecido ao meu lado, o discurso teria se constituído num fracasso.

Depois da ceia foram servidos os doces e, logo após, os noivos abriram o baile com uma valsa vienense. Seguiram-se contradanças e polcas. Encostado à porta, observando o desenrolar da festa, encontrava-se um moço de botas lustrosas, bombachas de tecido fino, com um lenço de seda branca em volta do pescoço preso por um anel de ouro. Pouco adiante, um grupo de meninas dançava, fazendo piruetas e figurados diversos. Eu também me encontrava entre elas. O moço aproximou-se do nosso grupo e convidou-me para dançar. No princípio, pensei que eu me tivesse enganado, mas no meneio seguinte já dançava com ele.

Senti tamanha emoção com o inesperado convite que perdi o compasso, encabulei com o insucesso e confessei ao rapaz que era a primeira vez que dançava com um estranho e que, na verdade, não sabia dançar. Paramos por instantes. Imediatamente fomos rodeados por minhas amigas, que pediam ao moço:

— Dance comigo! Dance comigo!

Voltamos a girar pela sala. Afinal acertei o passo e entreguei-me ao fascínio da dança, guiada por mãos de verdadeiro mestre.

Não sei quanto tempo dançamos juntos. A música mal terminava, recomeçava outra vez. Somente despertei do meu enlevo quando percebi que era alvo do olhar de todos os presentes, em especial do *mechuten*, o qual me fulminava. No entanto, mal tive tempo de respirar e já me senti de novo arrebatada no turbilhão de uma polca. Os olhos de minha mãe me acompanhavam, preocupados. Era difícil ignorá-los. Mas não quis estragar a felicidade que eu desfrutava pela primeira vez na vida. Fechei os olhos e decidi comigo mesma: "Sofrerei depois!".

Terminada a polca, ao voltar para junto de meus pais, lá encontrei o *mechuten*, a conversar com eles. Mamãe, com voz que mal continha a raiva, perguntou quem era o *chleper* com quem eu estivera dançando e como eu pudera ter um procedimento tão lamentável, justamente na festa de casamento de minha irmã.

— Não sentiste vergonha de andar pendurada no braço de um desconhecido e não o largares mais? Ajustaremos as contas em casa. — (E, quando mamãe prometia ajustar contas, fazia-o mesmo.)

Tentei explicar:

— Não me pendurei no braço...

Mas o *mechuten* interrompeu-me, dirigindo-se à minha mãe:

— Eu não lhe disse há muito tempo que andasse de olhos abertos com essa menina? Se não tomar conta dela, coisa boa não vai dar, não.

Por baixo das pálpebras, eu percebia o moço rondar por perto. Vi-o dançar em seguida com a Luísa Averbach, que, como sempre, era a mais bela de todas. Juntos, constituíam o par mais bonito da festa. Então, pela primeira vez na minha vida, odiei. Odiei o *mechuten* com suas malevolências. Odiei os sapatos de salto baixo que me apertavam os pés. E odiei-me a mim mesma por ter criado aquele caso, sem poder supor que estivesse fazendo algo errado.

Pela madrugada, os carros de boi, os tílburis e os cavalos espalhados pelo terreiro foram preparados para voltar aos seus destinos. Caras estremunhadas surgiam de cima dos montes de feno ou dos montes de palha de trigo e perguntavam se a festa já tinha terminado. Crianças, que dormiam em cima dos bancos ou espalhadas no assoalho, dentro da casa, choravam ao serem acordadas. Havia confusão. Ninguém parecia entender-se. Parecia que ninguém se encontrava.

Na tarde daquele mesmo dia, acompanhamos o novo casal à estação. As despedidas não poderiam ter sido mais dramáticas. Era como se Adélia e o marido estivessem partindo para o fim do mundo.

DEPOIS

Após o casamento de Adélia as minhas obrigações dentro de casa desdobraram-se, quase não me davam tempo para estudar. Voltava da escola correndo, largava os livros num canto e, sempre correndo, ia ao encontro de meus pais na roça a fim de ajudá-los na semeadura e na colheita. Ali, já encontrava os sulcos abertos na terra, prontos para receberem as sementes e cobri-las. Da terra fofa e aquecida pelo sol desprendia-se um cheiro bom que penetrava as narinas e dilatava os pulmões. Às vezes, desabava um rápido aguaceiro que nos fazia procurar proteção sob alguma árvore frondosa. Papai, de quando em quando, apoiava-se no cabo da enxada e deixava o seu olhar pervagar sobre a terra em plena germinação.

Retornávamos a casa ao pôr do sol, cada qual carregando um feixe de lenha, nabos ou melancia para completar o jantar. No riacho, parávamos para lavar-nos, e mamãe subia adiante a fim de preparar a comida.

A essa hora rompia o canto ensurdecedor das cigarras vadias, seguido imediatamente pela algazarra dos pássaros que regressavam aos seus ninhos. De longe, vinham juntar-se a essa sinfonia rústica os sons bárbaros de bichos selvagens e feras, vindos do fundo das tocas como um repto à noite que baixava calmamente sobre todos. Entre a folhagem, os vaga-lumes experimentavam seus pequenos holofotes.

Vez ou outra, aparecia algum vizinho que se deixava ficar numa prosa prolongada a propósito das safras e das chuvas. A conversa terminava por recordar criaturas já desaparecidas, famílias que se haviam ido das colônias no rastro dos filhos. Neste meio-tempo, preparavam seus cigarros de palha de milho, escolhendo as palhas mais sedosas, e picavam o fumo plantado e curtido por eles. Aí comentava-se a perícia do velho Flichtiner em selecionar o fumo para sua fabricazinha de cigarros, falava-se da sua simpática pessoa e da sua não menos simpática família. Como conversa puxasse conversa, passavam dos Flichtiner ao caso da filha dos Copchtein, lamentando a sua morte prematura, ocorrida apenas algumas semanas após o casamento, em virtude de terrível moléstia que grassava na cidade escolhida pelo jovem casal para ir morar. Era também motivo de conversa, outro assunto igualmente triste, acontecido mais recentemente: o suicídio dos primos Wolff. No instante em que era encontrado o corpo do jovem Herchel, pendurado numa corda, pelo pescoço, no quarto de um hotel de Cruz Alta, seu primo ingeria mortal veneno num bar de Porto Alegre, ambos deixando as famílias desesperadas e um ponto de interrogação nos seus corações. Ignoravam-se as causas dos suicídios. Jogo? Mulheres? Quem saberia dizê-lo!

Vinha também à baila a morte da Feigue Chazan, que deixara na orfandade diversos filhos, todos pequeninos, enquanto o marido, desnorteado, procurava a custo refazer-se daquele choque, indo os filhos morar em casa dos avós.

Nisso o apito do trem rompia o silêncio da noite. Um calafrio nos percorria a espinha à lembrança daquele trem fatídico, que passara certa madrugada por Filipson, em grande velocidade para desfazer o atraso, e topara numa curva, entre as colônias do Zanvel Ackselrod e do Copchtein, com uma rês desgarrada. O mugido do animal ferido e os apitos lancinantes da locomotiva a arrastar atrás de si, para a catástrofe, toda a composição repleta de passageiros, ainda ressoava nos ouvidos dos colonos.

E o apito do trem interceptava o fio da conversa, recordando a todos que o dia seguinte também seria dia de trabalho.

RATZEL AMONIS

Aquela casinha toda branca rebrilhando ao sol, quase em frente da estação, exercia sobre mim extraordinário fascínio. Morava lá um mistério que mais dia menos dia eu teria que desvendar. Quando eu interrogava, mamãe desviava a conversa ou respondia com uma evasiva. Alguém, a quem eu perguntara quem era o morador daquela casa, me respondera que era Ratzel, a louca. Mas isso não satisfazia a minha curiosidade.

As filhas do Otacílio, chefe da estação, me contavam que em certas fases da Lua ela ficava transtornada, surgia inesperadamente na estação, postava-se na ponta da plataforma à espera do trem de passageiros e ali fazia as coisas mais absurdas: erguia a saia, mostrava o traseiro ou se punha de cócoras a urinar. A Golde, filha do *mechuten* Wladimirsky, portanto, irmã da minha cunhada Sara, também confirmou as palavras das mocinhas, acrescentando novas barbaridades que meus ouvidos se negavam a ouvir. Jurava ser verdade e que seu pai tentara tratá-la, pois achava que era um caso de histeria, doença de que eu nunca tinha ouvido falar e cujo sentido ignorava inteiramente. O único capaz de me fornecer alguma explicação seria sem dúvida o *mechuten*, mas justamente a ele eu jamais me atreveria a recorrer, pois para tal eu ficaria na dependência de sua disposição, correndo o risco de parecer a seus olhos uma menina esperta demais e que pretendia tudo conhecer de curiosa e assanhada que era. Por isso, resolvi descobrir por mim própria a verdade.

As circunstâncias me obrigavam a ir à estação postar cartas ou fazer compras na venda do Scherman. Eu ia pelos fundos das colônias vizinhas, passava pelos Zibenberg, Schloime Ackselrod, Copchtein, o velho pai de Isaac Russovsky, e, finalmente, atingia a parte dos fundos da casinha branca da Ratzel. E, para não despertar suspeitas pelo roteiro preferido, eu dizia aos de casa que, assim fazendo, encurtava o caminho.

As primeiras vezes que por lá passei não obtive a menor recompensa à minha curiosidade. A casinha permanecia sempre fechada e a sua volta ciscava uma ou outra galinha, enquanto um cachorro dormitava sem se aperceber da minha presença. Mas de tal forma persisti que um dia, enfim, me vi recompensada. As janelas estavam abertas e, através delas, deparei com a sua moradora.

Não sabendo como puxar conversa, fiquei uns minutos parada mirando-a em silêncio. Ela acabou por perguntar-me:

— Quer alguma coisa?

Pedi-lhe um copo de água. Ratzel mandou-me entrar, ao que fiquei estupefata com a ordem e a limpeza reinantes na casinha. Enfeitavam a cama, arrumada com capricho, travesseirinhos com fronhas bordadas, de brancura impecável. As janelas tinham cortinas de cassa engomada. As paredes estavam decoradas com toalhas plissadas em forma de leque, cujas pontas haviam sido bordadas com linha vermelha e preta. No centro do leque, sobressaía uma fotografia. No chão asseado dois meninos muito limpinhos brincavam.

Ratzel riu para mim.

— Eu sei quem é você — falou —, a filha da Eva... Como vai ela? Sua mãe é a única que não caçoa de mim.

— Mas por que caçoam de você, Ratzel? — atrevi-me a perguntar-lhe.

— Porque o Schapiro me abandonou... Você não sabia? — indagou ela, com um sorriso de criança a embelezar-lhe o rosto. — Mas qualquer dia ele virá buscar-nos, a mim e aos meninos. Então, iremos morar em Porto Alegre. Schapiro, um dia, ficará rico. Ele vende bilhetes de loteria pelas ruas e a sorte grande um dia lhe cairá nas mãos...

De repente, lembrou-se de oferecer-me uma fatia de pão branco e delicioso que eu me apressei a aceitar. E, enquanto comia, fiquei a examinar a pobre mulher, com profundo interesse. Como podiam — pensava — inventar tão horríveis coisas sobre uma criatura tão boa quanto infeliz?

Agradeci-lhe a fatia de pão e me despedi dela, malgrado a sua insistência para que eu me demorasse um pouco mais em sua companhia. Expliquei-lhe que precisava fazer ainda algumas compras para mamãe e já se estava fazendo tarde. E então me fui dali.

No sábado, encontrei-me com a Golde e lhe contei o que havia feito para ver Ratzel e o que vira em sua casa. Os olhos negros da Golde brilharam enciumados com o meu êxito. Tratou logo de anular a minha vantagem.

— Sabe você o que aconteceu aqui ontem? — perguntou-me. — A Ratzel Amonis veio até cá pedir um remédio qualquer, mas não encontrou papai, que tinha ido a Silveira Martins atender a um chamado. Vieram buscá-lo em plena madrugada... Pois bem, a Ratzel chegou toda transtornada, dizendo que o irmão queria tirar-lhe os filhos e que não era verdade que o Gumercindo dormia em casa dela... Mamãe procurou tranquilizá-la. Deu-lhe comida e quis que ela se deitasse um pouco para descansar. Ela, porém, fugiu para dentro da mata.

"Quando papai voltou, todo fatigado da longa viagem, e se ocupava em desarrear o cavalo para o levar ao pasto, a Ratzel reapareceu de surpresa e atirou-se em cima dele. Papai esforçou-se para afastá-la de si. Foi quando ela começou a gritar e arrancar os cabelos... De repente, ergueu o vestido acima da cabeça. E vimos tudo... Papai, para acalmá-la, teve de dar-lhe uma surra de rebenque..."

Fiquei atônita! Não estaria a Golde mentindo?

— Não, não é possível — protestei —, Ratzel não é nenhuma maluca.

— Estou falando a verdade — afirmou a Golde. — Pergunte à mamãe, que a tudo assistiu. E quer saber de uma coisa? Se você me chamar de mentirosa, eu contarei à sua mãe que você foi espiar a Ratzel... E contarei também aquela história que você andou inventando sobre o profeta Moisés e Abraão, o Patriarca... Ouviu bem? Você é que anda mentindo e inventando coisas!

Curvei a cabeça. De nada adiantava teimar. Nunca me sucedia nada realmente interessante. Eu nunca me encontrava no local e no momento quando algo de realmente importante acontecia. E, de resto, eu me achava à mercê da Golde.

Mentira-lhe de fato, inventando uma história fantástica sobre nomes bíblicos sagrados. Ah, se papai soubesse! Logo eu, profanando com relatos ímpios o santo nome dos profetas! Ô Deus! por que nascera tão errada, tão infeliz? E nem possuía uma amiga sincera em quem pudesse confiar e com quem partilhar todos os sonhos e as coisas maravilhosas que andava aprendendo nos romances que lia às escondidas de mamãe, mergulhada num mundo irreal, que se desfazia ao primeiro chamado de sua voz aflita! Seguiam-se as queixas:

— Que andas fazendo sozinha no mato? Por que me apareces com esse ar assustado?

Não lhe podia desvendar os meus segredos, o meu mundo de ilusões, pois ela não me compreenderia. Conhecia-lhe de sobejo a opinião sobre a leitura de romances, de livros em geral, que não fossem os sagrados. Acreditava firmemente na sua influência perniciosa sobre o espírito e o caráter das mocinhas. Segundo ela, todas as desgraças que lhes aconteciam eram consequências desses livros que só de amor tratavam...

A palavra "amor", em sua boca, soava como coisa impura, era cuspida para fora, como se se tratasse de algo proibitivo e imoral.

Quanto a mim, devia estar contaminada de todas as impurezas que a palavra sugeria. Nos livros que lia só me interessavam as páginas em que eram descritos idílios. Abominava as longas descrições ou explanações filosóficas. Andava, por assim dizer, impregnada de poesia e romantismo.

E agora vinha a Golde ameaçar-me de contar aquela história dos varões hebreus a meus pais! Era tempo de aprender a não confiar em ninguém. Afinal, que havia de mais naquela história?

Os dias eram longos, estranhos e monótonos. O professor Budin tirara uns meses de licença. A escola, portanto, estava fechada. As crianças vagavam pelos campos sem nenhuma ocupação. Comíamos frutas selvagens, banhávamo-nos nos arroios, roubávamos milho-verde dos milharais dos vizinhos ou devastávamos as hortas de pepinos e melancias.

Numa dessas andanças, estando em companhia de Golde, topamos com dois caroços pretos e lustrosos. Golde pegou num deles, examinou-o e perguntou-me:

— De que fruta é isso?

Eu sabia que era um caroço de fruta-do-conde, mas nasceu-me nesse instante um pensamento malicioso. Quis explorar a ignorância da minha companheira e respondi:

— Se você jurar segredo, revelarei o mistério desses dois caroços.

Acabávamos de sair da mata. O campo inundado de sol ofuscava-nos a vista. Paramos por um instante. Ergui os olhos para apreciar as grandiosas evoluções de um bando de andorinhas. Duas delas, mais confiadas, passaram rente a nossas cabeças.

— Que segredo é esse que você não quer contar? — perguntou a Golde, não resistindo à curiosidade. — Juro que não contarei a ninguém! — acrescentou solenemente.

— Bem — disse eu —, já que me promete, vou contar tudo o que sei... Essas duas andorinhas que há poucos momentos quase roçaram em nós, são dois jovens encantados, cujas verdadeiras personalidades estão ocultas nestes dois caroços que temos em nossas mãos. Temos de guardá-los com cuidado, porque, quando crescermos e formos moças, as duas andorinhas nos procurarão e nós deveremos esmagar os caroços para desfazer o encanto e devolver a elas a sua forma humana...

— Como se chamam os dois moços? — quis saber a Golde.

Veio-me à mente o nome de que eu mais gostava: Abraão. E que ele me lembrava aquela lágrima ardente rolada dos seus olhos, no dia em que, na escola, se fizera um julgamento simulado; aquela lágrima, que, sem lhe tocar a face, fora cair no estrado como uma estrela que se desfizesse, aquela lágrima talvez por ninguém notada, mas recolhida e guardada em minh'alma como símbolo da inocência.

— Como é que você sabe isso? Quem lhe contou? — indagou de novo a Golde. — E como se chama o meu noivo?

— O meu chama-se Abraão — disse eu. — Abraão, o Patriarca — emendei, para que ela não desconfiasse haver alguma relação com o Abraão Averbach, sobretudo porque toda a colônia sabia que ele estava prometido à sua prima Luísa. — O seu é Moisés — acrescentei —, aquele que libertou o povo de Israel da escravidão.

Eu começava a perceber que o seu interesse, aliado à curiosidade, estava aumentando, o que me permitiria adquirir certa ascendência sobre ela. Já andava farta de ser a parte vulnerável em nossas relações de amizade. Vivia esmagada pela sua superioridade a propósito de tudo. Nossos sobrinhos comuns, por exemplo, pertenciam mais a ela do que a mim, porque, segundo a sua opinião, o parentesco de irmã era mais próximo do que o de irmão. Daí ter ela mais direito sobre os sobrinhos, os seus brinquedos e os seus objetos de adorno. Que eu não me atrevesse a tocá-los, do contrário ela o contaria a Sara. Eu obedecia-lhe, não porque temesse minha cunhada, mas para evitar as pequenas questões que traziam sofrimento à mamãe.

Quando dessas disputas, a Golde não se cansava de arrotar vantagens.

— Quem tratava dos teus quando ficavam doentes? — perguntava. — Não é meu pai? E quem manda mantimentos para vocês de Cruz Alta, todos os meses?

Aí, eu respondia:

— Os meus irmãos!

— Nada disso — replicava a Golde. — Se minha irmã não quisesse, ela poderia proibir. Ela é dona também.

Eu era obrigada a calar-me. Fora proibida por meus pais de tocar nesse assunto, o "assunto do gado", no qual haviam sacrificado o futuro dos filhos menores e o deles também, para salvarem da desonra o nome do filho, de cuja ajuda, e por causa disso mesmo, estavam no momento dependendo.

Portanto, eu voltava dessas discussões infeliz, diminuída.

Eis por que, naquele instante, procurava aproveitar aquela vantagem ocasional, que me era oferecida pela riqueza da minha imaginação e graças à leitura de contos de fadas em revistas ilustradas e às lendas ouvidas ao calor do fogo em noites de inverno.

E fui inventando:

— Um dia, correndo atrás de um terneiro que se havia desviado dos demais, penetrei na mata cerrada. E, tão absorta me encontrava, que nem percebi que tinha chegado nas proximidades daqueles cerros azuis ao fundo da nossa invernada. De repente, ouvi uma voz ordenar: "Para!". Parei assustada e, erguendo os olhos na direção de onde ela provinha, deparei com uma bruxa sentada na forquilha de dois galhos, no alto de uma árvore muito velha, da qual pendiam longas barbas de musgo. A bruxa também era bastante velha e esfarrapada e ria-se de mim, às gargalhadas. "Schemai Israel", gritei alto, como meu pai me tinha ensinado a dizer sempre que me encontrasse em perigo. E, mal pronunciadas essas palavras mágicas, a feiticeira desapareceu e em seu lugar surgiu uma linda fada tendo na mão uma cordinha de seda, com a qual laçou o terneiro, que se pôs a pastar tranquilamente, sem cuidar de fugir.

"A fada, então, me disse: 'Em recompensa dos árduos trabalhos você receberá um presente. Porém, você só o receberá quando moça feita. Por enquanto ficará comigo'. Eu quis saber o quê, e ela me disse que era um noivo."

Nesta altura do relato, a Golde interrompeu-me:

— Mas você disse que eram dois, um para mim!

— É isso mesmo, Golde! Eu ia me esquecendo... Estão transformados em andorinhas que nos acompanharão aonde formos, até alcançarmos a idade de casar... Quando chegar a ocasião, seremos avisadas e bastará quebrar os carocinhos, que devemos conservar em nosso poder, para, de dentro deles, saírem os rapazes que nos foram destinados.

A Golde olhava-me incrédula.

— Me leve até a feiticeira — pediu.

— Não posso levá-la — repliquei. — Eu mesma não sei como ir ter com ela... Você não percebeu que o terneiro estava enfeitiçado para levar-me até lá? Porém, a fada me disse que, se eu me sentisse muito triste e quisesse falar-lhe, poderia fazê-lo chamando-a do lado de fora da mata... Se eu gritasse ela me responderia.

— Chame, então — ordenou a Golde.

— Feiticeira da mata! — gritei com toda a força dos meus pulmões, e um segundo depois a mata me devolvia o chamado multiplicado em ecos que rolaram pelas coxilhas até se irem extinguindo lentamente... "Ceira!... Mata!... Eira!... Ata!..."

Não posso afirmar se a Golde se deixara convencer inteiramente ou se, dali por diante, passara a servir-se da minha própria arma em seu favor.

O certo é que todas as vezes que nos encontrávamos exigia que eu lhe desse notícias de nossos noivos, que me havia sido dado o privilégio de reconhecer entre tantas andorinhas as duas que nos interessavam e compreender-lhes a linguagem. E, se eu me negasse a falar sobre o assunto, ameaçava-me de contar tudo a meus pais. Acabei, portanto, por me tornar prisioneira na teia das minhas fantasias e mentiras.

ADOLESCÊNCIA

Num sábado à tarde, papai, como de costume, foi à estação encontrar-se com os conhecidos e ouvir as últimas notícias da boca de Otacílio Ramos. Este era uma figura gorda e pesada que irradiava bondade e paciência. Provavelmente deviam-se a ele muitos telegramas forjados com o intuito de tranquilizar os pais, quando os filhos, cansados daquela vida de lutas, abandonavam Filipson e se iam para as grandes cidades. Mamãe não se interessava por política nem pela vida dos outros, permanecia em casa. Tinha o seu mundo, que absorvia todo o seu tempo e todos os seus pensamentos. Por isso, discutia constantemente com papai porque ele se preocupava com os acontecimentos de fora. Achava que era tempo perdido, gasto inutilmente, pois tudo aquilo não agasalhava seus filhos do frio nem lhes saciava a fome.

Eu, como de hábito, me sentava na soleira da porta para me aquecer ao sol. Tinha um livro comigo, mas não conseguia lê-lo, dada a inquietação que me agitava. Levantava-me a todo instante, ia para a frente do espelho de parede, penteava os cabelos, trepava numa cadeira para melhor me contemplar do busto chato para baixo, revirava e requebrava para ver o efeito da saia rodada nos meus estreitos quadris (era uma saia de Adélia quando solteira). Meus pés moviam-se dentro dos sapatos de verniz adquiridos no armazém do Carnos, em Pinhal.

Esses movimentos contínuos e irrequietos chamaram a atenção de mamãe, que me examinou com curiosidade, como se me visse pela primeira vez.

— Que tens, afinal? — perguntou. — Parece que estás com o demônio no corpo! Que tanto procuras ver no espelho? E para que todos esses requebros? Aprendes isso nos livros que lês e que só servem para encher o espírito de futilidades... Gostaria que as traças consumissem com eles de uma vez.

Sua zanga, entretanto, em nada me afetava. Ao contrário, condoía-me dela, vendo-a tão pequena, tão sofrida, tão indefesa. Esquecera-se dos seus doze anos, ou, quiçá, vivera numa época muito diferente da minha, numa terra privada de sol... Sim, devia ser isso. Daí não me entender. Porém, quanto carinho, quanto afeto me dispensava! E, assim pensando, senti que a voz se me embargava. Então, corri para ela, abracei-a estouvadamente derrubando-lhe o eterno lenço que trazia na cabeça e descobrindo seus cabelos ainda negros entre os quais um que outro fio branco apontava. Ela chamou-me de louquinha e afastou-me com brandura.

"Inda bem que mamãe não costuma usar a horrível peruca que a obrigaria a sacrificar sua longa cabeleira...", falei para mim mesma.

E saí a correr atrás de uma borboleta colorida.

CHICO LENCINO

Chico Lencino viera contratar uma roçada. Depois de Jacques nos haver deixado, era eu quem servia de intérprete entre papai e os naturais dali. Chico, numa risada franca que lhe deixava à mostra a dentadura branca, caçoava disso:

— Como é, velho onze? — (Papai continuava a ser chamado pelo número da primitiva colônia n.º 11 — O Velho Onze.) — Não quer mesmo aprender o português? Prefere continuar nesse falar de gringo? Vamos a ver, então, qual é a empreitada?

Ele conhecia as terras da colônia como a suas próprias mãos. Muitas carreiras ganhara na reta de nossa cancha. Vira nascer e crescer os últimos filhos da casa. Carregara-me ao colo e em cima da carreta quando transportava para o celeiro o milho ou trigo de nossos roçados, de mistura com a palha e as espigas, juntamente com seus filhos. Nessas ocasiões, ficávamos com o corpo todo arranhado pelas espigas pontiagudas, porque vivíamos cobertos com simples camisolas. E sempre que ele me erguia em seus possantes braços acima de sua cabeça, tirando-me da carreta para me depor no chão, parecia-me escorregar dum cedro muito alto; sentia uma vertigem acompanhada do receio de vir a esfacelar-me embaixo.

Já maiorzinha, Chico Lencino, se me encontrava na estrada, alçava-me por um braço e me escanchava na garupa de sua montaria; prometia ensinar-me a fazer uso do laço, e, chegando à porteira de casa, fazia-me escorregar para o chão e afastava-se com um breve cumprimento, tocando com a mão na larga aba do seu chapéu. E seguia seu caminho assobiando ou trauteando velhas canções de tropeiros gaúchos.

Naquele dia, combinadas as condições de pagamento, fomos os três escolher o terreno a ser semeado. Eu e papai íamos a pé. Chico Lencino, como sempre, a cavalo. E como eu recusasse a garupa, preferindo acompanhar papai, esporeou o cavalo e deixou-nos para trás.

Ao chegarmos à boca do mato, ele lá estava à nossa espera. Ele e papai escolheram a área e puseram-se a estudá-la. Do alto de sua estatura Chico Lencino nos dominava, as bombachas caindo em dobras sobre os canos das botas lustrosas. O chapéu de abas largas com a tira de couro passada embaixo do queixo sombreava o seu rosto comprido e trigueiro. Uma fagulha que cintilava no fundo de seus olhos negros, quando os fixava em mim, fazia-me instintivamente retesar o corpo e erguer bem alto a cabeça. Discutindo o assunto de mútuo interesse, a minha voz soou aos meus ouvidos áspera e imperativa.

Saíamos da penumbra da mata para a luz do campo iluminado pelos últimos raios de sol, que tinha a cor de uma laranja madura. Num salto esbelto, Chico Lencino montou o animal e roçou-lhe as ilhargas com as agudas esporas. O cavalo abriu num curto e gracioso galope. Eu e papai não pudemos deixar de admirar cavalo e cavaleiro, que estacaram de súbito a uma certa distância. Chico Lencino esperou que o alcançássemos e ofereceu-me a garupa novamente. Inclinou-se sobre a montaria e com um rápido movimento içou-me para a garupa, sem dar tempo a uma recusa. Mal refeita da surpresa, tratei de disfarçar a minha perturbação, mas, notando que papai me olhava com um misto de ternura e de orgulho, tranquilizei meus escrúpulos.

Por algum tempo, andamos a passo ao lado de papai. Em seguida, Chico Lencino esporeou o animal, que se afastou a trote largo. Fê-lo sem uma explicação sequer.

Ao alcançarmos a terla, à vista já de nossa casa, fui de novo tomada de desassossego, pois me lembrei do sorriso e do olhar de mamãe quando, poucos dias antes, lhe havia falado de certas dores que vinha sentindo no peito. Pensava, nesse momento, que mamãe não aprovaria a minha atitude se me visse chegar na garupa do cavalo de Chico Lencino. Já não era coisa apropriada à minha idade, pensava. Por isso, esperei alcançar um lugar de onde não me avistassem de casa e lhe pedi que me deixasse apear. Ele freou o cavalo, saltou da sela e, ligeiro, apanhou-me pela cintura, erguendo-me acima de sua cabeça, como sempre fizera. Lentamente, fez-me descer ao comprido do seu corpo até depositar-me no chão, sem afrouxar o aperto de suas mãos. Procurei desvencilhar-me dele debatendo-me furiosamente. Ele libertou-me. E, de novo, montou a cavalo e afastou-se, sem nem mesmo olhar para trás.

Permaneci estupefata por alguns instantes. Minhas pernas tremiam, meu coração pulsava desordenadamente. Pensei em voltar correndo ao encontro de papai, porém me contive, com receio de que ele estranhasse a minha fisionomia assustada. Que lhe diria se ele me perguntasse o motivo de eu voltar correndo ao seu encontro? Não, o melhor seria tomar o caminho de casa e não contar a ninguém o ocorrido.

Passaram-se os dias, porém eu não conseguia afastar esse incidente da minha memória. Tinha necessidade de contá-lo e discutir em confidência. Mas com quem? A única criatura de minha idade e que, por esse motivo, me poderia compreender era a Golde. No entanto, justamente ela era a menos indicada, porque, na primeira desavença que surgisse entre nós, usaria a confidência como arma contra mim.

A partir daquele dia, comecei a sentir pudor das minhas pernas descobertas.

Nas minhas contínuas cavalgadas, ao aproximar-me dos lugares habitados, mudava a posição habitual e montava à amazona. Todavia, assim que o animal começava a trotar, eu principiava a escorregar do pelego que recobria o lombo do cavalo e acabava por cair da montaria. E, ao dar-me conta da ridícula situação, eu punha-me a chorar de raiva e de impotência.

Afinal, decidi não mais montar a cavalo, a não ser se encilhado convenientemente.

VIANDANTES

Pouco a pouco, a colônia de Filipson ia se despovoando, permanecendo ali somente os velhos e as crianças, os quais, por sua vez, na primeira oportunidade cuidavam de juntar-se aos que se tinham ido.

Alguns de nossos vizinhos acompanharam os filhos, deixando campos e casas abandonados. Estas começaram a ser habitadas por famílias de roceiros ou serviam de pernoite a criaturas sem eira nem beira que perambulavam, maltrapilhas, de colônia em colônia, esmolando um prato de comida. Esses viandantes, ao ocupá-las de passagem, arrancavam as portas e caixilhos e, com eles, alimentavam o fogo posto a arder no interior dos aposentos a fim de se aquecerem nas noites de frio ou ferverem água para o mate. Ao amanhecer, largavam-nas com os umbrais escancarados à livre invasão do gado, que se encarregava de completar a depredação. O suor de seus corpos, misturado ao acre cheiro de fumaça, ficava por ali impregnando o ambiente. E um trapo esquecido, um monte de capim atirado a um canto e que lhes servira de leito, ou um que outro objeto perdido pela casa testemunhavam a miséria dessas andejas criaturas. Se lhes ofereciam trabalho, recusavam e, às vezes, fingindo aceitá-lo, recebiam os instrumentos necessários e sumiam com eles, quando não os abandonavam pela estrada.

Recordo-me de um episódio pitoresco. Era na véspera de Iom Kipur. Estávamos voltando da casa do *shoiched* com os *capures* mortos, isto é, com as galinhas e frangos sacrificados segundo o ritual judaico. Ao passarmos em frente à casa já meio demolida em que tinham morado os Druch, pareceu-nos avistar um menino seminu que nos espreitava pela porta entreaberta.

Acostumados com fatos dessa natureza, continuamos o caminho. Chegados em casa, mamãe nos contou que um casal de maltrapilhos, ainda jovem, acompanhado de um menino, ali parara para pedir comida e trabalho. Mamãe deu-lhes de comer e, como insistissem em pagar com serviços o favor recebido, entregou-lhes meio receosa duas enxadas, mandando-os capinar o mato que estava invadindo um roçado e recomendando-lhes que colhessem uns pés de couve e arrancassem algumas batatas para o jantar. A mulher pareceu-lhe lerda. Os trapos que a cobriam flutuavam-lhe à volta, mal escondendo uma adiantada gravidez. O aspecto feroz do homem amedrontou-a, fazendo-a desconfiar de que ele fosse o próprio João Ortiz, o bandido, num de seus inúmeros disfarces.

Não tinha passado ainda muito tempo quando voltaram os maltrapilhos, trazendo a mulher uma criança recém-nascida embrulhada em sua saia imunda. Tinham vindo pedir para ficarem na casa que fora dos Druch. Eu fervia de curiosidade com a narrativa e os comentários. Meu pensamento estava voltado para a cena imaginada: a mulher capinando dobrada sob as dores do parto, e o marido, depois, em pleno campo, ajudando o filho a nascer. Mamãe despertou-me desses devaneios mandando-me levar à casa dos Druch os fígados, pescoços e moelas de galinha que acabáramos de limpar. Subi a ladeira correndo, mas, à frente da porta cerrada, uma grande timidez apossou-se de mim. Chamei meio a medo. A porta abriu-se e um homem postou-se na soleira, os pés fincados com firmeza na terra poeirenta, os dedos lembravam raízes brotando do chão, as calças ensebadas arregaçadas até a barriga das pernas fortes e morenas e a camisa encardida aberta no peito musculoso. Com gestos calmos, enrolava um cigarro de palha e molhava-o com a ponta da língua. Seus olhos negros me fixavam interrogativamente.

Entreguei-lhe a lata com os miúdos dizendo-lhe que mamãe mandara aquilo para fazer um caldo para a parturiente.

A expressão de seu rosto amenizou-se, afastou-se um pouco da porta e deu-me passagem. Entrei receosa. Num canto da casa, sobre um monte de capim, cujas pontas lhe espetavam o corpo, estava deitada a mulher. Ao seu lado, um bebezinho choramingava. No meio do quarto, de piso já calcinado por outras fogueiras, crepitava um fogo alimentado por gravetos e folhas secas. Sobre ele um tripé do qual pendia uma lata cheia d'água. Ao lado havia um saquinho com uns restos de erva-mate e a cuia preparada. O menino, acocorado junto do fogo, cuidava de assar umas batatas. O homem aproximou-se do lume, pegou de um graveto, encostou-o ao cigarro que trazia no canto da boca e tornou a depositá-lo no braseiro. Encostou-se à parede e deixou-se pitar o cigarro de palha, com o olhar perdido no horizonte entrevisto através da janela sem caixilhos.

Eu estava sem voz, não podia falar. Depositei no chão a lata com os miúdos de galinha e entreguei à mulher uns panos limpos que mamãe lhe enviava e saí correndo pela porta escancarada.

Não podia compreender como aquela gente tinha pela vida tal indiferença. Debaixo da pele gretada pelo vento e queimada pelo sol não pulsaria um coração humano? Não possuíam ambições, não sentiam necessidades como as demais pessoas? Ou se tratava de uma espécie diferente, igual às árvores, que recebia a seiva através da planta dos pés e que vivia e desaparecia com o passar dos anos à semelhança dos vegetais?

IANKEL "CHINDER"

"Chinder" (esfolador) era o apelido que se lhe enquadrava com perfeição. Alto, magro, meio encurvado, dava a impressão de que seus braços, de tão compridos, quase tocavam o chão. Barba, não me recordo se a tinha. E, se a tivesse, deveria ser loura e rala. É assim que a imagino. Pois os judeus imigrados eram, na sua totalidade, profundamente ortodoxos; seguiam, portanto, à risca os costumes religiosos. Um velho sem barba só poderia ser um renegado, o que não era o caso de Iankel "Chinder".

Evocando a sua pessoa, não a posso isolar da faca de esfolar a rês abatida, do machado de destrinchar a carne. Vejo-o com seu avental ensebado todo respingado de sangue, vociferando, blasfemando. As mãos calosas empunhavam o machado com firmeza e lascas de ossos saltavam à sua volta a cada golpe desferido sobre o cepo. Afiava as facas com movimentos rápidos, uma no gume da outra, e, rápido, cortava a carne em postas, esfregando as manoplas no avental ensebado. Seu baixo calão não respeitava mulheres nem crianças. Era inesgotável o seu vocabulário de obscenidades. Quando em descanso, punha-se de cócoras, as longas pernas dobradas, os joelhos espetando o queixo e os braços firmemente enlaçados às pernas. E nessa posição podia permanecer horas a fio, como se estivesse mergulhado em profundo sono ou meditação.

Na minha lembrança, revejo-o também apontando na estrada, as mãos trançadas nas costas, as abas do longo capote esvoaçando ao vento, com a cabeça inclinada para o peito, como que perdido em seus próprios pensamentos.

Sacrilegamente, procuro arrancar as criaturas de suas tumbas, fazê-las reviver com todos os seus sofrimentos. Moldo-as, pouco a pouco, com os fragmentos que me saem da memória. Ponho-as em pé, faço-as movimentarem-se, impulsiono-as de acordo com as recordações que delas guardo, e na medida do possível insuflo-lhes um sopro de vida. Percorro ao seu lado o árduo trajeto do passado e imprimo ao seu coração o mesmo ritmo sob o qual o meu próprio funciona.

Minha intenção é a de analisá-los com imparcialidade, separando as impressões por vezes injustas que a mente da criança ou do adolescente é suscetível de gravar. Ressuscito-os, pois, em toda a simplicidade e rudeza de seus caracteres de pioneiros para conhecimento das novas gerações, mais cultas, mais prósperas, mais felizes, deles separadas apenas por algumas décadas, devendo-lhes, contudo, o progresso alcançado e as possibilidades que ora usufruem.

Presenciei muitas vezes cenas de verdadeiro desespero por parte de meus pais, tendo como causa Iankel "Chinder" e seu irmão Velvel Schtivelman. Ambos eram muito semelhantes em estatura e gestos, porém não o eram em caráter.

A invernada dos dois irmãos limitava-se com a nossa colônia e com a do Moritz, o alfaiate. Uma cerca de arame farpado dividia as colônias e protegia as roças das incursões do gado. Mas sempre havia algumas vacas que arrebentavam com os chifres a cerca de arame e lideravam o gado na completa razia das plantações. Por lei, essas vacas poderiam ser apresadas pelo prejudicado e encaminhadas à Administração, de onde o proprietário só poderia retirá-las depois de indenizar os danos que elas haviam provocado.

Para evitar repetições, os donos das vacas roceiras eram obrigados a comprometer-se em pendurar-lhes cangalhas ao pescoço.

Diversas vezes tivemos as nossas plantações parcialmente aniquiladas pela negligência dos irmãos Velvel e Iankel, se é que não o faziam propositalmente.

Existia certa incompatibilidade entre as nossas famílias, muito embora não deixássemos de convidá-los aos casamentos. As mulheres compreendiam-se mutuamente. Ajudavam-se umas às outras. As esposas de Velvel e Iankel reprovavam os atos condenáveis de seus maridos. Não o faziam por palavras, mas por gestos, por olhares.

Papai nunca se prevaleceu do direito de linchamento da rês depredadora, nem de tangê-la para a Administração quando apanhada destruindo a roça. Conformava-se dizendo que sendo o mal irremediável não convinha criar inimizade com vizinhos, o melhor a fazer era cuidar de reforçar a cerca. Mamãe, entretanto, se desesperava com essa passividade de papai e se consumia interiormente.

Mas um dia uma vitela nossa penetrou na roça de um vizinho, o qual, ao invés de tomar as providências de praxe perante as autoridades administrativas, resolveu matá-la. Papai ignorava o sucedido. Deu pela falta da vitela ao distribuir ao gado a sua ração de sal. Pusemo-nos a procurá-la, para a encontrar, depois de intensa busca, num valado próximo, no terreno do prejudicado. Fora baleada e morta.

No sábado, no templo, terminada a cerimônia, papai foi chamado para abrir a arca e tirar a Torá. Vestia seu traje de reza e trazia seus filactérios. Ergueu-se de onde estava e, com sagrada unção, aproximou-se do altar. Já se prestava para descerrar a arca quando viu à sua frente Menache Zibenberg, nosso vizinho, o responsável pela morte da vitela. Papai, então, não titubeou. Agarrou-o pela barbicha negra e o arremessou contra a parede. Estabeleceu-se o tumulto. Formaram-se dois partidos que se engalfinharam. Iankel "Chinder" formou contra papai. Alguns dos presentes aconselhavam calma, lembrando aos briguentos o pecado em que incorriam profanando um local sagrado.

Nesse sábado, alguns judeus voltaram para casa com seus capotes rasgados e com falhas nas barbas, meu pai inclusive. No capote de Iankel "Chinder" faltava uma das abas.

Todavia, brigas como essa eram logo esquecidas com o nascimento de um filho ou de um neto ou mesmo o início do namoro entre os filhos dos contendores.

Lembro-me que esse mesmo vizinho, Menache Zibenberg, necessitou de recorrer à mamãe, a pedido da velha Chaia, sua mulher, que precisou ausentar-se por algum tempo da colônia. Moravam sós. Todos os seus filhos, por essa altura, estavam casados. Não havia, portanto, quem lhe fizesse a comida. E mamãe prontificou-se a fazê-la sem demonstrar o menor ressentimento.

As mulheres de Filipson eram sutis e diplomáticas na sua política de apaziguamento visando a manter a boa harmonia entre as famílias.

Mas voltemos a Iankel "Chinder".

Com o correr dos anos vim a compreender as razões da rudeza de Iankel "Chinder" e os motivos que o levavam a permanecer longo tempo de cócoras, dobrado sobre si mesmo, mergulhado em meditações, semelhando um corvo negro sobre um moirão de cerca.

Ele era pai e sofria. Tinha família numerosa, filhos e filhas casados, morando em diversas cidades do estado. Em casa, sobrava-lhe uma filha mocinha, Ruchel, que o acompanhava como um cão fiel e o ajudava nos serviços grosseiros, no amanho da terra, na derrubada da mata. Outra menina, da minha idade, frequentava a escola, e tinha ainda um rapazinho que era a causa maior das suas apoquentações. Doente, não abandonava o leito, definhava de uma moléstia traiçoeira. Com ele gastava Iankel "Chinder" todo o dinheiro que ganhava. Levava-o para as cidades de maiores recursos a fim de ver se o curavam. Sujeitaram-no os médicos a diversas operações, mas o mal progredia sempre. Por isso, esse homem, que não sabia chorar, amargurava-se, dava vazão aos seus desgostos através de uma agressividade dirigida contra tudo e contra todos, exceto contra o pequenino enfermo e sua mulher, com os quais se mostrava terno e resignado.

IRMÃS RAPOSO

Um dia, indo à venda de Isaac Russovsky, soubemos que o açougue se mudaria para a beira da estrada, ao lado do nosso capãozinho.

Afinal, não mais precisaríamos madrugar para sair em busca de carne até Rincão das Pedras ou até as proximidades da colônia de Ricachinevsky, o sapateiro, em cujo trajeto passávamos fome e frio.

Foi construído um grande galpão de três peças para o matadouro. Na do meio, foram colocadas fortes vigas de madeira para nelas serem pendurados os animais abatidos e, bem no centro, o grande cepo onde o Iankel "Chinder" executaria o seu serviço. As outras duas peças, bem menores que a do meio, foram ocupadas pelas filhas do velho Raposo. As portas estreitas que levavam aos dois quartos eram vedadas por cortinas de chita estampada de cor berrante.

Todas as noites o galpão era alegrado por tocadores de gaita que ali se embebedavam e cantavam até enrouquecerem.

Mamãe nada dizia, mas percebia-se o quanto a contrariava a proximidade daquelas duas mulheres.

No único dia da semana em que o açougue funcionava, as duas irmãs tornavam-se invisíveis. Havia grande movimento. Velhos, mulheres e crianças vinham de todas as colônias fazer suas compras, e a azáfama só terminava ao anoitecer. Os peões que traziam as reses acendiam uma fogueira e preparavam os espetos à espera da carne que lhes era reservada para o churrasco. As crianças e os moços, desprovidos de preconceitos religiosos, acercavam-se da fogueira na esperança de serem convidados a participar da churrascada. Os velhos, porém, nem sequer se aproximavam, porque lhes era vedado comer carne dessa espécie, considerada *treif*.

As Raposo, desde que passaram a morar nas duas peças do galpão do matadouro, principiaram a lavar sua roupa no riachinho perto de nossa casa, sempre bem-compostas, com as saias apanhadas entre as pernas, evitando escandalizar-nos com as suas atitudes.

Eu gostava de vê-las apanhar água no córrego, dobradas sobre a cintura esguia, e erguerem depois a lata até a cabeça, assentando-a sobre uma coroa de pano, embaixo da qual seus cabelos negros e lisos terminavam num coque sobre a nuca morena. Os seus tamanquinhos batiam em cadência nos pedregulhos da trilha, embalados pelo movimento dos quadris sob as saias rodadas. Os braços erguidos seguravam a lata e essa atitude alteava-lhes o busto. Quando nos encontravam, sorriam para nós timidamente, e nos davam passagem, receosas de nos molestarem.

    Certa feita, depararam comigo e com mamãe lavando roupa e se ofereceram para nos ajudar. Admirei-me muito de ver mamãe aceitar a oferta e presenteá-las depois com um pão. Elas se mostraram comovidas e louvaram o sabor do pão, pedindo à mamãe que as ensinasse a fazê-lo. Afirmavam nunca ter comido pão igual àquele, pois só sabiam preparar broa de fubá cozida em panela de ferro em cima do braseiro.

    Notando em mamãe uma mudança de atitude em relação às duas irmãs, comecei a aproximar-me do rancho em que moravam, durante minhas frequentes andanças pelo campo à procura de frutos silvestres e ovos de perdiz.

    Por esse tempo, passou pela colônia uma ponta de gado e coincidiu com a sua passagem o desaparecimento de uma das Raposo. Ela se fora em companhia de um tropeiro. Entrementes, o açougue deixou de funcionar nesse local, mas a mais velha das irmãs continuou a residir ali, sozinha.

    As noitadas passaram a ser menos barulhentas e, nas raras vezes que a topamos no riacho, percebemos que seu aspecto não era tão viçoso. Algo devia estar lhe sucedendo.

    Depois, ficamos muito tempo sem lhe pôr a vista em cima. Apenas a fumaça que se filtrava pelas frestas do rancho denunciava a sua presença.

Um dia, não resistindo mais à curiosidade, às ocultas de mamãe, acerquei-me do galpão e, temerosa de alguma surpresa desagradável, chamei-a em voz baixa:

— Maria! Ô Maria! Você está aí dentro?

Respondeu-me uma voz débil pedindo-me que entrasse.

Empurrei a porta e penetrei na semiobscuridade do galpão. Logo senti que as pulgas me subiam pelas pernas e um cheiro adocicado e nauseabundo, vindo do quarto contíguo, invadiu-me as narinas. Chamei-a novamente, para certificar-me de que não me havia enganado, e entrei no quarto, onde fui encontrá-la em cima de um catre feito de paus e fincados no chão e uma enxerga de palha de milho. Estava irreconhecível, os lábios partidos pela febre, os cabelos empastados de suor. Aquele horrível cheiro desprendia-se de seu corpo.

Aproximei-me mais e perguntei-lhe o que sentia. Ela contou-me, então, que tinha passado vários dias em trabalho de parto e que a criança nascera morta e ela própria a enterrara no mato, não longe do galpão, de onde se arrastara até o catre, tombando inconsciente.

Indaguei de seu marido, pois, no meu modo de entender, ela devia tê-lo, já que tivera um filho. Maria respondeu-me que o marido viajara mas estaria de volta dentro de alguns dias. Pediu-me que lhe apanhasse no campo certa erva de que necessitava. Fiz como pediu. Mudei-lhe a água da moringa, pus-lhe umas compressas de água sobre a testa ardente e voltei para casa a fim de contar à mamãe o que estava acontecendo. Mamãe mandou-me de volta com um pote de leite e um pedaço de pão branco. Preparei para a doente uma infusão de ervas. Ela bebeu-a e agradeceu-me muito por tudo quanto eu lhe havia feito e pediu-me para agradecer igualmente à mamãe, a quem considerava a melhor criatura do mundo, porque, não obstante saber que espécie de mulher era ela, jamais lhe demonstrara desprezo, inclusive permitindo-me lá ir, ao passo que as outras mulheres das colônias costumavam virar-lhe o rosto e evitavam até mesmo passar nas proximidades de sua porta...

Tornei a voltar várias vezes ao galpão de Maria, levando-lhe sempre algum alimento que mamãe lhe enviava. Numa dessas vezes lá encontrei uma velha com cara de bruxa a lavá-la com ervas. Pouco a pouco, Maria se foi refazendo; erguia-se do catre e sentava-se fora para apanhar sol. A saúde voltou-lhe. E, indo um dia visitá-la, encontrei o rancho vazio e abandonado.

GAFANHOTOS

Foi um amanhecer igual a muitos outros, com um sol enorme dourando tudo. O calor, com o passar das horas, tornou-se

sufocante. Não soprava nem a mais leve brisa. O dia escoava-
-se sem novidades. Todos se queixavam da seca prolongada e
de quanto isso prejudicava as lavouras.

Papai, com as mãos em concha, perscrutava o horizonte à
procura de indícios de chuva. Chamou mamãe e mostrou-lhe
longe, bem longe, num ponto onde o céu parecia tocar a terra,
uma mancha escura que se ia avolumando rapidamente. Seme-
lhava uma nuvem compacta prenunciadora de uma almejada e
benfazeja carga-d'água. Aquela nuvem, porém, se formara com
uma velocidade fora do comum para uma tarde sem nenhum
vento. Vinha baixa demais, já encobria todo o sol e dava a impressão de que ocorria um repentino anoitecer. Um estranho
marulhar como de ondas acompanhava esse fenômeno, que
assustava as crianças. Na escola, o professor reuniu todos os
alunos e procurou tranquilizá-los, mas o desejo de todos era
correr para perto de seus pais. De súbito, gritamos todos a
uma voz:

— Gafanhotos!

E abalamos numa corrida desesperada, cada qual para a
sua casa, ansiosos de chegar o mais breve possível e colaborar
no tremendo combate que nos esperava.

De todos os lados ouviam-se gritos de aflição, barulho de
latas vazias batidas umas nas outras, um pandemônio ensurdecedor provocado de propósito para afugentar os esfaimados
invasores que se abatiam, em quantidade inconcebível, sobre

as árvores, o pasto e as plantações. Levas e levas de gafanhotos cobriam toda a área exposta aos nossos olhos. Os galhos vergavam ao peso dos acrídios vorazes. Com a rapidez que só o desespero sabe provocar, corremos para a nossa roça mais próxima, na esperança de salvá-la da total destruição, abrindo às pressas aceiros e deitando fogo ao capim esturricado. Permanecemos em meio à plantação, rodeados pelas altas labaredas que se propagavam assustadoramente. Dávamos batalha sem trégua àquela infinidade de bichinhos invencíveis, os quais, entontecidos pelo barulho das latas, pelo calor do fogo e pelo cheiro da fumaça, voavam baixo e estralavam torrados no interior daquelas chamas. Arrancamos galhos de árvores e com eles derrubávamos os gafanhotos que transpunham a barreira do fogo e, ao mesmo tempo, lutávamos contra este para que não se alastrasse na direção da própria roça. Os bichos, voando, caíam sobre nós, colidiam com nossos olhos, emaranhavam-se no cabelo, quase que entravam pela boca e se espalhavam, nuvem sobre nuvem, devorando tudo. Onde, segundos antes, existira uma planta viçosa, uma verde folhagem, restava um esqueleto apenas. Com o rosto, as pernas e as mãos arranhadas, o suor escorrendo, continuávamos na luta desigual cada vez mais desesperançados. De repente soprou um vento agradável e, com o vento, em vagas, os gafanhotos começaram a levantar voo e a se afastarem para longe, deixando atrás de si uma região inteiramente devastada. Nada escapou à sua passagem.

Fatigados, de moral abatido, reunimo-nos em casa, ao anoitecer, em doloroso silêncio. Ainda pairava no ar o cheiro nauseabundo dos acrídios queimados e a fumaça acre que fazia arder os olhos já inflamados de tanto chorar.

Na manhã seguinte, papai saiu levando como única companhia o cachorro Gigante. Ia verificar, com uma leve esperança, se as roças do fundo da colônia tinham sido poupadas. Era lá que tínhamos grandes plantações de milho e outros alimentos. Voltou, à tardinha, com ótimas notícias. Os gafanhotos não tinham pousado lá. O vento providencial atuara como nosso aliado empurrando-os em outra direção.

Contudo, dias depois, essa alegria também desvaneceu-se. Acordamos sobressaltados com o grasnar dos patos e a algazarra das galinhas. As aves pareciam enlouquecidas. Corriam de um lado para outro bicando o chão, o ar. Imensa quantidade de bichinhos verdes cobria o terreiro e se estendia por toda a parte em derredor. Brotavam da terra, aos montes. Nunca as aves tinham tido tal fartura de alimento. Estavam felizes. Os galos cantavam continuamente, chamavam as galinhas, ensaiavam conquistas. Estas chamavam os pintainhos, eufóricas, oferecendo-lhes o estranho e inesperado manjar. O solo e toda a extensão alcançada pelos olhos como que se moviam, à maneira de um imenso lençol verde e ondulante. Papai logo compreendeu de que se tratava. Era uma nova praga de gafanhotos nascidos dos ovos ali depositados dias antes, mil vezes mais daninhos do que aqueles que os haviam gerado, pois que, não tendo ainda asas, eram forçados a arrastar-se pelo solo destruindo até as raízes do capim.

    Nosso primeiro pensamento foi correr para as roças do fundo e tentar salvá-las. Procedeu-se às pressas à ordenha das vacas que, mugindo mansamente, já estavam esperando do lado de fora da cerca. Munimo-nos de pás, enxadas e algum alimento, e fechamos a casa escorando as portas por dentro para evitar a possível intrusão de alguma rês mais atrevida. Desse trabalho encarreguei-me eu. Saí por uma das janelas que, por sua vez, foi fechada ao lado de fora por uma lingueta. E pusemo-nos todos a caminho. Atravessamos a extensa invernada. Os gafanhotos pululavam aos nossos pés chegando à altura dos meus joelhos. O ar estava impregnado do mau cheiro que exalavam. O gado, com a cauda, procurava livrar-se dos incômodos acrídios que lhe trepavam pelo pescoço e, com o focinho, esforçava-se por abrir no chão uma clareira a fim de poder abocanhar o capim. Mas, ao invés deste, deparava com a terra rasa.

    Chegamos enfim à plantação. Numa área de dois alqueires o milho verdejava. Tinha já dois palmos de altura. Quando crescessem, os pés de feijão trepariam por ele e constituiriam uma alegria para os olhos. Doía pensar que tudo aquilo, de um momento para outro, poderia ser destruído. Papai, sem perda de tempo, se pôs a cavar trincheiras em volta da plantação. Apareceu também um caboclo que se ofereceu para nos ajudar.

Mamãe atiçou um fogo, pôs uns feijões a cozinhar. Nós, crianças, armadas de galhos verdes, principiamos a açoitar o mato rasteiro e o capim de onde desalojávamos os bichinhos depredadores e os encaminhávamos, aos montes, para as trincheiras que papai cavava e nelas os enterrávamos. Se não é fácil descrever esta operação, muito mais difícil era executá-la. Quando imaginávamos haver saneado uma pequena área, surgia outra avalancha de bichinhos. Nossas roupas estraçalhavam-se de tanto roçar nos galhos partidos, as mãos queimavam e sangravam com o esforço, o sol nos castigava impiedosamente, mas nada percebíamos. Era como uma luta de vida ou morte, na qual nós empregávamos uma heroica pertinácia. Esquecemos de comer, mesmo porque não teríamos tido tempo de fazê-lo, não cuidamos de matar a sede que nos abrasava a garganta. O importante era salvar uma parte que fosse da nossa plantação. Mal descansamos naquela noite. Na manhã seguinte, lá estávamos de novo combatendo a praga. Parte do milharal fora destruída. No decorrer do dia, conseguimos isolar certa área que, se salva, daria, quando muito, alimento suficiente para o gado. Dias depois, os gafanhotos nos deixaram e, em nossa luta, nem percebemos o momento exato da sua emigração.

    Mas o cálice da amargura não tinha sido ainda tragado até o fim. As galinhas começaram a morrer dizimadas por uma peste. As vacas, com falta de pasto, emagreciam a olhos vistos e o leite secava em seus magros úberes. Soltamos os terneiros e fechamos o curral. O nosso riachinho também secou. A água, íamos buscá-la em latas de querosene de uma nascente num capãozinho, perto da terla, ao pé de uma árvore gigantesca. Mamãe fazia verdadeiros milagres para economizar o alimento que fatalmente iria faltar. Papai levou ao moinho do Vale da Serra as últimas reservas de milho e trouxe de volta o fubá que mamãe, por previdência, começou a adicionar à farinha de trigo. Em cada fornada de pão, esta diminuía e aumentava a quantidade de fubá, até ficarmos reduzidos a comer exclusivamente broas de milho.

A nossa vaquinha Flora, que todos os anos nos presenteava com um novo terneirinho mas que, devido à idade, fornecia cada vez menos leite, apareceu um dia muito magra e irreconhecível. Mugia tristemente. Vinha sozinha procurar o seu terneiro no curral. Deixamo-la entrar. Ela farejou todos os cantos, lançou um berro lancinante e saiu rumo ao campo, onde continuou a farejar em cada moita procurando o filhote.

Não só as galinhas sofreram a consequência da dramática visita dos gafanhotos. O gado, igualmente, foi atacado pela peste. A língua inchava provocando abundante salivação. Cada vez que o rebanho se acercava de casa para a sua ração de sal, mais desfalcado aparecia. Pelo revoar dos urubus, podíamos ter a certeza de haver perdido mais uma rês. Os animais doentes, sentindo que as forças os abandonavam, arrastavam-se até perto de nossa casa, tombavam em geral ao alcançar o brejo e lá se finavam em lenta agonia. Os urubus esfaimados se atiravam sobre as vítimas numa tentativa de antecipação do banquete. Estas, com grande esforço, enquanto ainda conseguiam mover a cauda ou a cabeça, os afugentavam. E eles então erguiam um voo raso, grasnando e saltitando como num passo de balé, mas não saíam das imediações. Nós acorríamos às pedradas ou com galhos verdes que serviam para espantá-los por momentos, bem como afugentar as moscas que, aos enxames, atormentavam os animais moribundos. Os urubus pousavam nas cercas próximas, de onde exalavam cheiro de carniça e, de quando em quando, um por sua vez, experimentavam reaproximar-se. Os cachorros, também famintos, aguardavam impacientes o momento de compartilhar desse festim macabro. Os olhos mansos das reses moribundas fixavam-se em nós, num derradeiro e patético apelo, até irem perdendo o seu brilho e se cobrindo com a sombra da morte.

Durante a noite, nós, crianças, éramos sujeitas a horríveis pesadelos e acordávamos aos gritos, soluçando de pavor.

FOME

O alimento em casa escasseava de dia para dia, apesar da sábia administração de mamãe. A nossa conta no boteco de

Russovsky aumentava. Papai recusava-se a ir pedir novos fiados e mamãe não insistia, compreendendo os escrúpulos do marido. Até os cachorros, que sempre se defendiam com a caça, se apresentavam magros e sem vida. Desapareciam dias seguidos, erravam pelos campos sem encontrar o que comer. Do galinheiro sem guarda, os gambás surrupiavam à noite os melhores espécimes da criação já minguada. Desconfiávamos de que os nossos cães, à falta de caça e não se atrevendo a roubar nossas galinhas, estivessem atacando as dos vizinhos, que cuidavam de reforçar os galinheiros. Nas roças dizimadas obtínhamos a custo umas poucas espigas de milho. Cavoucávamos o solo a fim de arrancar as batatas e, com grande decepção, verificávamos que estavam todas podres. Apenas uma que outra batata-doce, traindo-se pela protuberância da terra, era arrancada, com gritos de alegria, pois nos assegurava, ao menos, alguma comida.

Em minhas frequentes explorações através dos campos, deparei, certo dia, com um nabo solitário que emergia em meio ao capinzal. Era enorme e branco. Retirei-o cuidadosamente e levei-o com carinho para casa. Representou naquele dia a nossa única refeição.

As chuvas caíam torrencialmente. O inverno já se anunciava com inusitada intensidade. Papai era presa de uma apatia assustadora. Pela manhã, fazia suas orações e, em seguida, saía para o mato à cata de lenha e gravetos e voltava curvado sob o peso da carga. Punha os gravetos a secar embaixo do forno.

A lenha mais grossa, cortava-a com fortes machadadas e empilhava-a para aquecer a estufa quando o inverno chegasse. Depois, dirigia-se à estação para conversar com os amigos ou saber notícias da guerra que ensanguentava a Europa. Só regressava ao anoitecer, quase sempre trazendo algum jornal impresso em iídiche emprestado de alguém que o tinha recebido de um parente residente nos Estados Unidos.

Mamãe mostrava-se inconformada com a existência que papai levava. Procurava sacudi-lo dessa indiferença. Recriminava-o por tudo, inclusive por fatos antigos e já meio esquecidos. Papai, porém, indiferente às recriminações, entregava-se cada vez mais à leitura dos textos sagrados e mergulhava em longas orações, cantando-as com a sua bela voz, embevecido, afastando-se da prosaica realidade. Mamãe, dobrada sobre os seus inúmeros remendos, olhava-o de revés. Por fim, não se podendo mais conter, explodia:

— Que é que você está pensando? Que Deus nos vai mandar do céu o alimento de que necessitamos só porque você tem uma voz bonita? Estou farta de esperar pelo resultado das suas rezas e jejuns. O gado está morrendo e as plantações arrasadas. Nem o leite que agora bebemos é nosso. Devemo-lo à bondade do *mechuten* (compadre) e ao sacrifício dessa pobre menina... — e apontou para mim —... que se vê obrigada a ir dormir todas as noites em casa dele para, de manhã bem cedo, com todo esse frio e essa chuva, trazê-lo para cá. Você nem repara em como ela está crescendo, se fazendo moça... Até quando vamos expô-la aos perigos dessa vida? Olhe o Zanvel Ackselrod ou outros como ele... Não perdem os dias em orações inúteis e nem por isso deixam de ter o seu pão branco para o *sabatt*... E as meninas não passam descalças o ano todo...

    Papai fingia não ouvir, mas profundos suspiros se lhe escapavam do peito. Erguia-se como em transe, aproximava-se da janela, cujos vidros quebrados tinham sido substituídos por pedaços de lata, encostava a cabeça no único vidro existente e acendia um cigarro de palha escolhida por ele próprio, bem como o fumo que ele mesmo curtia e tratava. Naquela postura, ficava a fumar e perdia-se de novo em profundas meditações em meio a largas baforadas. Mamãe, porém, não lhe dava sossego. Indignada pelo fato de ele aparentemente não haver dado importância às suas recriminações, acercava-se do marido e voltava a investir:

    — Só isso é que você sabe fazer: rezar e fumar — e imitava a sua maneira de fumar. — Os outros caçoam de você e não é para menos... O homem que não mente, que não fuma aos sábados, que acredita em todo mundo, desde que lhe deem a palavra de honra! E, no entanto, tem sido enganado por todos... E ainda por cima caçoam da sua credulidade... Pelo jeito, vamos acabar morrendo de fome e sem ninguém saber do que está acontecendo...

Papai, então, perdia a paciência. Atirava fora o cigarro, gritava:

— Chega! Chega! Um dia qualquer sumirei por aí. Vou largar-me pelos montes e serras e não mais saberão de mim, nem onde meus ossos estarão enterrados. É isso que você quer, não é?

Encolhida a um canto, eu observava essa cena sentindo o coração pesado de mágoa. Tinha pena de mamãe e de papai, mas muito mais de papai. Conservava sempre em minha mente essa figura maciça e hercúlea, mas de fisionomia ingênua e crédula, vergada sobre a enxada, o suor pingando do rosto para a terra que ele carinhosamente trabalhava, livrando-a das ervas daninhas, as quais ele ia amontoando aqui e ali para as queimar quando secassem. Guardava-lhe o porte solitário sob o céu imenso, indiferente ao sol e à chuva, sempre entregue à dura faina, somente permitindo-se um descanso na hora em que eu lhe levava a refeição.

Ao avistar-me largava o trabalho e um sorriso de bondade lhe iluminava os olhos azuis. Ia ao riacho lavar-se e, com as mãos em concha, sorvia em grandes goles água límpida.

Enquanto se enxugava, seus lábios se moviam numa prece. Depois, sentava-se à sombra de uma árvore, as costas apoiadas no tronco, punha a panela de ferro entre as pernas e se punha a comer servindo-se de uma colher de pau. Convidava-me com um gesto a participar de seu almoço, mastigava grandes nacos de pão que passava no sal. Comia com tal sofreguidão que eu sempre temia que a comida não chegasse para mitigar-lhe a fome. Neste ínterim, eu me embrenhava na mata à procura de alguma fruta silvestre para dividi-la com papai ou ia visitar os ninhos de passarinhos que por ali havia. E com que pena o deixava outra vez só, naquela imensidão, a meu ver indefeso como uma criança, malgrado o seu tamanho, para voltar à escola após o longo intervalo para o almoço, quando começavam as aulas de iídiche.

Essas cenas gravaram-se profundamente em minha alma. Por isso, mais de uma vez me surpreendi pensando no que seria desse homem forte, sentimental ao extremo, de uma sensibilidade à flor da pele tostada pelo sol e pelos ventos, sem aquela criaturinha frágil, mas enérgica, que labutava o dia inteiro, como uma formiga, não tendo nem o inverno de desculpa para descansar. Que seria dele, se ela não lhe fornecesse o alimento, não lhe lavasse e consertasse as roupas, inclusive o capote negro com que ia, aos sábados, ao templo?

Se acontecia de papai demorar em voltar para casa, mamãe se preocupava, com receio de que ele se houvesse perdido em meio à escuridão, confundindo os caminhos e precipitando-se nalgum despenhadeiro. Uma vez demorou-se demais. Saímos todos, com mamãe à frente, ao seu encontro. Vimo-lo surgir em nossa direção apoiado num bastão. Um cheiro nauseabundo envolvia-o todo. Seus olhos lacrimejavam umedecendo-lhe a barba cor de bronze. Afligimo-nos com o seu estado. E ele nos contou que um tamanduá lhe aparecera pela frente e lhe lançara ao rosto um jato de peçonha quase o cegando.

Daí meus sentimentos penderem para o lado de papai, quando surgiam conflitos domésticos, pois, no meu modo de entender, era ele indubitavelmente quem mais carecia de proteção.

O MALACARA

Numa tarde fria, de intensa cerração, apareceu em casa o velho Goldenberg. Vinha preocupado. Nem sentia as vestes empapadas de umidade que se colavam ao seu magro corpo. Meus pais o fizeram tirar o casaco e o sentaram ao lado da estufa aquecida, onde nós, crianças, estávamos reunidas, embaixo de cobertores, tendo aos pés, como sempre, o bichano dormitando e ronronando. Mamãe tratou logo de pôr a chaleira no fogo e arrumar a mesa para o chá. Como por milagre surgiram um potezinho de geleia de uvas e uns *pletsalech* (biscoitos caseiros).

O velho Goldenberg, refeito do frio que apanhara pela estrada, sentou-se à mesa com papai. Mamãe serviu-lhes o chá. Fez-nos um sinal para esperarmos. Depois seríamos igualmente servidas. E, meio cochilando, ouvimos o velho Goldenberg explicar o negócio que o tinha trazido a nossa casa.

Ele vivia de mascatear. Sua égua já velha e doente morrera. E, como não tinha outro cavalo com o qual sair pelo mundo e não podendo carregar ele próprio os pesados baús sobre os ombros, desejava saber se papai não lhe queria vender a Rosada. Papai desculpou-se. A Rosada era uma espécie de relíquia. Ninguém a montava, mas também não se cogitava de vendê-la. E, olhando por cima dos óculos para o lado de mamãe, papai alvitrou que, se ele, Goldenberg, concordasse, poderiam fazer um arranjo com o Malacara, que estava gordo e bonito. Papai o alugaria por algum tempo até Goldenberg poder comprar outro cavalo para o seu serviço.

Combinaram as condições: um mil-réis diários, com a promessa por parte do locatário de tratar com carinho o animal.

Goldenberg despediu-se, pois estava fazendo-se noite e, com tal nevoeiro, não seria difícil perder-se no caminho. Prometeu voltar no dia seguinte para levar o Malacara.

Quando o vizinho saiu, mamãe recolheu a geleia e os biscoitos, guardando-os longe do nosso alcance. Tinha por norma, por maiores que fossem nossas privações, não permitir que os estranhos suspeitassem da real situação em que nos encontrávamos. Por isso, reservava para essas ocasiões alguma coisa com que receber as visitas.

Dessa maneira, o nosso querido Malacara veio aliviar temporariamente nossa aflitíssima situação.

Fui junto com papai, na manhã seguinte, ao fundo da invernada para ajudar a pegar o cavalo. Seu pelo estava liso e lustroso graças ao longo descanso em companhia das éguas. O pasto melhorava. Aqui e ali, começava a brotar. Pegamo-lo sem muita dificuldade e, ao voltarmos para casa, já lá encontramos o velho Goldenberg à nossa espera. Ao avistá-lo, Malacara refugou, como se o instinto o tivesse avisado. Sua crina eriçada e suas orelhas para trás eram como uma advertência de que não pretendia trabalhar para aquele homem. Papai, então, acarinhou-lhe o lombo, dizendo ao Goldenberg:

— Vou acompanhar-te durante certo trecho da estrada levando o cavalo pela rédea. Assim ele se acostumará com o teu corpo. Nada receies. Ele é manso, embora tenha às vezes as suas esquisitices.

A certa altura do caminho papai falou:

— Bem. Aqui te deixo. Cuide bem dele, Goldenberg.

Com os cinco mil-réis que recebemos adiantadamente, papai dirigiu-se à venda dos Russovsky a fim de amortizar a nossa dívida e ter coragem de abrir conta nova. Não que lhe negassem fiado. Mas seu amor-próprio lhe proibia de pleitear um novo crédito, enquanto não saldasse ao menos parte do anterior. Ao regressar da venda, papai trazia querosene para o lampião, arroz, açúcar e sementes de batatas e feijão para o próximo plantio.

O frio aumentava de intensidade. Era um dos invernos mais rigorosos que já tínhamos passado em Filipson. O dinheiro que recebíamos pelo aluguel do Malacara dava para o necessário. Cada mil-réis valiam cinco vinténs e por um vintém apenas se podia comprar uma rapadura ou um tijolinho. Resolvi, por minha alta recreação, negociar na escola. Esgueirava-me nas matas do Zibenberg que limitavam com as nossas e apanhava de um pé de laranjeira, somente de mim e de Jacques conhecido, alguns frutos e os vendia aos coleguinhas, às escondidas de mamãe. Ela achava que nós nos aviltaríamos, se vendêssemos a um nosso semelhante qualquer produto oriundo de nosso pomar ou nossa horta. Mas acontecia que as laranjas eram azedas demais. Quem as comprasse uma vez não voltaria a fazê-lo. Dessa maneira, meu negócio não prosperava.

Afora as laranjas, dei de apanhar, onde encontrasse, espigas de milho maduras para socar no pilão e transformar em quirera para os pintos. Mamãe sabia distinguir entre eles os machos e as fêmeas e fazia os seus planos com respeito às futuras criações. Mas começou a estranhar que eu encontrasse tanto milho havendo sido a nossa plantação quase toda devastada. Como me perguntasse pela sua procedência, eu afirmava com convicção que nem tudo se havia perdido, afortunadamente. Todavia, para justificar-me perante minha própria consciência, eu me repetia que furtava as espigas em represália à indiferença de nossos maus vizinhos que permitiam propositalmente que seu gado invadisse e pisoteasse as nossas roças.

Num sábado à tarde, mamãe, sentada na soleira da porta, aquecia-se ao sol hibernal. De súbito, externou o desejo de chupar uma boa laranja.

— Se o Jacquinho estivesse em casa, talvez me conseguisse uma — falou. — Como seria bom!

Disse depois que na sexta-feira, quando fosse a Pinhal como habitualmente, traria por quinhentos réis duas centenas de laranjas. Estava vestida com sua roupa de festa, tendo a seu lado a pequenina Ida. Olhei-a no rosto envelhecido antes do tempo. Seus olhos tristes irradiavam ternura e resignação. E decidi que lhe daria aquele gosto. Seria a minha última peraltice, após o que procuraria manter uma atitude menos estouvada e mais consentânea com a minha idade e sexo.

Perambulei algum tempo por ali, tentando inutilmente concentrar-me na leitura de um fascículo do Rocambole. Por fim, pedi permissão para visitar Lea, a filha dos Russovsky. Mamãe relutou em deixar-me ir, pois meus sapatos tinham perdido, havia muito, qualquer semelhança com seus congêneres e a sola solta deixava aparecer os dedos e as meias furadas. Eu fui para dentro e voltei com uma agulha de sacos e um fio de linha grossa e com a disposição de fazer os consertos. Mamãe assustou-se.

— Hoje é sábado, minha filha! Pretendes costurar? Deus te livre de tal pecado!

Porém, percebendo a minha determinação de levar avante o meu desejo, emendou:

— É verdade que és muito novinha e Deus, certamente, na sua imensa bondade não levará a mal o que fizeres. Vai, já que queres ir, mas calça os meus sapatos de verniz.

Mais que depressa enfiei nos pés os sapatos que mamãe só usava nos dias de festa e já deviam ter alguns anos de uso e saí na direção da casa dos Russovsky. Ao perceber que já me encontrava longe de seus olhos observadores, desviei pelo caminho que me levaria ao pomar de que Chico Lencino tomava conta. Conhecia tudo ali, inclusive os hábitos do caseiro e o cachorro de guarda. Inúmeras vezes tinha lá ido com a Lea apanhar flores e mesmo laranjas. Lea fazia-me trepar nas laranjeiras, preservando-se dos espinhos. Eu lhe obedecia, porque a adorava e respeitava pelos seus ares de menina rica e mimada. Satisfazia-lhe todos os caprichos, contanto que ela consentisse em brincar comigo, o que dependia do seu estado de espírito. Ela, muitas vezes, preferia a companhia da filha do Iankel "Chinder". Excluía-me, então, de suas brincadeiras e com isso me magoava profundamente.

A casa do Chico Lencino dava toda para a frente da estrada e o pomar estendia-se no sentido dos fundos. Uma cerca de arame farpado a rodeava, fechando-se sobre ela, internamente, uma sebe de marmeleiros. E, como se tanto não bastasse, um cão enorme costumava dormitar na soleira da porta, sempre atento ao mínimo ruído.

Eu conhecia na cerca uma brecha que dava fácil passagem, no caso de o cachorro pressentir minha presença no pomar, mas não queria de modo nenhum ser surpreendida pelo Chico Lencino, pois este logo iria contar à mamãe o acontecido. Ademais, repugnava-me pedir laranjas sem pagá-las.

Conservei-me agachada algum tempo, encoberta pelo capim, à espera da melhor oportunidade. Alcancei a brecha e me introduzi no pomar sem dificuldade. Meu coração pulsava com tanta força que me provocava pânico. Tinha a impressão de que o cachorro poderia ouvi-lo. Morria de pavor e vergonha com a ideia de ser apanhada em flagrante. Por isso, tirei os sapatos julgando fazer menos barulho. Ao passar junto de um pé de bergamota, não resisti à tentação de experimentar um de seus frutos gostosos. Pendurei-me a um dos galhos e trepei. Apanhei alguns frutos e enfiei-os dentro da blusinha desbotada. Avistei logo adiante uma laranjeira. Com as mãos trêmulas, agarrei-me ao tronco e fui subindo, arranhando-me toda em seus agudos espinhos. Foi um esforço inútil, pois verifiquei que as melhores laranjas estavam penduradas muito alto, fora, portanto, do meu alcance. Deslizei da árvore e avistei ali perto uma vara comprida com um gancho na ponta. Com ela, fisguei um cacho de três lindas laranjas.

Porém sua queda provocou um pequeno ruído, o bastante para alertar o cachorro. Recolhi-as do chão e, rapidamente, esgueirei-me por baixo da cerca, após uma corrida louca. Atrás de mim vinham os latidos furiosos do cachorro. As bergamotas escaparam da blusa e se espalharam pelo chão. Ergui-me depressa e corri agachada no meio do capinzal até julgar-me salva do cachorro, que desistiu de perseguir-me além dos seus domínios. E, enquanto descansava, cuidei de reorganizar meus pensamentos. Respirava ainda com dificuldade devido ao susto e à carreira forçada. Segurava na mão o galho com as três preciosas laranjas. Os sapatos e as bergamotas haviam ficado espalhados junto da cerca. Que fazer em tais circunstâncias? Voltar e apanhá-los? E se o Chico Lencino estivesse rondando por lá e os tivesse encontrado? Ou seria melhor aguardar um pouco mais até sossegar a desconfiança do caseiro e do mastim? Entretanto, a tarde descambava e a noite não tardaria a envolver os campos. O medo ia se infiltrando sorrateiramente dentro de mim. Armei-me de coragem. Voltei rastejando para junto dos sapatos e das bergamotas, apanhei-os e voltei para casa com a maior rapidez possível.

Em casa, já me esperavam preocupados. Papai, que tinha voltado da estação, já se preparava para ir ao meu encontro e admirou-se do meu aspecto. Entreguei-lhe a penca de laranjas, dizendo-lhe que a Golde as enviava especialmente à mamãe. Ouvi o mesmo sermão de sempre. Mamãe jurava que não mais me deixaria andar assim à solta fazendo tudo quanto me desse na cabeça. Que é que os outros haviam de dizer de mim? Não ficava bem a uma filha do Toive Schwetsky andar sempre metida em encrencas... Senti-me arrasada. Tudo continuava a sair-me às avessas por melhores que fossem as minhas intenções.

Papai e mamãe, penalizados com o meu vexame, exageraram na apreciação das laranjas, diminuindo de alguma forma o meu desapontamento.

Naquela noite, acordou-nos o relincho de um cavalo na porteira de casa. Papai acendeu o lampião e foi ver o que era. E qual não foi sua surpresa ao deparar com o Malacara. Mas que Malacara! Magro, com o lombo ferido e um pedaço de corda arrebentada pendendo do pescoço, revelando o esforço que teria feito para libertar-se. Enchemo-nos de tristeza ao vê-lo regressar em tal estado e o soltamos no pasto para refazer-se como o merecia.

Durante o restante da noite, ouvi as vozes de meus pais em prolongada conversa.

ASSALARIADO

De manhã cedinho, papai foi a Rincão das Pedras oferecer-se como assalariado. Iria fazer a cerca da colônia de Schmil Ackselrod ganhando dois mil-réis por dia.

Avalio a luta íntima de meus pobres pais para vencerem a humilhação representada por esse passo. Chegarem ao ponto de papai precisar engajar-se como trabalhador braçal! Mas a necessidade era mais imperativa do que todos os outros sentimentos.

O inverno continuava. Parecia eternizado na colônia. As geadas cobriam os campos formando um lençol branco de alguns centímetros de espessura. As teias de aranha, preparadas durante a noite nas cercas e nos galhos nus dos arbustos, pareciam caprichosos desenhos de infinita delicadeza, cobertos por leve camada de gelo. O sol, derretendo-a lentamente, destilava faiscantes gotinhas, límpidas como lágrimas, que se iam desprendendo uma a uma para, de novo, se misturarem ao cair no chão. Mal o sol descambava, erguia-se do brejo forte cerração que se alastrava sobre os campos sem vida e a noite vinha escura como breu.

Papai passou a madrugar. Fazia as orações, tomava algum alimento bem quente e levava consigo um pedaço de pão e uma cebola com sal que seria a sua única nutrição durante todo o dia. A caminhada era longa. Voltava com a noite fechada, extenuado do trabalho, da distância percorrida, enregelado de frio e de fome. Mamãe reservava para ele um prato de sopa de batatas e o melhor pedaço de carne, quando havia. Eu lhe trazia uma caneca de água fresca que ia buscar na nascente. Ele bebia uns tragos e eu despejava o restante em suas mãos em concha a fim de refrescá-las. Sentia uma alegria sem-par em poder prestar-lhe alguns insignificantes serviços e gostava de ouvir o roçar de suas mãos ásperas uma na outra, e ambas depois esfregarem o rosto barbudo. Papai fungava e soprava com deleite as golfadas de água fria. Em seguida, sentava-se à cabeceira da mesa. Mamãe, de pé, servia-lhe a sopa fumegante. Papai, com as mãos levemente trêmulas, partia o primeiro pedaço de pão sobre o qual fazia as orações, molhava na sopa e o mastigava e engolia com visível prazer, sorvendo o líquido com grandes colheradas e triturando ruidosamente com seus dentes fortes as partículas sólidas do pão.

Os de casa ficávamos sentados ao seu redor em silêncio religioso, com receio de perturbar essa função sagrada. Contemplando-o, sentia-me orgulhosa dele, que por nós se sacrificava, trabalhando para os outros. Tinha remorsos de haver sentido algum vexame perante as coleguinhas da escola quando as surpreendera cochichando e soltando risadinhas malévolas à custa de meu pai. Prometia a mim mesma enfrentá-las da próxima vez de cabeça erguida e via com satisfação a alegria espelhada na fisionomia de mamãe, que repetidas vezes dizia:

— Nunca me pareceu tão doce o pedaço de pão que comemos. Porque o ganhas com o suor de teu trabalho... Os dois mil-réis que me entregas todos os dias vêm abençoados pelo Senhor. São suficientes para o gasto diário e ainda economizo parte deles para, na primavera, contratarmos um peão que nos ajude na derrubada da mata e no preparo da semeadura. Tua provação não durará muito tempo, Toive.

GRIPE ESPANHOLA

Por esse tempo, chegaram cartas dos manos dizendo que as coisas também para eles não corriam a contento. A gripe espanhola pusera-os de cama, porém, com a graça divina, todos se haviam refeito. Assim que começassem a trabalhar, mandariam algum dinheiro para nos ajudar, pois não desconheciam as nossas dificuldades em Filipson. Meus pais agradeciam ao Todo-Poderoso por ter-lhes salvado os filhos sem deles exigir nenhum tributo.

    Nas colônias, a gripe assinalava a sua nefasta passagem. Um filho casado do Schloime Ackselrod, indo de Filipson a Santa Maria em lombo de cavalo buscar carne *cocher*, contraiu a terrível moléstia, entregando em poucos dias a alma ao Criador. Devido à gripe espanhola outra desgraça abateu-se em Filipson e não houve colono que não chorasse essa perda.

Otacílio, o nosso querido chefe da estação, e sua mulher faleceram no mesmo dia, deixando vários filhos na orfandade. O vácuo deixado por eles na alma de todos os colonos foi enorme. Ninguém podia habituar-se a encontrar outra pessoa no lugar de Otacílio. Seu irmão, que exercia idênticas funções na estação de Pinhal, recolheu os sobrinhos órfãos. Não, em Filipson não se podia conceber que essa alma sem jaça, essa figura rotunda, querida de todos, não mais estivesse na plataforma da estação silvando seu apito, avisando a partida ou a chegada dos entes amados. Não, verdadeiramente ninguém poderia substituí-lo. Jamais.

A ROSADA

As geadas desapareceram, sendo substituídas por fortes chuvas que engrossavam os arroios, transformando-os em rios. Estes, por sua vez, transbordavam de seus leitos e inundavam as terras ribeirinhas.

Na calada da noite, ouvíamos o rolar das águas caudalosas do Arroio Grande que o eco das matas difundia num rugir contínuo que nos amedrontava e nos tirava o sono.

Conhecíamos apenas o rio pelo nome e pelo estrondo de suas águas nas épocas de enchente. Sabíamos que ele divisava com nossa colônia. Contavam-se dele histórias fascinantes que espicaçavam a nossa curiosidade de crianças. Ouvíramos de um peão que as águas do Arroio Grande, certa feita, tinham tragado uma boiada inteira que estava sendo levada a outro município. E por ocasião das roçadas, de cima dos morros já limpos do mato, avistávamos o topo azulado das matas cerradas muito longe e uma zona de penumbra mais acentuada, a qual imaginávamos fosse o leito do Arroio Grande refletindo a sombra dessas densas matas.

Mais de uma vez experimentamos embrenhar-nos pela selva, mas os cipós emaranhados dificultaram a penetração. As ramas espessas, pejadas de folhagens, formavam obscuridades desanimadoras. Quedas inesperadas de pedras ou furtivos movimentos de animais nos provocavam sobressalto. Declives repentinos faziam-nos perder o equilíbrio e o chão atapetado de folhas secas atenuava-nos a queda. O receio de nos perdermos e sermos surpreendidos ali dentro pela noite forçava-nos a retroceder. E, já libertos das ciladas da mata, olhávamos pesarosos aquele ponto longínquo e nebuloso que nos parecia ser a evaporação das águas revoltas do Arroio Grande.

Mas as chuvas cessaram. O sol, a custo, conseguiu romper a grossa camada de nuvens e um ventinho aliado soprou varrendo o firmamento que nunca nos tinha parecido tão azul. Os campos começavam a vestir-se de verde e a enfeitar-se de florzinhas azuis que cerravam timidamente suas corolas quando os raios do sol se apresentavam mais ardentes. Pairava no ar uma promessa de dias melhores e a terra renovada de seiva sorria para todos, exalando um cheiro bom e fecundo, à espera da semente. E foi numa dessas manhãs que nossa égua Rosada apareceu acompanhada de um potrozinho de poucos dias e que mal se sustinha sobre as longas e finas pernas.

Presenteamo-la com uns restos de milho debulhado. Rosada, mesmo assim, permanecia arisca. Uns frêmitos nervosos percorriam as ilhargas. Conservava as orelhas em riste, receosa de alguma armadilha que a fosse aprisionar. O potrinho roçava-se no pescoço liso da Rosada e ela o empurrava maternalmente para o úbere, relinchando com doçura.

Nós não nos saciávamos de admirar o seu filhote, cujo pelo avermelhado fazia lembrar o Malacara, tendo a mesma mancha no centro do focinho. Entretanto, não nos atrevíamos a acariciá-lo, com medo de afugentar a mãe e o filho.

De súbito, a égua, como que pressentindo o perigo iminente, saltou para um lado e chamou o potrinho para junto de si. Surgiram, não sei de onde, os nossos cachorros e puseram-se a rodeá-los e a latir com grande alarido. A égua, sentindo-se acuada, começou a procurar um meio de romper o círculo e fugir. De nossa parte, prevendo algo desastroso, pusemo-nos a chamar os cães que, ao contrário do que faziam habitualmente, não nos obedeceram; antes, redobraram sua fúria, atacando a égua a mordidas. Esta, aos coices e às cabeçadas, tentava afastar os agressores, mas o potrinho atrapalhava suas manobras. Armamo-nos de paus e corremos em auxílio da Rosada, porém os cachorros ignoraram nossos gritos de "larga!" e as nossas pauladas, e já agora se atiraram ao filhote.

    A égua aproveitou a brecha e saiu a galope, chamando com relincho o potrinho, que a seguiu com dificuldade, sempre perseguido e atacado pelos cães raivosos e nós no encalço destes, dando pancadas a torto e a direito sem poder atingi-los. O desespero apossava-se de nós, o desespero e o cansaço, e, extenuados, sem saber o que fazer, paramos de persegui-los na esperança vã de arrefecer a fúria de que estavam os cães possuídos. A Rosada, coberta de suor, na ânsia de salvar o seu filhote corria em torno dos cachorros, cujos dentes já estraçalhavam o couro tenro do infeliz potrinho. Desvairados, tornamos a atacar os cães. Gritávamos de ódio e de impotência e temerosos de que as feras se voltassem contra nós. Mamãe, apavorada, pedia-nos com soluços que desistíssemos da luta, pois o animalzinho estava perdido e a própria Rosada, em seu escoicear desesperado, poderia atingir-nos perigosamente. Filetes de sangue escorriam das narinas e do couro do pobre potrinho. Já não havia o que fazer. Demo-nos por vencidos. E não tivemos a coragem de assistir ao término do doloroso espetáculo. Voltamos para casa esmagados com o triste fim da derradeira cria da nossa Rosada.

NOSSO RIACHINHO

Erguia-se a casa sobre um promontório, dando de frente para a estrada principal, separada por um brejo, que fertilizava o capão localizado à beira dessa estrada. Dominava o capão uma árvore gigantesca, de frondosos ramos, nos quais se enroscavam cipós e trepadeiras de modo a formar um caramanchão natural. No chão, sob a árvore, acumulava-se densa camada de folhas secas caídas. Madressilvas, primaveras e amoreiras abundavam ali, escondidas na vasta vegetação.

Em noites inóspitas os tropeiros ou viandantes encontravam embaixo dessa árvore proteção contra as chuvas e o frio. O capão iluminava-se com as fogueiras acesas ao pé da grande árvore e o silêncio rompia-se com canções de tropeiros, acompanhadas pela dolência nostálgica de uma gaita. Com o barulho, os cachorros rosnavam, porém, não pressentindo perigo, tornavam a aquietar-se. Outras vezes eram vozes de bêbados, lançando ameaças ao vento. Então, os cachorros latiam furiosos, voltados na direção do capão; e nós, transidos de medo, aguardávamos no escuro os acontecimentos. Mais de uma vez ouvimos na quietude da noite o sibilar de uma bala. Na manhã seguinte, ao entrarmos no capão, encontrávamos ainda as cinzas quentes das fogueiras. Crianças que éramos, não podíamos deixar de olhar para essa ponta do mato com curiosidade e temor. Do lado direito, num plano elevado, ia-se por um caminho estreito à casa dos Druch. Nossos campos não tinham cercas divisórias. Os animais andavam misturados e procriavam em comum, sendo reconhecidos pelos respectivos proprietários pela marca aposta com ferro em brasa.

A colônia da Pecy não era favorecida de água como a nossa. Ali, mesmo para o consumo de casa era forçoso ir buscá-la nas nascentes ou nos riachos que banhavam a nossa colônia. Descendo uma pequena ribanceira, íamos dar num alegre riacho. Contrariando o curso das águas, procurávamos descobrir-lhe a nascente. Éramos levados até uma moita de arbustos, onde ele misteriosamente desaparecia. Uma ocasião, descobrimos um olho-d'água entre as raízes do enorme cedro do capão. Compreendemos ser ele o responsável pela existência do nosso alegre riachinho. Só o vimos uma vez. Nunca mais pudemos localizá-lo, talvez obstruído que fora por folhas e gravetos para ali atirados após um vendaval.

Tento, pela centésima vez, descrever o nosso singelo riachinho. Corria anos a fio, cumprindo seu destino, matando a nossa sede, banhando os recém-nascidos, lavando as nossas feridas, o suor e as lágrimas das decepções, e transformando-se no caldo dourado e perfumado na mesa dos esponsais.

Na época das chuvas, engrossava. Tornava-se rumorejante, afastava as margens, enfeitava-as de vegetação florida, embrenhava-se na mata, onde formava pequeno açude, irrigando e fertilizando plantações. Buliçosos, corríamos contra a correnteza. As águas saltavam e encharcavam nossas roupas, molhavam-nos o rosto, e nós ríamos de alegria e felicidade. O riachinho oferecia-se com prodigalidade aos viandantes e aos tropeiros. Grandes sapos encontravam guarida entre as lajes que em certos trechos cobriam seu leito. Nas margens lodosas as cobras-d'água depositavam os ovos envoltos numa densa espuma branca. Entre os caniços das margens, patos e gansos faziam seu ninho. Mas, periodicamente, o nosso riachinho vivia a sua tragédia, que era a nossa também. Nas grandes estiagens, as suas águas diminuíam, reduzindo-se a estreitos filetes, desnudando o leito, sacrificando todas as vidas dependentes dele. Tristes carcaças apareciam como que pedindo ao céu clemência. O riachinho parecia compreender e esforçava-se num último arranco para servir àqueles que tanto dele precisavam. Por fim capitulava.

Quando já se fazia de todo impossível a utilização de suas águas, recorríamos a uma nascente, límpida e protegida por um renque de árvores e plantas parasitas, que lhe conservavam o frescor, apesar da canícula.

Numa dessas longas estiagens que, esporadicamente, nos castigavam, lá pelo meio da tarde o pai me chamou, para irmos os dois buscar água na nascente. O céu estava escuro, sufocava-se com o peso das nuvens e o cheiro de enxofre. Quando atingimos a nascente, os relâmpagos começaram a lanhar as nuvens, seguidos de estrondosos trovões. Um vendaval violento principiou a soprar, vergando as árvores que gemiam ao açoite. O peso da lata d'água impedia-nos de apressar o passo. Quando já estávamos atingindo a cerca de nossa casa, fomos envolvidos por fortes bátegas de chuva que nos impeliam para trás. A casa desapareceu de nossa vista num aluvião de água. Papai agarrou-me firme pelos ombros, antes que a força do vento me carregasse para longe dele. Viramo-nos contra o vento, já agora um tufão rugindo em nossa volta. Tinha a impressão de que iria afogar-me não fosse a figura maciça de papai, vergada sobre mim, com suas grandes mãos protetoras circundando o meu rosto à maneira de conchas. A estertorante respiração de papai chegava-me aos ouvidos, acompanhada de silvos e estrondos. Repentinamente tudo cessou. A chuva afastou-se como uma densa parede líquida. O sol abriu nas nuvens, agora alvas, uma grande brecha. O chão em derredor estava coberto de cacos de telha. Perto de nós havia postes telegráficos derrubados, alguns partidos ao meio, que arrastaram na queda longos pedaços de fios. Não sei por que milagre escapamos de ser atingidos. Nossa casa, a poucos metros de distância, apresentava as tesouras do telhado descobertas. Somente a estufa fora respeitada pelo tufão. Lá encontramos abrigadas mamãe e Idinha, a caçula. Utensílios boiavam pela casa, arrastados na enxurrada. Mamãe encarou-nos como se visse surgirem dois ressuscitados, e caiu num pranto jubiloso.

Nosso riachinho de novo se enfeitava. Torrentes d'água enchiam-lhe novamente o leito, que estivera seco. As águas barrentas convidavam-nos outra vez a brincar e a correr no sentido contrário a sua correnteza.

TIBÚRCIO

Entre as divisas de nossas roças e as do velho Schtivelman existia um rancho abandonado em ruínas. Todos o evitavam, passando ao largo, como se fosse habitado por fantasmas.

Um dia, indo em companhia de papai inspecionar o estado das cercas de arame farpado, demos com o rancho rebocado.

Um telhado novo de sapé se estirava ao sol, algumas galinhas ciscavam no terreiro e, num cercado de taquaras, havia canteiros de verduras e diversos pés de dálias em flor. Aquecendo-se aos raios de sol, uma mulher ainda jovem tecia, com fibras tenras de bambu, uma cestinha. Um cachorro veio latindo ao nosso encontro, aquietando-se, porém, ao primeiro chamado de sua dona. Na soleira da porta da choupana um homem pitava despreocupadamente. Era alto, forte, de feições estrangeiras. Adiantou-se para nos receber, dizendo-nos que chegássemos e tomássemos assento nuns bancos rústicos por ali improvisados. Foi se desculpando logo por haver se apossado do rancho sem solicitar licença. Papai, por sua vez, replicou-lhe que o rancho se encontrava nas divisas de nossas colônias e estava, havia muito, desabitado, razão por que folgava em vê-lo reconstruído e com moradores.

O homem era descendente de imigrantes poloneses e traía sua origem no sotaque. Julgando que papai fosse igualmente polonês, começou a falar-lhe nessa língua. Explicou-lhe que sabia que um homem fora morto ali naquele rancho, tendo ficado como recordação do crime uma cruz de madeira pregada na cerca. Ele, porém, era de paz e nada supersticioso. Necessitava apenas de um teto e um canto de roça. Serviu-nos um mate quente aceito somente por mim.

A mulher conservava-se alheia a toda a conversa, entretida com o seu labor. Um momento, pareceu-me ver uma figura esgueirar-se para dentro do rancho. Pouco depois, percebi uns olhos pretos fitando-me curiosos e uma cabeça de cabelos louros desgrenhados que desapareceu assim que se notou observada. A mulher, acompanhando a direção do meu olhar, falou pela primeira vez:

— É meu filho. Tenho vontade de pô-lo na escola de vocês, se aceitarem. Ele já sabe ler. Desde que chegamos aqui, ele anda sempre sumido pelo mato... mas não é mau, não.

Alguns dias mais tarde apareceu na escola um novo elemento no qual reconheci, pelos cabelos hirsutos, a aparição daquele rancho da divisa. Era um rapazola de seus catorze anos. Os meninos o olhavam com desconfiança e ele, por sua vez, negava-se a aceitar qualquer tentativa de aproximação e camaradagem.

Terminado o período da manhã, que consistia unicamente de aulas de português, o rapazinho, com os cadernos debaixo do braço, o boné enterrado na cabeça deixando escapar umas madeixas em cima do pescoço crestado do sol, as calças arregaçadas até a barriga das pernas musculosas, os pés sempre descalços, cruzava os campos, silencioso como tinha vindo, a caminho de sua casa. Chamava-se Tibúrcio. Era aplicado e aprendia com facilidade.

Passado algum tempo, o pai de Tibúrcio apareceu em nossa casa para propor o plantio de uma roça de milho a meias. Papai entraria com a terra e as sementes e ele com o seu trabalho braçal. O assunto, discutido em família inclusive por um de meus irmãos de visita na ocasião, foi aprovado, embora não se conhecesse o homem suficientemente. Deixamo-nos levar pela simpatia que o casal inspirava, do qual se contavam histórias. Diziam que a mulher era esposa de um rico estancieiro e o homem, o capataz. Tinham fugido para poderem unir-se, levando com eles o único filho que ela tivera do marido. E desde então não tinham parada a fim de escaparem à ira e à perseguição que o estancieiro lhes movia.

Escolhido o local da derrubada, o homem se pôs a trabalhar. O sol forte do verão ajudou a secar rapidamente o mato arrasado. Fomos também colaborar na queimada. Assisti com emoção à beleza brutal daquele espetáculo. Ateado o fogo no centro do terreiro, armamo-nos de longos chumaços incandescentes e os levamos ao mato das beiradas. As labaredas foram tangidas pelo vento e, em breve, densos rolos de fumaça subiam até as nuvens. Estalavam pedras fendidas pelo calor como tiros disparados, répteis fugiam velozes e estonteados, a atmosfera encheu-se de acridade dos perfumes exalados pelas folhas e galhos queimados. Com a noite, as labaredas tingiram o céu de vermelho feérico. E dos ranchos dos arredores, festejando as queimadas, ouviam-se os acordes das gaitas.

A safra foi além de toda expectativa. Papai e o padrasto de Tibúrcio — se é assim que se podia chamá-lo — trabalhavam ombro a ombro na colheita. Eu e Tibúrcio os ajudávamos.

Voltando da casa do *felcher*, aonde fui procurar alívio para a minha dor de dente, tive uma surpresa. Tibúrcio estava a minha espera. Aproximou-se de mim meio encabulado e pediu licença para ajudar-me a transportar o milho. Eu aceitei a oferta. E, numa das viagens, Tibúrcio, que caminhava a pé, volta e meia segurava nas crinas do Malacara, como querendo dizer alguma coisa. Eu fingia estar absorvida na leitura de *Paulo e Virgínia* e procurava ocultar o rosto deformado pela inflamação. Tibúrcio, num dado momento, não se conteve e desatrelou a língua, coisa que jamais fizera.

— Sabes de uma coisa — disse —, nunca vi ninguém como tu. Aposto que nenhuma de tuas amigas lá da escola é capaz de fazer o que tu fazes. Tu és diferente de todas.

— Não sei por que me achas diferente.

— Começa que estás trabalhando mesmo doente...

— Mas eu não estou doente, Tibúrcio, é apenas uma dor de dente passageira. Amanhã vou a Santa Maria, arranco o que me dói e pronto!

— Vais sozinha?

— E que é que tem? Papai está ocupado. Além disso, a passagem de trem custa caro. Papai vai hoje a Pinhal. Se receber algum dinheiro por conta da safra dos Carnos, irei a Santa Maria. Temos lá muitos conhecidos...

Custava-me falar. Parecia-me estar com a boca entupida de batatas.

— Pensei que fosses rica — disse-me Tibúrcio pensativo. — Todas essas terras não pertencem a teus pais?

Em vez de responder, fiz-lhe uma pergunta:

— Por que não falas com a gente lá na escola e não participas das brincadeiras do recreio?

Ele virou o rosto para que eu não lhe visse o rubor e, com voz abafada, falou:

— Para ti posso dizer... Não és igual às outras... por causa da mamãe... Conheces o caso de mamãe... Tu lês muito e deves saber muitas coisas... Há tempos que eu queria falar contigo, mas sentia vergonha. Quando apareceste naquele dia junto com teu pai, eu já te conhecia. Tinha te visto diversas vezes na invernada correndo atrás desse cavalo, galopando nele, em pelo, feito saci, e tocando os terneiros... Acho que por isso te chamam Alegria dos Campos. Esse trabalho também não é próprio para uma mocinha... Teus pais deveriam conservar-te mais... mais protegida.

Aí, quem ficou encabulada fui eu. Deus meu! Nessas andanças solitárias nem sempre eu teria conservado atitudes suficientemente discretas e ele com certeza as teria surpreendido! Então, para romper o constrangimento, perguntei-lhe:

— Foste tu que andaste um dia rondando o nosso vinhedo lá no mato? Eu tinha ido ver se as uvas estavam maduras quando ouvi os passos abafados na folhagem e entre as árvores... Com o susto, tratei de fugir, mas caí em cima de um toco de lenha e espetei uma farpa na perna que me pregou na cama com um febrão... Só fiquei boa depois que o velho Boris, o boticário... tu o conheces?..., improvisou uma pinça com um grampo de mamãe e arrancou a farpa da minha perna...

— Sabes, Alegria — interrompeu-me Tibúrcio —, não rias de mim, mas às vezes penso que és enfeitiçada... que não és real. Quando eu for homem, hei de querer casar com uma como tu...

Íamos alcançando o terreiro de casa, onde mamãe já nos esperava para descarregar o milho dos balaios. Tibúrcio, na despedida, pediu que eu não me preocupasse com o resto do milho a recolher. Ele se incumbiria da tarefa.

O ESPELHO

É uma hora da madrugada. Não consigo adormecer. Uma fadiga crescente se apossa dos meus membros e cérebro e, como sempre acontece quando não consigo dormir e represar o turbilhão que reina dentro de mim, me sinto frustrada, fracassada.

Acendo o quebra-luz e dou de encontro com a minha imagem refletida no espelho da penteadeira. Que desilusão! Vejo-me tal qual eu sou: uma velha. Fixo-me com atenção e penetro no fundo dos meus olhos cansados o meu olhar meio perdido. Revejo-me, então, muitos, muitos, anos atrás. Era tarde da noite, e uma dor de dente persistente me atormentava, havia alguns dias. Tento encontrar uma posição reconfortante. Enfio o rosto no travesseiro procurando achar em sua morna maciez o alívio para a dor. Estou exausta de um dia de trabalho na roça, na colheita do milho, com o estômago embrulhado e a cabeça girando em virtude dos cigarros de palha que fumei durante o dia, mantendo a boca cheia de fumaça, a fim de entorpecer o nervo exposto, conforme me recomendara a Maroca, mãe do Tibúrcio, que me garantira tratar-se de um remédio infalível. Não quero acender o lampião para não perturbar o sono da minha irmã que dorme ao meu lado. No quarto contíguo, ouço o roncar compassado de papai e mal percebo a respiração de mamãe. Talvez esteja acordada, com o olhar perdido na escuridão. Sinto-me só, desprotegida. Ninguém se apercebe do meu sofrimento ou não ligam a ele. Só lhes interessa o meu trabalho, ao que parece. Passo o dia inteiro no lombo do Malacara, encarapitada sobre os balaios cheios de milho que transporto da roça para casa. Ali, com a ajuda de mamãe e da pequena Idinha, faço resvalar os pesados balaios para o chão e os esvaziamos. Em seguida, atiramos o milho para dentro da sala de jantar, transformada em celeiro depois de o nosso galpão haver ruído, onde o vemos amontoar-se e crescer em altura. Torno a colocar os balaios vazios no lombo do Malacara e me empoleiro novamente no cavalo que sai a trote. Largo as rédeas e retiro de debaixo dos pelegos um livro que trago escondido de mamãe e que me ajuda a quebrar a monotonia desse vaivém do dia todo. Às vezes, de tão absorvida na leitura, nem reparo que estou chegando na roça. Somente desperto com o repentino estacar do cavalo ao dar com a porteira.

A dor de dente continuava a atormentar-me, fazendo-me soltar uns gemidos abafados. Sentia a cabeça latejar. A madrugada já devia estar muito próxima, pois os galos se faziam ouvir seguidamente de todos os quadrantes de Filipson.

O novo dia vinha, igualmente, cheio de trabalho. Precisávamos remover todo o milho apanhado para dentro de casa. Formava verdadeiras pirâmides. Se o deixássemos assim amontoado e começassem as chuvas a cair, ele se estragaria todo, em virtude da rápida fermentação.

Até então o tempo nos vinha favorecendo. O frio era intenso e densas geadas caíam durante a noite. O bom mesmo seria ficar em casa, ao lado da estufa bem aquecida por alegre fogo, e assar no braseiro as últimas batatas-doces da estação, tendo sobre os joelhos um bom romance e fazendo de conta que somos a sua personagem principal. Isso, porém, não passava de vã quimera. Depois do casamento de Adélia e do abandono de Jacques da colônia pela luta não menos árdua da cidade, eu me tornara indispensável a meus pais. Papai contava comigo para todas as eventualidades, aliás comigo e com o Malacara. Eu e o cavalo procurávamos ajudar-nos mutuamente. Nas horas em que o serviço diminuía, eu lhe soltava a cilha, dava-lhe uma boa ração de milho regado a água fresca, depois o deixava pastar à vontade. Malacara, em compensação, não me criava problemas quando eu ia embalada por sua andadura pausada, entregue à leitura de meus livros prediletos.

Mas, como a dor de dente persistisse e eu não mais suportasse, levantei-me e fui tateando no escuro até achar os fósforos. Risquei um e acendi o lampião. Ao lado estava a lata de creolina com que curávamos as bicheiras do gado.

Enfiei o dedo por um furo do acolchoado e retirei um pedaço de algodão encardido. Enrolei-o na ponta do fósforo usado, o qual foi por mim mergulhado na lata de creolina. Debrucei-me sobre o espelhinho, abri a boca e embroquei o algodão com creolina dentro da cavidade do dente. Uma salivação, abundante e morna, começou a entorpecer a dor, o que atenuou o sabor desagradável da creolina. Continuei a olhar-me no espelho, como se me estivesse vendo pela primeira vez, esquecendo momentaneamente aquela dor importuna. Examinei-me melhor e o que vi não me desagradou. Notei dois olhos verdes com manchas marrons que brilhavam, assemelhando-se aos olhos dos gatos à noite, as sobrancelhas arqueadas sobre as pestanas longas que piscavam com a luz do lampião que lhes batia em cheio. Os olhos estavam circundados de olheiras acentuadas, às quais o avermelhado das faces queimadas de sol tirava um pouco da sua gravidade. Embeveci-me nessa imagem estudando com atenção o seu conjunto. Nisto uma onda rebelde dos cabelos, com os mesmos reflexos bronzeados dos cabelos de papai, escorregou sobre a testa e os olhos, apagando a imagem do espelho. Soltei um suspiro, de satisfação ou tristeza, eu própria não saberia dizê-lo. Deveria continuar a ignorar ou fingir que ignorava que eu já sabia que tinha uma aparência de mocinha e, assim, prosseguir nas atitudes de garoto malcriado, tratando as pessoas com que era obrigada a lidar com o mesmo ar de desafio e arrogância mantidos, até então, para fazer-me respeitar? Sentia que qualquer coisa estava mudando dentro de mim, mas que eu não devia tomá-la a sério para o meu próprio bem e para a tranquilidade de meus pais.

Na manhã seguinte acordei febril. Não me deixaram ir para o trabalho. Mamãe foi comigo ao boticário, seu compadre. Encontramo-lo de partida. Ao ver-nos, desceu do tílburi, passou-me a mão afetuosamente pelos ombros e, num tom despreocupado, perguntou-me:

— Que é que há? Hoje não falas, sua tagarela? Encheste a bochecha de batatas?

Depois examinou-me. Pôs num pedacinho de algodão um pouco de pó branco e depositou-o na cavidade do dente. Conversou com mamãe em particular. Vi o rosto de mamãe anuviar-se. Com um sorriso forçado nos lábios, despediu-se da *machteineste* (comadre), que insistia para ficarmos mais um pouco.

Pelo caminho, mamãe foi me dizendo que eu teria de ir a Santa Maria para arrancar o dente. Fiquei alarmada com a ideia de ir sozinha, porém mamãe tranquilizou-me:

— Tu irás de trem, amanhã mesmo, e teu pai irá buscar-te no dia seguinte, a cavalo. Não te preocupes, Freide.

Freide era o meu nome de batismo em iídiche, mas meus irmãos mais velhos me haviam matriculado na escola com o nome de Alegria em homenagem à senhora do professor Back. Eu, porém, não me sentia à vontade com este nome. Tão logo mudamos para Porto Alegre, deixei-o definitivamente, como a todas as outras recordações que me prendiam a minha existência de menina camponesa. Hoje, arrependo-me bastante. Se o tivesse mantido, é possível que a minha vida houvesse decorrido em maior harmonia com o seu significado.

SANTA MARIA

À noite, meus pais discutiram onde haveria mais possibilidades de eu me hospedar durante uns poucos dias. Mamãe lembrou-se de que a mana Adélia, em certa ocasião, permanecera em casa da Chaike Aronis e que fora tratada por ela como uma irmã. Além disso, o Bene, esposo da Chaike, era filho do Abraão, do *shoiched*, e amigo íntimo do mano Jacob. Portanto, não podia haver a menor dúvida de que eu seria bem recebida, sobretudo em tal emergência.

Quanto a mim, sorria-me a ideia de me hospedar na casa do Bene. Adélia havia me contado do conforto ali existente e do luxo que a Chaike ostentava. Nem parecia saída da colônia, com seus chinelinhos de cetim, batas de seda, deixando aparecer o colo rechonchudo e cor-de-rosa empoado com pó de arroz finíssimo. Recordava-me ainda dos agrados que havia dela recebido por ocasião das últimas festas de fim de ano no templo. Suas mãos de dedos gorduchos e cheios de anéis me tinham acariciado o rosto. De seu pescoço pendia uma larga corrente de ouro acompanhada sobre o peito opulento por um alfinete também de ouro e um reloginho do mesmo metal cravejado de pedrinhas. Fartei-me de admirar o seu chapéu grande, coberto de plumas, enquanto ela fazia o meu elogio à mamãe.

Cheguei a Santa Maria ao entardecer, carregando um pequeno embrulho de roupas e, amarrada num lenço, a importância de dois mil-réis. O caminho a tomar era simples: devia subir a rua que começava na estação e, logo ao atingir a primeira quadra, bater numa das portas. Se não desse com a casa do Bene Schteinbruch, daria, fatalmente, com a de algum outro antigo morador de Filipson, que saberia orientar-me.

Com o coração aos pulos, bati na primeira porta. Uma grande preocupação principiava a atormentar-me o espírito. E se não morasse por ali mais ninguém dos velhos conhecidos? Aonde iria então? E que faria? E, enquanto esses pensamentos me assaltavam, abriu-se a porta e nela apareceu, não a Chaike, mas a velha sra. Raicher, que me reconheceu imediatamente, exclamando:

— Deus do céu! Quem é que estou vendo! Onde está mamãe? E papai onde está? Será que vieste sozinha? Entra, entra! Que é que estou fazendo aqui na porta sem te deixar entrar, coitadinha?

Desculpei-me desajeitadamente e lhe disse que estava sendo esperada em casa de Bene, mas não sabia localizá-la.

— Mamãe espera que eu me hospede lá — balbuciei.

— Então, anda depressa. É ali na outra quadra. Já está escurecendo.

Continuei a subir a rua. Ao deparar com a casa indicada, a primeira coisa que avistei, através da janela de peitoril baixo inteiramente escancarada, foi uma mesa coberta com uma toalha de veludo vermelho que caía até o chão. Um centro de mesa cheio de frutas sorria para mim. Na parede fronteira, uma cristaleira faiscava repleta de cristais, ao lado da qual havia uma porta que dava para um longo corredor, de onde surgiu a figura bem-posta da Chaike.

Ela, no primeiro momento, pareceu não me reconhecer. Eu tinha a cabeça e parte do rosto envoltas num lenço. Debruçou-se sobre o peitoril, espiou a rua para ambos os lados e depois, como se me tivesse visto havia poucos instantes e eu voltasse a importuná-la, perguntou-me:

— Que é que você está fazendo aqui em Santa Maria?

Engrolei algumas palavras que se negavam a sair da garganta. Não me recordo bem o que foi que ela me disse, nem me lembro de que maneira me despedi. Sei que tornei a descer a rua sem saber o que fazer. Ia matutando. Se meus pais me haviam recomendado à casa do filho do nosso *shoiched*, era porque tinham a certeza de que eu seria bem recebida. Por que, então, aquela indiferença? Que seria que a desagradara na minha pessoa? Bem. A única alternativa seria voltar para a casa da sra. Raicher e aceitar a sua hospitalidade tão espontânea. Mas como viriam meus pais a saber do meu paradeiro e como o aceitariam quando o conhecessem? Os Raicher haviam trocado a existência de lavradores pela vida da cidade, onde negociavam com ferro-velho, roupas e utensílios usados, um comércio de bricabraque, como naquele tempo se dizia. Mamãe mantinha certa reserva nas suas relações com eles. Adélia, de uma feita, comprara deles um colarzinho de contas leitosas chamadas opalinas. Mamãe condenara essa compra discutindo com a mana, sem eu saber por quê. E, contudo, eu me encontrava na contingência de ir pedir-lhes hospedagem. Já ia erguer a mão para bater à porta, quando ela se abriu, como se alguém, atrás dela, estivesse à minha espera. Clara, a filha dos Raicher, pegou-me pela mão e exclamou:

— Que bom teres vindo! Dormirás comigo. Vem depressa que estão esperando por ti para o jantar.

Ela me foi guiando através de um pátio escuro. Subimos uns degraus de tábuas que rangiam sob o nosso peso. Ouvi, debaixo de meus pés, o grasnar de patos e galinhas que estavam sendo perturbados em seu sono. À nossa frente, uma porta entreaberta deixava passar um filete de luz que nos iluminava o caminho. Entramos, por fim, na sala de jantar. Em volta de uma longa mesa coberta por alva toalha, estava reunida a numerosa família Raicher com o velho Raicher na cabeceira.

Sentaram-me entre Clara e a mãe, que num vaivém contínuo servia a comida, não lhe sendo permitido conservar-se sentada para servir-se a si própria. Todos riam e conversavam, fazendo o possível para que eu me sentisse à vontade entre eles. Ninguém me fazia perguntas. A ninguém me vi obrigada a dar explicações.

Antes de acomodar-me na cama, a mãe Raicher deu-me um remédio para eu bochechar, afirmando tratar-se de algo infalível para dor de dente.

No dia seguinte, levaram-me a um dentista que rasgou o abscesso, aliviando-me o sofrimento. Nas outras vezes fui só. Clara ia à escola e os demais membros da família saíam de casa com o nascer do sol, cada qual para os seus afazeres.

Nas horas em que todos andavam ocupados, eu andava a ambientar-me com a casa e com as coisas que a compunham. Era um velho chalé sustentado por pilares de pedra.

Ladeava-o uma varanda de madeira com assoalho de tábuas mal ajustadas, rangendo embaixo dos pés. Pelas frestas avistavam-se pilhas de lenha, caixotes gradeados com galinhas e patos. Subia pelas frestas um cheiro de batatas podres, laranjas deterioradas e esterco de aves. Creio que esse assoalho mal ajustado veio a ser o responsável pelos pesadelos que perturbariam o meu sono durante muitos anos. Viria a sonhar, continuamente, que caminhava sobre um piso de tábuas soltas e distantes umas das outras, que me fugiam de sob os pés, fazendo-me correr o risco de ser precipitada no vazio. Então, no sonho, eu me agarrava às vigas, querendo pedir socorro, mas a voz não me saía da garganta. Nisto acordava como que sentindo a ligação do pesadelo com algo localizado muito longe na minha vida.

Um longo corredor separava os dormitórios de uma parte da casa, único recanto que me era vedado porque, segundo diziam, vivia ali uma pessoa da família extremamente doente. Na enorme sala da frente localizava-se o depósito. Continha os mais disparatados objetos: móveis velhos, roupas usadas, louças empoeiradas, livros, instrumentos de música e, inclusive, um piano.

Clara estudava piano. E, quando ela se achava na escola, eu me encarregava de martirizar as pobres teclas. Mais de uma vez tentei auxiliar a dona da casa, sempre atarefada com as panelas na cozinha, mas a velha Raicher nunca aceitou o meu oferecimento. Chamava-me, isto sim, para me fazer provar alguma nova compota de frutas da estação.

Após o almoço, quando a casa silenciava devido à sesta obrigatória, eu me retirava para o meu quartinho com algum livro apanhado ao acaso.

No terceiro dia da minha chegada a Santa Maria, o dentista fez a extração do meu dente, sem aplicar anestesia. Voltei para a casa dos Raicher e me recolhi no sótão, onde chorei lágrimas amargas. Um frio intermitente começou a percorrer-me o corpo. Enfiei-me embaixo de um colchão e adormeci. Não sei quantas horas permaneci imersa naquele sono. Quando acordei, alagada de suor, vi diante de mim a boa sra. Raicher, que me contou que papai tinha vindo ver-me, subira duas vezes, mas, como eu continuasse a dormir profundamente, não quisera acordar-me. Não pudera esperar com receio de ser surpreendido pela noite ao regressar a Filipson. Entretanto deixara o dinheiro da passagem para minha volta.

Dias depois da extração, o dentista autorizou-me a voltar para casa. Despedi-me da família Raicher, penalizada de ter de deixá-la, cativa que ia das atenções e dos carinhos que todos ali me haviam dispensado.

VELVEL ACKSELROD

O velho Velvel Ackselrod fabricava velas de sebo que os colonos lhe compravam para as rezas de sábado. Para as festas de Iom Tov trazia de Santa Maria velas de estearina. Também negociava com óculos montados em armações de arame.

Papai foi numa sexta-feira comprar velas e regressou trazendo um par de óculos que passou a usar para a leitura dos *sefurem* (livros sagrados). Nós achávamos engraçado o aspecto de papai com aquela armação colocada na ponta do nariz. Quando o perturbávamos, ele nos fixava por cima do aro dos óculos, com ar zangado e importante. Certa feita, Adélia apareceu com uma erupção nas mãos e no rosto que lhe causava tremenda coceira. Como não era a primeira vez que esse mal se manifestava em Adélia e como a velha "Velvelque" a tinha curado, mamãe levou-a lá. Na volta trouxe um unguento feito de sebo e ervas que passou no rosto da filha. Durante toda a noite, a doente chorou e lamentou-se. Pela madrugada, não suportando mais os queixumes de Adélia, papai foi buscar o *mechuten*. E o *felcher*, como sempre fazia quando deparava com casos chocantes, explodiu numa linguagem nada delicada:

— Então, velho tolo, se lhe mandassem lambuzar com excremento humano a cara de sua filha, dizendo que isso a curaria, você o faria? E depois viria implorar o meu auxílio. Não, não ponho a mão nisso. Leve-a a Santa Maria.

Adélia, assustada, confessou que, brincando com pirilampos ao escurecer, quisera pregar um susto no irmão. Por isso esmagara alguns daqueles bichinhos e lambuzara com eles o rosto e as mãos, que logo se tornaram fosforescentes. Sentindo a carne queimar, correra ao riacho e lavara-se. Mas a irritação aumentara, provocando todo aquele incômodo.

Numa noite clara, de lua imensa iluminando o céu, estávamos esticando uns pelegos no terreiro para desfrutar da beleza da noite, quando fomos perturbados pela presença aflita do Menache, nosso vizinho mais próximo, que vinha chamar meus pais. Deviam ir à casa do velho Ackselrod, a velha "Velvelque", sua mulher, tinha falecido repentinamente. Alguém tinha ido avisar a filha, que morava em Pinhal, e outra pessoa havia se lembrado de chamar o *felcher*, que não demorou em lá ir.

O *felcher* aproximou-se da cama onde jazia inerte a velhinha. Examinou-a minuciosamente. Após alguns minutos, endireitou-se e, na sua voz mais cortante, mandou que as carpideiras se calassem e se afastassem do leito. Pois a que choravam como morta, morta não estava. Sofrera um derrame cerebral. Neste ínterim chegaram a filha e genro. Inteirada do acontecido, a filha desandou a lamentar-se. Como era possível pregarem-lhe um susto daqueles e fazerem-na empreender aquela caminhada! E agora o *felcher* a dizer-lhe que a mãe ficaria paralítica para o resto da vida! Quem cuidaria de sua mãe? Antes tivesse morrido, teria sido mil vezes preferível a morte!

Nos primeiros tempos da doença, as vizinhas e cunhadas da enferma se revezavam nos cuidados. Mas, com o correr dos dias, deram mostras de cansaço e acabaram por afastar-se, cada qual assoberbada por seus próprios afazeres.

O velho Ackselrod, solitário e cabisbaixo, continuava a cuidar da roça e do gado. Às vezes, sentava-se por horas a fio à beira da estrada, em cima da porteira da sua colônia, a cabeça e a barba hirsuta afundadas no peito e as longas pernas balançando para cá e para lá, num vaivém contínuo, sem aperceber-se da aproximação das criaturas.

Uma ocasião, indo ao *shoiched* com uma galinha para matar, perdi-me no denso nevoeiro que envolvia a região. Quando dei conta de mim, estava perdida fora da trilha que costumava seguir através dos campos do Velvel Ackselrod e do Jossel Scherman, genro do *shoiched*, a fim de encurtar o caminho. O nevoeiro era tão denso que quase o podia apalpar com a mão; o ar cheirava a enxofre e penetrava pelas narinas e pela garganta, dando a sensação de asfixia. Estaquei assustada, receosa de piores consequências. Comecei a chorar. Dei mais alguns passos à procura de algum ponto de referência, algum marco que me pudesse orientar. Nada vi. O terreno era pantanoso. Gelada de terror, apertei a ave contra o peito e gritei por papai:

— *Tate! Tate!*

O pânico apossou-se de mim, paralisava-me os movimentos. Eu receava mexer-me e ser tragada pelo que me parecia ser um pantanal. Mas como teria surgido um pantanal nos campos do velho Ackselrod? — perguntava-me. Ou havia quanto tempo andava perdida, imersa em devaneios, sem me dar conta de nada? E se o nevoeiro perdurasse até o anoitecer e ninguém saísse à minha procura? E, se eu não fosse encontrada, teria de morrer ali? Agarrei-me ainda mais à galinha, que tremia com a umidade. Tratava-se, enfim, de qualquer coisa viva que palpitava em minhas mãos e não deixava que me sentisse inteiramente só. Julgava perceber, não longe de mim, um movimento, como que um sussurro. Parecia-me que um monstro despertava para se atirar em cima de mim. Ergui a cabeça e notei uma brecha na cerração. Algo compacto e escuro realmente se movia. Olhei em redor, já procurando um meio de escapar ao perigo. A poucos metros dali já se distinguia a estrada lamacenta sulcada pelas rodas de uma carreta.

O que me parecera um monstro era a floresta que uma leve aragem fazia ondular. O nevoeiro dissipava-se. Que floresta seria aquela? Como fora parar ali? Devia estar muito distante de qualquer habitação para não ter recebido resposta aos meus gritos. O nevoeiro desfazia-se mais e mais, já me permitindo reconhecer o lugar, embora lá tivesse estado apenas uma vez. Encontrava-me perto da *micve* (sauna) em ruínas, abandonada havia muito, pela dificuldade que tinham os colonos em mantê-la. Num salto alcancei a estrada e pus-me a correr de volta para casa, com receio de que a cerração se fechasse novamente sobre mim. Refeita do susto, chorei à vontade. Chorei meus verdes anos perdidos nessas estradas lamacentas. Cada vez mais acerbamente, fazia-se sentir a revolta contra aquele meu destino. Até quando correria estradas e campos sempre só? Quando regressaria Jacques ou Luís para me libertar daquele inferno? Eu ansiava por abandonar Filipson, agora que os manos haviam acenado com aquela possibilidade. Enquanto continuássemos na colônia, eu não mudaria de vida.

Meus pais e a irmãzinha dependiam de minha ajuda. Como deixar de atendê-los?

Naquela altura, percebi que me encontrava perto da casa dos Ackselrod. Esqueci num instante o acontecido e os demais problemas que me preocupavam. Dominou-me o desejo de rever a velhinha que, por tantos anos, eu chamara de avó. Em volta da casa, não havia sequer uma galinha ciscando. Tudo em completo abandono.

Aproximei-me da porta. Empurrei-a e ela cedeu à minha pressão. Entrei temerosa, sempre agarrada à galinha. As pulgas invadiram minhas pernas. Na meia obscuridade ouvi um gemido que vinha de cima de uma enxerga, num canto. Olhei e vi um esqueleto vivo, de olhos inexpressivos, me fitando. Fui para junto da enxerga e falei-lhe, sem receber qualquer sinal de ter sido reconhecida. O medo assaltou-me outra vez, um medo igual ao que sentira quando perdida no nevoeiro.

Disparei dali, cheguei correndo em casa e só me senti em segurança dentro dela.

Muito tempo depois, já morando em Porto Alegre, ficamos sabendo que, quando a morte por fim se apiedou da velha "Velvelque", tiraram-na do enxergão já parcialmente devorada pelos vermes.

VIDA DIFÍCIL

Miriam e Matilde atravessam a cancela do trem e se dirigem a nossa casa. Corro ao encontro delas. Faz meses que não vejo minha boa amiga; desde o último verão, quando fomos dispensadas da escola porque já nos achavam grandes demais para estudar. Tínhamos doze anos.

Mas como Matilde mudou! Que lhe aconteceu nesse curto espaço de tempo? Está alta, mais alta que sua mãe, os lábios, antes finos, encheram-se como recheados de um sumo desconhecido. E coloriram-se de um vermelho de flor. Os olhos azuis se tornaram maiores, as sardas desapareceram, restando apenas algumas no nariz e nos pômulos. Os cabelos, trá-los Matilde apanhados para trás, presos num laço de fita.

Fixamo-nos. E, ao mesmo tempo, idêntica exclamação brota de nossos lábios:

— Como mudaste!

Pegamo-nos pelas mãos, sem sabermos o que dizer. Um estranho pudor impede-nos de fazer perguntas que nos queimam a mente. Olhamo-nos e rimos sem saber por quê. Mamãe interrompe o nosso enleio, chamando-nos para dentro de casa. Ao entrarmos, Matilde estoura numa gargalhada.

— Lembras-te — pergunta — de quando te encontrei tomando banho na tina e me assustei, confundindo-te com o Jacques, teu irmão? Estavas tão parecida com ele, com o cabelo todo colado na cabeça, cheia de sabão... E de como depois tirei a roupa e me enfiei na tina contigo? A água estava quente, gostosa, e lá fora fazia tanto frio...

Tomo coragem e, por minha vez, arrisco a pergunta que venho ensaiando desde a sua chegada:

— É verdade, Matilde, que vais ficar noiva?

Matilde enrubesce e confessa que é verdade. A data já está marcada. Será no dia do seu aniversário. Os pais dela afirmam se tratar de um bom rapaz, da Colônia Quatro Irmãos. Calamo-nos embaraçadas como se entre nós se tivesse erguido um obstáculo intransponível.

Quando Matilde e sua mãe se retiram, vou encilhar o Malacara, que está preso por um laço. Faço tudo mecanicamente. Enrolo o laço e prendo-o no gancho da sela. Monto a cavalo e saio à procura da única vaca com terneiro, que nos fornece o precioso leite. Toda sexta-feira papai, depois de ordenhá-la, solta-a com o terneiro e deixa-os no campo até o domingo, quando os vou recolher novamente.

Submersa em profundos pensamentos, analiso a minha vida, comparando-a com a das minhas colegas, que ultimamente pouco vejo. Como minha vida é agora diferente daquela que eu sonhava levar após o casamento da Adélia! Imaginava que viria a ser a moça da casa, desfrutando de todas as regalias de que Adélia desfrutava. Entretanto, não tenho sequer um irmão ao meu lado para com ele dividir as tarefas diárias. Meus pais estão velhos, alquebrados, e, se eu não lhes valer, não sei o que será deles. Graças ao afeto e companheirismo que existia entre mim e o Jacques, andávamos juntos por toda parte. Com ele e seus companheiros de folguedos, ao lado dos quais cresci, aprendi a comportar-me como um menino; nada me impedia de trepar nas árvores para apanhar o fruto desejado do galho mais alto, nem de montar a cavalo tão bem quanto eles ou vencê-los numa carreira ou mesmo numa luta...

Nesses anos em que fiquei só, ao lado de meus pais, tudo o que aprendi com o Jacques tive muitas vezes de pôr em prática e foi-me de muito proveito. Tornou-se em mim uma segunda natureza. Serviu-me de autodefesa. Muito embora procurasse manter "uma atitude digna", como falava minha mãe, os impulsos dentro de mim, adquiridos pela força do hábito, eram sempre dominadores!

Cavalgando, recordo o que me aconteceu recentemente. Eu estava no açougue à espera da distribuição da carne. Encontrava-se comigo a Golde do *mechuten*. Como sempre acontecia enquanto se aguardava o abate da rês, surgiam entre a rapaziada jogos e apostas, com o que todos passavam o tempo. Dessa vez apostaram para ver quem saltava ao lombo de um cavalo sem tocá-lo com os pés. Eu assistia à brincadeira e, vendo o fracasso de alguns, não resisti à tentação de demonstrar a minha habilidade. Aproximei-me do cavalo e, de um salto, escarranchei-me sobre o lombo, sem desfazer uma dobra de minha saia. A Golde, não querendo ficar para trás, tentou fazer o mesmo, atrapalhou-se toda com suas longas pernas e ficou pendurada numa posição bastante cômica. Poucos dias depois o *mechuten* passou por nossa casa como que casualmente. Encontrou ali o filho do novo proprietário do boteco que pertencera aos Russovsky, o Salo Brand, que tinha vindo devolver-me o livro que eu lhe emprestara e solicitar o empréstimo de outro. Esses livros representam as minhas fugas da realidade. São livros que meus irmãos traziam consigo quando vinham visitar-nos e que, depois de lidos, deixavam por ali. Eu os leio e releio e os recomendo a quem queira ler. Depois de comentar o livro que me era devolvido, trepei na prateleira e apanhei o que o Salo me pedia. Quando o rapaz se retirou, o *mechuten* não mais se conteve.

— Repararam nas manobras da sua filha? — perguntou a meus pais. — Viram o assanhamento, os requebros e a pouca-vergonha que demonstrou ao trepar na prateleira, para mostrar as pernas a esse fedelho? Isso ainda não é nada. Vim contar-lhes o que ela fez na quinta-feira, quase embaixo do nariz de vocês...

E contou o caso do salto sobre o lombo do cavalo, que a eles fora narrado de forma completamente diferente da realidade.

Nunca antes tinha visto minha mãe tão transtornada como naquele momento. Foi preciso meu pai intervir e arrancar-me das suas mãos. Ela parecia fora de si. As pancadas recebidas, entretanto, apesar de injustas, me fizeram bem. Limparam-me da peçonha que eu sentia derramar-se dentro de mim a cada palavra que o *mechuten* proferia. Como podia esse homem, valoroso nos momentos graves da vida, tornar-se irascível e intolerante como naquela ocasião?

Um estirão de rédeas quase me precipita do dorso do Malacara e desperta-me dessas lembranças desagradáveis. Lembro-me do que vim fazer no campo. Aperto as ilhargas do cavalo. Ele abre num galope. Encontro a vaca a pastar tranquilamente, mas nem sinal do terneiro. Desmonto, escondo-me atrás de uma moita e, com a mão na altura da boca, imito o balido de um bezerrinho. A vaca ergue as orelhas, arregala os grandes olhos e sai num trote na direção do esconderijo do filhote. Eu sigo-a, toco o terneiro do esconderijo e procuro tangê-los para casa. No entanto, por mais que me esforce, eles escapam à minha vigilância e me fogem numa direção diversa. Tentam alcançar um bambuzal cerrado. Devo evitar que isso aconteça, pois ali não poderei persegui-los. Lembro-me do laço preso à sela. E galopando, sem perder o terneiro de vista, firmo os pés nos estribos e, com o corpo erguido, rodopio o laço e jogo-o ao ar. Sinto-me por instantes levantada por grande força e, em seguida, projetada ao solo, ainda segura ao laço. Sou arrastada pelo chão.

    Quando recobro os sentidos, sinto o focinho úmido do Malacara a me cheirar o rosto. Abro os olhos e torno a fechá-los. Pouco a pouco volta-me a consciência. Ergo a cabeça e percebo que me encontro numa clareira do bambuzal, já invadida pelas sombras do entardecer. Meu primeiro pensamento é para a minha derrota. Terei que voltar sem a vaca e o terneiro. Ergo-me do chão, limpo com as costas das mãos o sangue que me escorre da boca, misturado com terra e capim. Percebo com o toque da língua que me falta um molar. Abraço-me ao pescoço do cavalo e solto um lamento de dor e revolta. Choro o meu desamparo naquele recanto deserto. Choro a luta estéril do meu velho pai e a resignação de minha mãe, o desperdício dos melhores anos da minha vida... Lembro-me de ultimamente ter ouvido as advertências dos vizinhos mais próximos feitas a meus pais sobre os perigos a que estou exposta por andar sempre sozinha pelos campos. Então choro mais desesperadamente ainda, como querendo lavar com minhas lágrimas todas as injustas afrontas sofridas e todas as mágoas guardadas no coração.

    Lanço um olhar em derredor. Ninguém para me amparar ou proteger. As lágrimas param repentinamente. Aperto a cincha no cavalo e apresso-me a regressar. E qual não é a minha surpresa quando, seguindo na direção do laço, deparo, a poucos metros de distância, com a vaca e o seu terneiro, que mamava calmamente. Desato outra vez a chorar, agora de alegria, ao ver que todo aquele sacrifício não foi inútil. Deixo as lágrimas rolarem pelas faces e pelos lábios machucados e sinto-lhes o sabor salgado e o ardor que causam nas feridas. Gostaria que todos ouvissem os meus soluços e soubessem da minha revolta e do meu desespero. Pena o meu pranto não chegar aos ouvidos de meus pais, para fazê-los estremecer de agonia e despertá-los da cegueira em que vivem.

    Nessa noite ninguém consegue dormir. Deitada na cama, com o corpo todo doído, eu presto atenção nos mínimos ruídos. Do outro quarto chegam até mim as vozes de meus pais e os suspiros que escapam de seus peitos. Isso comove-me, e faz-me feliz por verificar que eles estão sofrendo por mim e que eu consigo enfim ocupar seu pensamento. Tal coisa talvez traga alguma modificação à minha vida.

BONS AUGÚRIOS

Um pardal entrou voando pela porta e saiu pela janela, o galo postou-se no umbral da porta e cantou para dentro três vezes. O coração de mamãe rejubilou-se. Bons augúrios! Papai foi à estação e voltou trazendo cartas dos filhos, uma delas avisando a próxima vinda do Luís, e grandes novidades.

Efetivamente, Luís chegou na primavera e a primavera recebeu-o em festa. Contou-nos seus projetos futuros, nos quais ocupávamos o primeiro plano. Falou da impossibilidade de permanecermos em Filipson e da necessidade de mudarmos para Porto Alegre. Os planos foram examinados e debatidos até altas horas da noite. Para mim e para a maninha abriram-se novos horizontes. Depois de tudo discutido, Luís nos deu a máxima das satisfações: participou seu próximo noivado.

No dia seguinte, levamo-lo em visita aos campos lavrados por nós e já verdejando. Olhávamos com orgulho para aquelas faixas de terra semeadas com produtos diferentes e que já se expandiam com vigor numa promessa de fartas colheitas. Mostramos-lhe uma gleba que nos parecera bastante fértil mas que, logo às primeiras enxadadas, fora abandonada porque começaram a surgir objetos estranhos. Papai concluiu serem ossaturas humanas. Mostramos-lhe também um outro achado, que bem poderia ser o esconderijo de um propalado tesouro escondido em nossas terras. O falado tesouro, já incluído entre as lendas nativas, constituía a obsessão do negro Bonifácio, ex-escravo, beirando o centenário, que conhecia e se lembrava de casos do seu tempo de cativeiro, de arrepiar os cabelos. Deveria haver algo de verídico nessas estórias. Muita coisa ali em volta indicava um passado de riqueza e fausto. O rio de águas rumorejantes era ladeado por grandes marmeleiros, que revelavam o capricho do trabalho humano. Havia pomares, quase extintos, invadidos pelo mato. Alguns pessegueiros carcomidos ofereciam num ou noutro galho uns poucos frutos saborosos. Pés de videira, renovados todas as primaveras, alcançavam o topo das árvores e formavam como que uma espécie de dossel. Os cachos de uva eram dilapidados pelos caboclos antes de amadurecerem. Do capinzal, irrompiam, aqui e acolá, lírios, roseiras. E, da sombra produzida pela vinha, emergia um delicado perfume de violetas. Pessoas da família, trabalhando com o arado, desenterravam por vezes objetos de prata. Por tudo isso, nada víamos de estranho quando topávamos com escavações recentes, feitas nos campos ou nas matas. Testemunhavam a persistente procura noturna do famigerado tesouro. No dizer do velho Bonifácio o lugar do tesouro seria assinalado, nas noites de minguante, por uma chamazinha vermelha.

    O nosso achado foi inteiramente casual. Procurando descobrir o motivo dos constantes desaparecimentos e latidos do cachorro, em determinado ponto, à cabeceira de um riacho, internamo-nos num cercado de cipós e marmeleiros, onde uma densa muralha de amoreiras espinhosas impedia que se fosse além. Com a foice, foi feito o desbaste e demos com uma cova de regular circunferência. No centro dela encontramos um imenso cepo quase submerso por folhas secas ali acumuladas, sabe Deus há quantos anos. Parecia um enorme pilão. Removemos as folhas, a camada de terra, e fomos achar fragmentos de papel completamente desfeitos pelo tempo.

Mostramos aquilo ao Luís. Ele e papai, munidos de pás, tentaram remover o pilão do seu lugar. Não foi tarefa fácil. A base do pilão cobria um límpido olho-d'água. Papai e Luís o exploraram, mas nada foi encontrado.

KOL NIDRA

A tarde primaveril avança ao encontro de Kol Nidra (véspera do dia de expiação — faz parte dos festejos de fim do ano judaico e começo do novo ano), enfeitando o dia uma luz amena de ar festivo. Não somente a casa mostra-se numa aparência de contrição, como o próprio sol, que desaparece atrás das colinas, como que envia em seus últimos raios uma mensagem de santificação.

Na cabeceira da mesa os castiçais polidos esperam que mamãe se aproxime e acenda as suas velas, sobre as quais ela fará a oração tradicional. O rosto de mamãe, meio velado pela manta que lhe desce da cabeça, está afogueado pelo cansaço e também pela emoção que sempre a invade nesses momentos. Por instantes, ela fica imersa em profundo recolhimento. Depois, num gesto grave, ergue os braços e, com as mãos em concha, circunda os castiçais, enquanto os lábios se movimentam numa prece. Soluços incontidos agitam-lhe o peito. Cobre os olhos com as mãos e por entre seus dedos filtram-se as lágrimas que caem sobre a toalha.

Estamos no limiar do dia da prestação de contas anual de nossos atos. Encontramo-nos perante o tribunal de Deus, que é, simultaneamente, pai condescendente e juiz implacável. É véspera do dia em que Deus julgará os atos de cada um e fará baixar sobre cada um sua divina sentença. A quem caberá perecer pelo fogo, pela água ou pelo ferro ou ainda pela doença? A quem castigará Ele, tirando um filho, ou a quem Ele lançará na negra viuvez? E a quem absolverá, cobrindo de glórias? E a quem ofertará riquezas e felicidade?

Trata-se de Deus temido e amado, ao qual todos recorrem nesse dia, implorando o Seu perdão.

Sobre a cabeça de mamãe, acreditamos ver um halo sacro, que deve também pairar acima da cabeça de todas as mães israelitas e de todas as mães do Universo. Apesar de assistirmos a essa cerimônia todos os anos, com grande respeito, provoca-nos esta vez uma emoção diferente. Conhecemos as dúvidas e receios que atormentam mamãe nestes últimos tempos, e sabemos que, neste momento, ela os coloca perante Deus a fim de que Ele dê a solução conforme a Sua divina bondade.

Mamãe termina a prece, descobrindo o rosto desfeito em pranto. Lança o olhar em seu redor, como para fixar bem todos os detalhes, numa despedida antecipada de tudo o que lhe serviu de lar por tantos anos, que tão caro se lhe tornou, malgrado as lutas e os sofrimentos.

Papai se aproxima, põe-lhe a mão no ombro e lhe diz:

— Vamos, Eva. Está se fazendo tarde e as rezas já devem estar começando. Se Deus quiser, no ano que vem estaremos reunidos aos nossos filhos. Festejaremos o Ano Novo com eles, em Porto Alegre.

Sentada ao lado de minha mãe, como fazia Adélia antes de casar-se, pego o livro de rezas, presto atenção nos salmos, que o *chazem* (cantor) vai cantando, e me ponho a acompanhá-lo em voz alta. Uma expressão de íntimo recolhimento cobre agora o rosto tranquilo de mamãe. Suas dúvidas, mágoas e queixas, ela extravasou junto dos velhos castiçais, seus eternos confidentes. Agora está apta a prestar atenção nas palavras do Senhor, proferidas pelo *chazem*, que, envolto dos pés à cabeça no *talit*, iluminado por grandes candelabros, tendo à sua frente os rolos sagrados, provoca com sua voz um enlevo de êxtase.

A VENDA DA NOSSA COLÔNIA

Jacques chegou a Filipson ainda em tempo de pegar os últimos dias do Iom Tov (dias festivos). Depois das festividades, ele iria tratar dos assuntos concernentes à nossa mudança da colônia.

Enquanto isso, aproveito ao máximo a companhia de meu irmão, entregando-me às alegrias de um tempo já passado. É a primeira vez, após um longo tempo, que eu me sinto verdadeiramente feliz.

Acompanho Jacques aos campos e matas, para rever lugares somente conhecidos de nós ambos, descobertas nossas guardadas em segredo. Belos espécimes de frutas-do-conde; pitangueiras debruçadas sobre correntezas e pejadas de deliciosos frutinhos, exigindo coragem para serem colhidas; amoreiras que se renovavam todos os anos, dando cachos de negras amoras, cujo sumo vermelho nos manchava a roupa. Os caminhos, que formávamos com a continuidade da nossa passagem, estavam invadidos pelo mato e quase irreconhecíveis.

Quando, antes de Jacques voltar, o desejo de rever esses lugares e de saborear os deliciosos frutos silvestres se tornava dentro de mim inelutável, mais forte do que o receio que a solidão da mata me infundia, eu penetrava-a a cavalo, e de cima do lombo do animal colhia alguma amora, sempre pronta a escapulir ao primeiro sinal de perigo. Contei ao Jacques o susto que tomei na última visita que fiz sozinha a esses lugares, numa tarde em que o apelo da mata foi mais forte sobre os meus sentidos do que a voz da razão. Parecia tudo tão calmo... Em pé, no lombo do Malacara, alcancei um galho de pitangas e me deixei absorver na colheita, quando me senti abalada por um frêmito que percorreu o dorso do cavalo. Larguei-me na sela e, numa rápida fração de segundo, tive a visão de um gato-do-mato empoleirado numa árvore fronteira ensaiando o bote sobre nós. Na fuga que encetamos, os ramos me fustigavam, os espinhos me arranhavam, e eu nem sentia dor, tal o pânico que me dominava. O mesmo devia sentir o animal, pois uma espuma branca lhe cobria as ilhargas. De minhas pernas escorriam filetes de sangue. Depois disso, nunca mais me atrevi a voltar sozinha àqueles sítios tão queridos.

Eu e Jacques visitamos a laje no alto do morro, que tinha a forma de banheira, como se tivesse sido escavada por mãos humanas. Em derredor cresciam cactos espinhentos que produziam uma flor mimosa, uma vez por ano, mas que nunca pudemos colher devido a essa armadura agressiva. Contei-lhe a morte de um de nossos cachorros, provocada pelas farpas de um único porco-espinho, com o qual lutara. Tentamos em vão arrancar-lhe as farpas cravadas no corpo e até no fundo da boca. O pobre, na ânsia de sobreviver, abria-nos a boca e suportava todos os sofrimentos. Mas de nada adiantaram nossos esforços e cuidados. Acabou por sucumbir.

Deitados na grama macia do morro, vendo as nuvens formar estranhas figuras, espécies de cabeças e troncos de gigantes, fazíamos planos para o futuro, e eu recebia, através das palavras de Jacques, todo o consolo de que, em virtude das agruras sofridas, minha alma necessitava.

No dia seguinte fomos visitar Nicel Zibenberg, que mudara, havia algum tempo, para perto da estação de Pinhal. Jacques ia tratar da venda da nossa colônia, na qual o Nicel estava interessado. Eu ia rever uma das minhas melhores amigas, a Fany, filha do Nicel. Surpreendi-me com o desenvolvimento dela. Pareceu-me um delicado cipreste. As longas tranças continuavam a enfeitar-lhe a cabeça. Estava vestida com uma saia justa e blusa e já calçava sapatinhos de saltinhos. Toda a sua atenção voltou-se para o Jacques. Senti-me despeitada. Depois de tão longa separação, nada tínhamos para dizer-nos? Entretanto, quando menores, tínhamos tanta coisa em comum... Passávamos muitas horas juntas e, quando nos despedíamos, eu a acompanhava parte do caminho e os assuntos continuavam sem terminar. Ela refazia comigo parte do caminho da sua casa. A tarde tombava. Esquecíamo-nos na contemplação do pôr do sol, na paz que impregnava a solidão e transmitia-nos tão completo bem-estar. Urgia apressar-se. E eu voltava com ela à porteira onde nos despedíamos, tristes com a separação. E ali, de novo juntas, nada a dizer-nos uma à outra...

Jacques vendeu a colônia a Nicel Zibenberg. Ele somente entraria na posse das terras e do restante do gado após as safras do verão e da nossa partida.

No fim daquele ano o professor Frankenthal mudou para Pinhal, onde passaria a lecionar. O professor Budin, que retornou a Filipson com a família, trouxe consigo uns caixotes de onde retirou um aparelho dentário. Instalou-o numa das salas da escola. Na parede pendurou um diploma. Durante o recreio, passou a atender as poucas pessoas que se atreviam a tratar dos dentes. Dentre essas, havia alguns alunos. Duvido que seus clientes lhe houvessem pago os préstimos alguma vez. Os alunos maiores de doze anos foram readmitidos. Eu, lamentavelmente, não aproveitei a oportunidade, visto estarmos com planos esboçados para um futuro próximo, em Porto Alegre.

DESPEDIDA

Estávamos realizando nossa última colheita em Filipson. O sol, ao nascer, já nos encontrava a postos. Mamãe, apesar de sua extrema fraqueza, procurava ajudar-nos em tudo. O Malacara era ainda o nosso meio de transporte.

    Uma tarde em que estávamos regressando para casa mais cedo, fatigados da soalheira, vimos que um casal se dirigia em nossa direção. Era Adélia e seu marido, que carregava no colo a sua filhinha. Ao cair nos braços da filha, mamãe não suportou a emoção do inesperado encontro e deixou-se escorregar ao solo, amparada pela Adélia. Ambas choravam e riam, abraçadas, sem permitir que também nós matássemos as saudades. Papai apegou-se à netinha, que logo o mimoseou com uns puxões de barba. Pelo caminho, a mana e o cunhado foram nos dizendo que seria breve a permanência deles na colônia. Jacob pretendia estabelecer-se em Santa Clara, para onde seguiria nos próximos dias, ao passo que Adélia ficaria na casa dos sogros aguardando a chamada do marido. Mamãe não se conformava com a ideia. Adélia não permaneceria conosco, justamente agora quando mamãe imaginava poder reunir todos os filhos em torno de si. Adélia explicava que seu regresso provisório não deveria de forma nenhuma interferir em nossos planos. Dizia que devíamos continuar com os preparativos, aos quais ela emprestaria o melhor da sua cooperação.

    A casa readquiriu vida. Passou a haver alegria, choro de criança e leitura até altas horas da noite. A presença de Adélia nos últimos meses de nossa permanência em Filipson resultou em grande auxílio para nós. Desenterrou roupas antigas, de bom material, e procurou dar-lhes formas modernas. Com a venda das safras compramos tecidos no Carnos e os levamos a Énia, em Rincão das Pedras, para que ela fizesse roupas novas. Adélia cortou-me o cabelo e deu-me instruções de boas maneiras e noções a respeito das pessoas com as quais iria conviver. De minha parte, eu me sentia tentada a ficar em Filipson e a continuar a ser o que era, uma semisselvagem.

Começamos a apegar-nos mais e mais à filhinha da Adélia, que nos encantava com as suas gracinhas. Doía-nos ter de deixá-la. A alegria reinava de novo em casa. Parecia-me que tínhamos voltado aos tempos idos, agora enriquecidos com a presença da criança. À medida que nos aproximávamos, no entanto, do dia em que devíamos deixar Filipson, começamos a viver de olhos inchados. Perambulávamos pelos campos e pelas roças vazias e tristes.

Malacara foi entregue ao seu novo proprietário, o Burech Wolff. Separamo-nos dele como de um fiel e velho amigo. Tínhamos certeza de que nunca mais o voltaríamos a ver. O gado, que já pertencia a Nicel Zibenberg, como também a colônia, não queria compenetrar-se da mudança havida. Vinha postar-se do lado da cerca, à espera da ração de sal, e enfiava o focinho através dos fios de arame farpado, ruminando com tristeza, na esperança de ganhar uma espiga de milho ou, pelo menos, um afago.

O último dia, passamo-lo em casa do *mechuten*. Ao sairmos de casa, encostamos uma pedra na porta, por fora, como habitualmente fazíamos quando a nossa demora não seria longa. Do outro lado da casa do *mechuten* localizava-se o cemitério aonde papai e mamãe foram levar suas despedidas àqueles que já tinham obtido o repouso eterno. Quanto a mim, cuidei de despedir-me do Afonso e de sua família. Havia um cheiro acre de fumaça de fogueira quase extinta no centro do rancho, e espigas de milho e mantas de charque penduradas das vigas do teto. Afonso não estava. A Antônia, que tinha dado à luz recentemente, devia estar no arroio lavando os seus pertences. Os pequenos, seminus, andavam com certeza pelos campos. Somente o recém-nascido dentro da rede recebeu o meu adeus.

Foto de colônia da Jewish Colonization Association (JCA) no Rio Grande do Sul

POSFÁCIO

Filipson: testemunho e memória
Regina Zilberman

> *Já ouviram falar de Filipson? Um nome esquisito.*
> *Nem parece brasileiro. Mas, dentro do Brasil imenso, constituía*
> *um pontinho minúsculo que ficava lá nas bandas do Sul,*
> *perdido no meio de diversas colônias prósperas compostas em sua*
> *maioria de imigrantes espanhóis, italianos e alemães*
> *e uma ou outra fazenda de brasileiros.*
> FRIDA ALEXANDR

COLÔNIAS DE IMIGRANTES EUROPEUS NA AMÉRICA

Desde a primeira linha, o livro de Frida Alexandr surpreende o leitor, uma vez que o interpela com uma pergunta: "Já ouviram falar de Filipson?".[1] Publicado em 1967 em pequena tiragem pela Fulgor, editora de São Paulo, e esgotado há anos, possivelmente poucas pessoas, mesmo na época de seu lançamento, responderiam afirmativamente à questão proposta pela autora.

Como ficamos sabendo no transcorrer da narrativa, a história da Colônia Filipson remonta ao começo do século XX, durou cerca de vinte anos e, depois, deixou lembranças apenas em seus antigos moradores, que se dispersaram, a maioria deles, por cidades do Rio Grande do Sul, como Santa Maria e Porto Alegre, mas também por Santa Catarina e São Paulo.

Justifica-se, pois, a interrogação de Frida Alexandr, até porque provavelmente foi o que a motivou a escrever a obra, resgatando uma experiência que não foi única mas que foi pioneira no Brasil: a de instalação de uma comunidade de imigrantes judeus oriundos da Bessarábia, hoje Moldávia, que se deslocaram até a região central do Rio Grande do Sul para se estabelecer numa colônia agrícola, organizada e financiada por uma agência internacional, a ICA, ou a Jewish Colonization Association, entidade fundada em Londres em 1891, a partir de iniciativa do barão Moritz von (Maurice de) Hirsch (1831-96).

Filipson não foi a primeira colônia formada por europeus que emigraram para o Brasil, tendo sido antecedida, por exemplo, pela Colônia Cecília, que reuniu, no interior do Paraná, um grupo de pessoas originárias da Itália que comungava ideias anarquistas.[2] Também não foi a que, pela primeira vez, resultou da aquisição de terras por um mecenas interessado em ver prosperar uma comunidade caracterizada por princípios comuns, já que, no caso da experiência paranaense, foi Giovanni Rossi (1856-1943), ideólogo do anarquismo, quem escolheu o lugar de instalação dos imigrantes, havendo comprado as terras ocupadas por seus seguidores. Não foi, enfim, a primeira colônia dentre as patrocinadas pela ICA estabelecida na América Latina, tendo sido precedida pelas experiências de Moises Ville e de Lucienville, na Argentina, na última década do século XIX.[3]

Sob esse aspecto, Filipson acompanhava a tendência que estimulava a transferência de famílias de um país a outro, e especialmente de um continente a outro, este sendo sobretudo a América, na busca de um tipo de vida mais condizente com suas expectativas existenciais, filosóficas e, no caso dos judeus, étnicas e religiosas. Mas a colônia assentada no Rio Grande do Sul foi pioneira sob outro aspecto: constituiu a "primeira colônia judaica oficial do Brasil",[4] implantada a partir de recursos captados no exterior, mas apoiada pelo governo estadual, administrado por Antônio Borges de Medeiros (1863-1961).

JUDEUS NO NOVO MUNDO

A presença de judeus no espaço e na sociedade nacional também não era novidade, ainda que não fosse numerosa. Nem era recente, pois recuava às décadas iniciais da conquista do território brasileiro pelos portugueses. Com efeito, registram-se, entre os primeiros povoadores, nomes como os de Fernando de

Noronha (1470?-1540?), que explorou o comércio do pau-brasil e estimulou o plantio da cana-de-açúcar no Nordeste, e, entre os letrados, os de Bento Teixeira (1561-1618) e Ambrósio Fernandes Brandão (1555-1618), responsáveis pelas primeiras expressões da literatura produzida no Novo Mundo, autores, respectivamente, da *Prosopopeia*, de 1601, e dos *Diálogos das grandezas do Brasil*, também do começo do século XVII.

Eles não eram, porém, declaradamente judeus, mas cristãos-novos ou marranos, pessoas convertidas ou descendentes de conversos, que foram obrigados pelo Estado português a abandonar a fé original para abraçar o cristianismo, caso não desejassem ser acusados de hereges e processados pelo Tribunal do Santo Ofício. Muitos deles transferiram-se para a América, fixando-se nas capitanias do Nordeste, onde se dedicaram ao cultivo da cana-de-açúcar, ou nas regiões litorâneas, optando por negócios voltados à exportação do pau-brasil, ou em São Paulo, associando-se às atividades que tinham como objetivo buscar riquezas (ouro e diamantes) no sertão ou capturar indígenas, a exemplo dos chamados bandeirantes, também eles cristãos-novos, Raposo Tavares (1598-1659) e Fernão Dias Paes Leme (1608-81).

Perseguidos pela Inquisição, muitos foram processados, acusados de práticas judaizantes e punidos em autos de fé, como o dramaturgo Antônio José da Silva (1705-39), conhecido como o Judeu. Francisco Adolfo de Varnhagen (1816-78) relaciona as pessoas que, entre 1711 e 1767, foram alvo do Santo Ofício.[5] Muitos, porém, perderam os vínculos com a religião hebraica e seus protocolos, legando, contudo, uma memória importante do modo como se deu a formação da sociedade nacional e sua heterogênea população.[6]

Os conversos provinham, na sua maior parte, da península Ibérica, pois foi entre Portugal e Espanha que se alastrou a ação persecutória do Santo Ofício, órgão que permaneceu ativo até a segunda metade do século XVIII, quando o marquês de Pombal transferiu para o Estado lusitano a responsabilidade pelas ações de fiscalização de heresias. A essas alturas, judeus não mais contavam entre suas principais vítimas, contabilizando-se entre os condenados o jesuíta Gabriel Malagrida (1689-1761), punido no auto de fé de 1761, o pensador Cavaleiro de Oliveira (1702-83), refugiado em Londres e queimado em efígie, e o jornalista e diplomata Hipólito da Costa (1774-1823), acusado de maçom e mantido no cárcere entre 1802 e 1805.

A Inquisição portuguesa foi extinta em 1821, na esteira das ações liberais implantadas após a Revolução do Porto, daquele ano, que obrigou o rei João VI (1767-1826) a aceitar uma Constituição à qual submetia sua gestão no Estado. Nesse momento, o Brasil experimentava movimentos de intuito emancipatório, o mais recente tendo acontecido em Pernambuco, em 1817, quando o governo era exercido do Rio de Janeiro, uma vez que o rei lusitano ainda não regressara à terra natal. No Brasil de então, retoma-se o ciclo da imigração hebraica, tanto a de judeus sefarditas, que se instalam no Norte do novo país, como a dos asquenazes, provenientes do Leste Europeu.

A separação dos dois grupos, pertencentes a uma mesma etnia mas detentores de trajetórias diferenciadas, remonta aos primeiros tempos da diáspora hebraica, que se seguiu à destruição do segundo templo de Jerusalém, em 70 d.C., pelos romanos, então ocupantes do território palestino. Dispersos, os judeus espalham-se pela Europa, África e Ásia, dando margem ao aparecimento de comunidades distintas, cada uma com padrões culturais próprios e dialeto — na Europa Central e Oriental, sobretudo a partir do século VII e plenamente instalados após o século X, os asquenazes; na região mediterrânea, os sefarditas, que conviveram com os povos árabes na época em que estes habitaram a península Ibérica e que, depois, com a Reconquista, foram expulsos da Espanha e de Portugal, movendo-se principalmente na direção da Itália, Holanda e Império Otomano. Em comum, o culto monoteísta, a leitura do livro sagrado, as datas festivas; distintas, a interpretação da lei judaica (Halacha) e a língua da comunicação escrita e oral — o iídiche, variante do alemão, entre os asquenazes, o ladino, variante do castelhano, entre os sefarditas.

É por volta de 1820 que se registra na Amazônia, onde começava a se expandir a exploração da borracha, a presença de judeus sefarditas, oriundos do Marrocos. Em 1824, instala-se uma sinagoga na cidade de Belém, reinaugurando a participação hebraica na cultura brasileira. No mesmo período, Carl Seidler, jovem suíço-alemão contratado para servir no Exército de Pedro I na época da campanha cisplatina e que permaneceu no Sul do país até o final dos anos 1820, registrou, no livro *Dez anos do Brasil*, publicado ao retornar à Europa, em 1835, as impressões que judeus asquenazes provocavam na população local.

O autor se refere a eles no décimo segundo capítulo de sua obra, quando o grupo de que faz parte é recebido por uma família do lugar, em torno da região de Piratini. No diálogo que se segue ao acolhimento dos militares, Seidler ouve uma das moradoras "garantir, com a maior convicção, que os judeus nem eram gente, antes meio que pertenciam à classe dos demônios, do que dá claro testemunho o comprido rabo de macaco que eles usam, na forma de sua barba e de seus trajes".[7]

Depois de ouvir similar parecer manifestado por outros membros da família, o narrador comenta a situação dos judeus no Brasil, onde, após "longa viagem marítima", "vieram estabelecer-se, parte na capital, parte nas províncias do Império". Observa que, em decorrência da "grande semelhança de suas fisionomias com as dos portugueses", não eram reconhecidos; além disso, "eles mesmos eram bastante prudentes para não se revelarem pela prática de seus usos orientais", anotação que provavelmente se deva à transferência de cristãos-novos para a América, originários de Portugal. Contudo, na continuação do parágrafo, Seidler menciona que, privados "de qualquer convívio social", só eram reconhecidos pelos alemães "pelo seu dialeto", o que significaria a presença não de judeus sefarditas, mas de asquenazes, falantes do iídiche.

Os parágrafos subsequentes dizem respeito às atividades desempenhadas pelos judeus residentes no Brasil. Caracteriza-os como muito trabalhadores, já que não temem "esforço, nem o ardente calor solar", sendo "vistos a trilhar as estradas das províncias de Minas Gerais e S. Paulo, levando muares carregados ou mesmo, quando ainda principiantes, a palmilhar a pé com uma pequena mochila às costas, abaixo e acima". A "diligência férrea" e a "resistência sem exemplo" afiançaram-lhes, "mormente entre os comerciantes alemães, confiança e crédito"; assim, puderam enriquecer: "alguns, que haviam chegado mendigos ao Brasil, em breve expediam para o interior do país transportes de mercadorias no valor de 8 ou 10 mil piastras espanholas".

O retrato antecipa a figura do *clientelchik*, palavra de origem russa que nomeia o mascate que, de porta em porta, vende a prestação mercadorias carentes nas regiões mais distantes das grandes cidades ou na periferia destas. O retrato do judeu incansável não exclui, porém, a denúncia de sua desonestidade. Aliás, é a que predomina, pois, no prolongamento da exposição, o militar relata casos de logros cometidos pelos afortunados comerciantes. Um deles, tão logo pôde vender suas mercadorias, fugiu, não retornando ao Rio de Janeiro, nem pagando os fornecedores. Com o dinheiro na mão, "embarcou-se em Santos [...], e assim desapareceu para sempre aos olhos de seus crédulos credores". No relato de Seidler, os exemplos se sucedem:

> Novamente, não tardou muito, eis que um segundo judeu se fez invisível, exatamente do mesmo modo, sem deixar a mínima sombra; depois um terceiro, por fim um quarto, e agora esse povo está completamente enxotado, pelo menos da capital, como se sobre ele pesasse a maldição divina.

O comentário faz supor que Seidler não compartilha o preconceito que ampara a representação do mascate judeu. Mas o parágrafo seguinte toma outra direção, com o autor sugerindo que se trata de uma conspiração por parte de todos os membros da comunidade hebraica:

> Quase se é levado a crer, sem incorrer na pecha de injustiça, que essas roubalheiras assentaram em bem meditados projetos, e que havia formais ligações e combinações em toda a corporação israelita, pois verificou-se mais tarde que os espertalhões crentes de Moisés ainda durante a execução de seus planos dolosos ativamente se correspondiam com seus correligionários e até antes da partida deles tiveram demorados e adequados entendimentos com os membros.

Graças à bem urdida trama, os possíveis criminosos não chegam a ser punidos, nem mesmo identificados. Seidler admite que tudo pode se resumir a "conjecturas, que se podiam formular judiciosamente mas sem base jurídica", já que faltavam "provas convincentes" para levar os possíveis réus à Justiça. A ressalva não significa que o narrador absolva os acusados, porque suas palavras dão a entender que ele concorda com as denúncias, sugerindo:

> Nessas circunstâncias, pois, eu não aconselharia a nenhum judeu sua emigração para o Brasil, pois não só perderam toda a confiança perante os estrangeiros aqui estabelecidos, mas também, como vimos, os brasileiros até lhes atribuem longa cauda de demônio e os incluem na categoria dos semidiabos.

Na avaliação de Carl Seidler, evidenciam-se duas ordens de preconceito: o primeiro, expresso pelas mulheres que acolhem suas tropas, associa-os a demônios e figuras diabólicas, representação importada da Idade Média; o segundo é enunciado pelo ilustrado militar suíço, que procura oferecer, desde seu viés distorcido, uma explicação do motivo por que os judeus são indesejados, já que não se comportam de modo honesto, imagem, contudo, que também contém resíduos míticos, ao não contradizer a cena reproduzida nos

Evangelhos em que Jesus de Nazaré confronta os negociantes que atuavam junto ao templo de Jerusalém.

Direta ou indiretamente, Seidler incorpora juízos genéricos sobre os judeus que traduzem o antissemitismo de distintos segmentos da população no Brasil e, sobretudo, na Europa. O antissemitismo tinha raízes profundas que regrediam à Idade Média; mas tomava configuração particular nas primeiras décadas do século XIX, a despeito da difusão do pensamento iluminista, racionalista, secular e pragmático.

O ANTISSEMITISMO E OS JUDEUS DA EUROPA ORIENTAL

Identificam-se manifestações de aversão aos judeus desde a Alta Idade Média. No final do século XIII, Eduardo I, da Inglaterra (1239-1307), expulsou os judeus da ilha britânica, que rumaram para a França, de onde tinham provindo no século XI. Na história narrada por Geoffrey Chaucer (1340-1400), "The Prioress's Tale", dos *Contos de Canterbury* (c. 1387-1400), um judeu, por maldade, mata uma criança e joga num poço seu cadáver, salvo graças à interferência da Virgem Maria. Essa representação, recorrente no período, apresenta os judeus como impiedosos, hereges, culpados pela crucificação de Jesus de Nazaré e eternamente condenados. Outra figuração é a do agiota, preocupado unicamente com o dinheiro, emprestado a juros exorbitantes, implacável, ao não perdoar credores e avalistas. É também na literatura inglesa, agora a do período elisabetano, que se encontra tal personagem, fomentando as tragédias *O judeu de Malta*, de Christopher Marlowe (1564-93), e *O mercador de Veneza*, de William Shakespeare (1564-1616).

São representações enraizadas na sociedade feudal e pré-capitalista, porque, de uma parte, a hegemonia da Igreja estimulava a leitura dos Evangelhos segundo a qual o sacrifício de Jesus se devia mais à traição de um de seus seguidores, Judas Iscariotes, o apóstolo que, por dinheiro, delatara o líder rebelde, que à ação repressora dos romanos, ocupantes da Palestina que perseguiam os insatisfeitos com o regime imperial. Afinal, a sede da Igreja era em Roma, e seus principais dirigentes percebiam-se, equivocadamente é certo, descendentes dos antigos senhores da região mediterrânea, de modo que era conveniente cultivar um inimigo imaginário em vez de conhecer e difundir acontecimentos passados.

De outra parte, judeus prestamistas eram os algozes da endividada aristocracia feudal, que precisava de recursos financeiros para bancar conquistas territoriais. Na Inglaterra que acolhera os judeus desde os tempos de Guilherme, o Conquistador (?-1087), o rei Henrique III (1216-72) foi um dos que se valeram de empréstimos, em troca facilitando a circulação de membros da coletividade hebraica por áreas que ainda lhes eram vedadas.

Essas representações não desaparecem com a difusão dos princípios iluministas do século XVIII, como se verifica nas observações registradas por Carl Seidler em seu livro de viagens. Os *Protocolos dos sábios de Sião*, profusamente difundidos no final do século XIX e início do século XX, narrativa de uma fictícia conspiração dos judeus para dominar o mundo, constituem prova cabal de que atribuir aos membros daquela coletividade os piores princípios e os comportamentos mais nefandos permanecia como possibilidade no horizonte ideológico da modernidade.

Todavia, o antissemitismo tomou outras direções com as mudanças da sociedade e da política europeia no século XVIII. Em *As origens do totalitarismo*, Hannah Arendt (1906-75) posiciona o antissemitismo na base de um processo que, ao lado do imperialismo consolidado no século XIX, levou ao totalitarismo da primeira metade do século XX.[8]

Consiste uma de suas pontas no decreto de emancipação dos judeus propalado por Napoleão Bonaparte (1769-1821), na França pós-revolucionária. A decisão política não valeu apenas para a nação de que era rei, mas aplicou-se também aos países que conquistou à frente de seu exército. Acompanhando o avanço militar, vieram as leis que afrouxavam laços de dependência procedentes dos tempos feudais. Se nem todos os grupos étnicos foram beneficiados — haja vista a tentativa de retomar o poder no Haiti, que pouco antes havia se separado da metrópole francesa —, os judeus não tinham nada a opor às ações do chefe de Estado que se autoproclamara imperador.

A expansão napoleônica provocou, contudo, forte sentimento nacionalista entre os povos dominados. Georg Lukács (1885-1971) chama a atenção para a emergência de um sentimento de valorização do passado local e pertença à terra, dando margem ao fortalecimento e à disseminação do romance histórico, gênero original no horizonte da cultura e da literatura europeia.[9] Judeus formavam um povo sem terra nem nacionalidade, excluídos, portanto, desse processo. Novas, no período, eram as constituições nacionais, documento legal que garantia o funcionamento do Estado, sendo este assimilado ao território onde se situava. Nômades, como os romanis, não tinham lugar fixo, logo não lhes era atribuída nenhuma nacionalidade ou cidadania. Por compartilharem aquela condição, a de permanentes exilados, judeus eram apátridas, a não ser que renunciassem à sua religião, não reconhecida pelo Estado, à sua língua, pois se tratava de um dialeto próprio, ou às suas práticas específicas.[10]

A emancipação pode ter favorecido grupos bem situados economicamente. Banqueiros e empreendedores como Moritz von Hirsch não sofriam restrições em seus negócios, usufruindo as vantagens do imperialismo e dos projetos colonialistas que caracterizavam o capitalismo praticado pelas nações mais poderosas da Europa. Podiam, é certo, sofrer as consequências das rivalidades nacionais, que opunham, por exemplo, a França e a recém-unificada Alemanha, antagonismo que embasa o caso mais notório de antissemitismo, o Affaire Dreyfus, que se estendeu de 1894 a 1906. Mas suas corporações continuam a acumular lucros, facultando a seus sócios majoritários o recebimento de títulos honoríficos, como os baronatos de Hirsch ou de Nathan Rothschild (1840-1915).

No século XIX, o antissemitismo deixou de ser a manifestação de um pensamento mágico que via no judeu a encarnação do demônio ou do agiota com poderes alquímicos. Podia tomar a forma de um brilhante militar que traía o país onde vivia, porque era leal a ancestrais oriundos de outras culturas ou regiões. Como mostra Marcel Proust (1871-1922) em seu *Em busca do tempo perdido* (1908-27), eram oficiais do Exército francês e membros da elite aristocrática que se aliavam na condenação a Alfred Dreyfus (1859-1935). Mas os componentes originais do antissemitismo não desapareciam em regiões mais pobres da Europa, onde predominava a economia de subsistência vinculada à vida agrícola.

Tal era majoritariamente a experiência dos judeus residentes na Europa do Leste. Impossibilitados de alcançar graus universitários, crescer financeiramente como empreendedores ou dispor de bens materiais, eram contidos em pequenas aldeias, as *shtetln*, onde assumiam atividades artesanais ou agrícolas. Podiam cultivar a terra desde que autorizados pelos grandes proprietários rurais, que, da sua parte, constituíam os principais consumidores e distribuidores de seus produtos.

Empobrecidos, dependentes e limitados por uma legislação que impedia sua mobilidade, os judeus da Europa Oriental eram numerosos, mas tímidos, pois suas iniciativas dificilmente poderiam suplantar os poderes locais. Que, quando se viam ameaçados por razões internas ou externas, recorriam à violência, sintetizada numa palavra que provocava medo: *pogrom*.

Pogrom é um vocábulo russo, com o significado de "causar estragos, destruir violentamente".[11] Na prática, correspondia a um assalto coletivo contra a população em geral, mobilizada muitas vezes por um grupo associado ao poder. As aldeias judaicas contavam entre os principais alvos, sendo atacadas seguidamente depois de ter acontecido um episódio político de relevância local ou nacional. O assassinato de Alexandre II (1818-81) motivou assédios indiscriminados, embora, entre as causas da execução do chefe do governo russo, não constasse nenhuma ação de cunho judaico.

Em *No exílio*, Elisa Lispector (1911-89) narra um dos *pogroms* que atingiram a região ucraniana onde vivia sua família e que era disputada pelo Exército Vermelho, vinculado aos bolcheviques, e pelos Brancos, resistentes aos revolucionários soviéticos. No meio dos conflitos, os aldeões sofriam as consequências da violência reinante. A narradora expõe, após relatar a crueldade dos agressores, a situação em que os civis se encontravam:

> Quando habituou a vista à claridade, ficou como petrificada, obliterados todos os sentidos que não o da visão. À sua frente passava um carro apinhado de cadáveres, jogados uns por sobre os outros, os rostos deformados, os membros esfacelados, cobertos de sangue e de lama, e atrás desse carro seguia outro, e mais outro, numa continuidade que parecia jamais ter fim.[12]

Em *Filipson*, Frida Alexandr reproduz o depoimento do farmacêutico Boris Wladimersky quando retorna para casa depois de servir cinco anos no Exército russo:

> Contava que, ao regressar à sua casa, após o término de seu estágio no exército, encontrou o lar vazio. Nas ruas do bairro judeu em que residia, espalhavam-se corpos de mulheres grávidas trucidadas pelos cossacos do tsar, os ventres rasgados e cheios de plumas de travesseiros. Cães esfaimados comiam-lhes as vísceras e os fetos que se decompunham aos raios do sol. Por toda parte destroços de móveis atirados à rua na fúria do *pogrom*. Os sobreviventes escondiam-se nos porões ou nos forros das casas, como ratos famintos e apavorados que temessem até a luz do dia. E contavam horrores.

Entre os *pogroms* de 1881 e o de 1919, relembrado por Elisa Lispector em seu romance, outras ações dessa natureza ocorreram no Império Russo, frequentes no que é atualmente a Ucrânia, em particular na Bessarábia. Um dos mais atrozes aconteceu em Kishinev, em 1903, que perdurou por três dias e provocou mortes e pilhagens, atingindo cerca de setecentas casas.

Pogroms foram a faceta escancarada do antissemitismo que vigorou na Europa Oriental, afetando populações fragilizadas, já que se tratava de ações endossadas pelo Estado, que, de certo modo, transformava esses movimentos em válvulas de escape dos grupos que, insatisfeitos com a própria penúria, descontavam sua revolta naqueles que não tinham meios de reagir.

POLÍTICAS DE IMIGRAÇÃO

Pogroms foram também uma das alavancas da imigração. A frequência deles e a intensificação da violência motivaram os moradores das *shtetln* a buscar locais mais seguros. Entre as alternativas que se apresentavam, a América — especialmente a do hemisfério Norte, em franco progresso — figura em primeiro lugar. Entre as duas últimas décadas do século XIX e as duas primeiras do século XX, aproximadamente 2,8 milhões de imigrantes judeus ingressaram nos Estados Unidos, 94%

provenientes da Europa Oriental. O número, que, em média, alcançou 4 100 imigrantes na década de 1871-80, aumentou, no decênio seguinte, para cerca de 20 700 pessoas.[13]

Para viabilizar o deslocamento em massa, foi decisiva a cooperação de organizações como a Aliança Israelita Universal, de 1860, a Associação Anglo-Judaica, de 1871, a Hilfsverein, de 1901. A Jewish Colonization Association, ICA, fundada em 1891, com sede em Londres, e financiada originalmente pelo barão Hirsch, atuou sobretudo na América Latina, comprando terras na Argentina e, mais tarde, no Brasil, onde se instalariam os imigrantes provenientes das regiões mais atingidas pelas perseguições étnicas e políticas movidas por governos da Europa Oriental.

Nascido na Baviera, em 1831, Hirsch provinha de uma família que enriquecera, primeiramente, em negócios imobiliários e, depois, bancários. Atuando também no âmbito das finanças, Hirsch investiu em particular na construção de estradas de ferro, entre as quais se inclui o renomado Orient Express. Sua empresa estava sediada na Bélgica e, desde os anos 1880, dedicava-se a ações de cunho filantrópico, contribuindo inicialmente para a Aliança Israelita Universal e fundando, mais tarde, a ICA.

Nas décadas finais do século XIX, o antissemitismo e os atos de perseguição física aos judeus encorajaram projetos diferenciados. Em contraposição à migração para a América, o movimento sionista, então emergente, propugnava o retorno à Palestina, repovoando o território um dia habitado pelos descendentes das tribos que, após terem sido escravizados na época dos faraós, alcançaram a liberdade e retornaram a Canaã, doravante a Terra Santa.

Se é discutível a tese de que os primitivos habitantes da Palestina eram efetivamente herdeiros dos Patriarcas, estiveram cativos no Egito e, mais tarde, de lá partiram sob a liderança de Moisés, é certo que, depois da queda do segundo templo, no primeiro século da Era Cristã, a diáspora dispersou as comunidades outrora residentes naquele local, fato após o qual o judaísmo careceu de um espaço geográfico próprio. No século XIX, o Estado-nação predominava enquanto concepção política de organização pública, e a pertença a uma cidadania sobrepunha-se às identidades pessoais. Judeus eram os "sem-terra", e as tentativas de alterar essa situação tomaram duas direções. Theodor Herzl (1860-1904), o jornalista austríaco que testemunhara o julgamento do capitão Alfred Dreyfus, verbalizou a alternativa que considerava correta: o sionismo, incentivando a migração para o Leste. Agências como a ICA ofereciam o caminho para o Oeste, acenando com o sucesso e a segurança, independentemente do país onde esses ideais fossem atingidos.

Filipson nasce dessa intenção, quando a política da ICA elege o Brasil como a terra do futuro.

FILIPSON — SUA HISTÓRIA

A instalação da Colônia Filipson não resultou da primeira iniciativa da ICA; foi, contudo, a que inaugurou sua prática no Brasil. Hirsch havia falecido em 1896, mas as atividades da agência continuaram a ser conduzidas pelos diretores da Associação. Na época de planejamento e instalação de Filipson, Narcisse Leven (1833-1915), que também pertencera aos quadros da Aliança Israelita Universal, comandava a diretoria.

 O planejamento começou pela eleição do lugar onde se implantaria a colônia de imigrantes. O lugar escolhido, a fazenda do Pinhal (atualmente, o município de Itaara), ficava a 25 quilômetros de Santa Maria, cidade localizada no centro do Rio Grande do Sul e pela qual passavam as mais importantes rotas da malha ferroviária do estado.

 O trem constituía, desde o final do século XIX e crescentemente nas primeiras décadas do século seguinte, não apenas o principal elo entre cidades localizadas em distintas regiões do país, como também o eixo de escoamento da produção agrícola e dos derivados da pecuária, base da economia gaúcha. A concessão para a construção das estradas de ferro na região de Santa Maria tinha sido obtida em 1891 pela Compagnie de Chemins de Fer du Sud-Ouest Brésilien, controlada pela Compagnie Générale des Chemins de Fer

Secondaires, empresa fundada e administrada por Franz Philippson (1852-1929), vice-presidente da ICA quando Narcisse Leven a chefiava.

Evelyne Heuffel observa que os contratos de concessão de linhas ferroviárias exigiam uma contrapartida por parte dos signatários estrangeiros: às concessionárias, quando não eram brasileiras, competia, como escreve Heuffel citando Ch. Allegre, "assentar, ao longo da via construída, em quinze anos, mil famílias de agricultores nativos ou imigrados às quais eles forneceriam uma casa e móveis, instrumentos agrícolas, gado e animais domésticos, assim como uma assistência durante os seis meses precedendo a primeira colheita".[14]

A autora acrescenta: "na hora de criar novas colônias, há uma conjugação de diversos pontos entre as exigências desse contrato governamental e os princípios de base da ICA. Indubitavelmente, a Compagnie Auxiliaire de Chemins de Fer au Brésil e a Colônia Philippson, desde o início, encontram-se intimamente ligadas". Precedendo a chegada dos colonos, tomam-se as medidas cabíveis: compram-se os terrenos, somando 4 472 hectares, e são aprovados, na sequência, pelo presidente do estado, Borges de Medeiros, em 31 de agosto de 1903, os estatutos da ICA, a companhia obtendo várias isenções de taxas e impostos. Eusébio Lapine, acionista da ICA e engenheiro da Compagnie Auxiliaire, à qual está vinculada a Viação Férrea do Estado do Rio Grande do Sul, "procede à agrimensura complicada do local: a subdivisão em lotes de 25 a trinta hectares, que devem dispor, cada um e de maneira equitativa, de um pasto, de uma parte de terra boa para o plantio, de um terreno florestado, o todo recortado por um riacho".

Lapine encarrega-se também da construção das casas, habilitadas a abrigar aproximadamente quarenta famílias. A nova colônia, em 1904, acolhe 37 famílias, perfazendo 267 pessoas, que chegam em três períodos, entre agosto e outubro de 1904. Avalia Heuffel:

> Pelo menos em teoria, comparativamente às colônias brasileiras em geral e às da ICA na Argentina, o estabelecimento da colônia Philippson se deu sob augúrios particularmente propícios à instalação dos colonos. É assim que eles chegarão todos ao mesmo tempo, para se pôr juntos ao trabalho e dedicar-se a uma mesma experiência: fazer brotar trigo. Todos receberão um lote com vantagens equivalentes, casinhas, ferramentas idênticas etc. Concebida para cerca de quarenta famílias tão somente (ela nunca terá muito mais de trezentos habitantes), essa modesta colônia deveria ser fácil de administrar.

Some-se a isso o fato de que todos provêm de uma mesma zona da Bessarábia, considerada "celeiro do Império Russo",[15] região onde se plantavam trigo, tabaco e vinhedos. É esse pequeno núcleo de procedência geográfica comum que se dirige à fazenda do Pinhal, até então pertencente a João Batista de Oliveira Mello e vendida a João Pereira dos Santos, que, falecido, a deixara para a viúva, Emília Pereira dos Santos. Um segundo trecho adquirido, situado nas nascentes do rio Ibicuí, fora propriedade de Camilo Barcelos.

No conjunto, a área estendia-se da estação de Val de Serra, junto às nascentes do rio Ibicuí, até a Vila Etelvina, última parada antes da estação do Pinhal, que se ligava à ferrovia que unia Santa Maria a Cruz Alta, cortando o planalto central gaúcho. O mapa a seguir[16] ilustra como a localização escolhida convinha à circulação de mercadorias por meio do transporte ferroviário.[17]

Estabelecidas em 1904, as famílias dos colonos não se radicaram por muito tempo no local. Dificuldades — tais como a impropriedade das terras recebidas para o cultivo do trigo, o despreparo dos colonos para lidar com o gado, as pragas que comprometiam as safras agrícolas — acompanharam a fixação deles no território escolhido pela ICA, o que motivou o paulatino afastamento das gerações mais novas na direção de centros urbanos onde poderiam ter mais êxito empresarial. Comenta Guilherme Soibelman, antigo residente da colônia:

Planta mostrando vinte lotes de Rincão das Pedras, na região noroeste de Filipson (1925). Além dos lotes, estão também representados os campos, capoeiras, paredes de pedra, estradas e matas do terreno

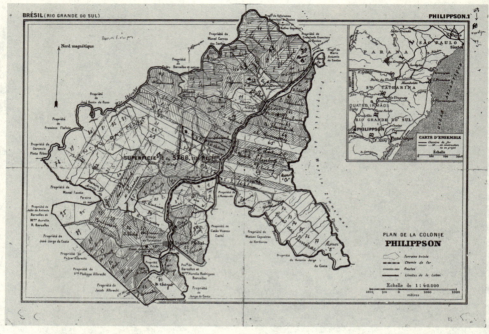

Mapa de Filipson com a demarcação dos lotes, nomeados de acordo com as famílias. A linha pontilhada mostra a estrada de ferro que dividia a colônia ao meio

Veio o fracasso da Colônia, apesar de todo o empenho e trabalho dos colonos, agravado ainda pela partida para as cidades da maior parte da juventude. [...] Esses colonos vendiam o que lhes restava da colônia e mudavam-se para as cidades onde encontravam os filhos. [...]

[...] Resumindo, a Colônia Philipson foi se desintegrando, os homens aptos mudando para as cidades, uns velhos acompanhando os filhos, outros ainda indo tentar a vida na Colônia Quatro Irmãos, também da ICA, no Município de Erexim [sic].[18]

Assim, em 1926, a ICA fechou a delegação local, transferindo a propriedade dos lotes a seus então ocupantes. E, desde Paris, a sede encarrega José Pontremoli, seu último diretor, a encerrar as principais atividades da Associação naquele lugar.

Geraldino da Costa narra o destino das terras da Colônia Filipson a partir dos anos 1930:

> Mais ou menos em 1929, a então Intendência Municipal de Santa Maria comprou de Jerônimo Zelmanovitz uma área de quinhentos hectares, cortada pelo rio Ibicuí, para nela ser construída a Barragem do Ibicuí [...].
>
> Os herdeiros de Jaime Brilman venderam uma grande parte de suas terras a particulares.
>
> Leizer Steinbruch primeiramente alugou e depois vendeu à Brigada Militar uma grande parte de sua área [...].
>
> Parte da área, correspondente à colônia Philippson, foi desapropriada pelo Governo da União, é hoje ocupada pela Rodovia BR-158, trecho que liga a cidade de Santa Maria a Cruz Alta e parte foi utilizada pelo Exército, com o objetivo da criação de gado cavalar e posteriormente, no ano de 1975, o Exército lá instala a 13.ª Companhia Depósito de Armamentos e Munição [...]

Por volta de 1950 a Companhia Riograndense de Saneamento (Corsan) adquiriu uma grande área nas nascentes do rio Ibicuí, área que deve corresponder àquela que a Jewish Colonization Association comprou de Camilo Barcelos [...].
Na década de 1970, Jerônimo Zelmanovitz confiou a uma firma integrada por elementos da família Ugalde o loteamento do restante da sua parte, com a denominação de Balneário Jardim da Serra, localizado entre as estações de Pinhal e Philippson.[19]

Tal como as colônias europeias instaladas na América do Sul que a precederam, Filipson não teve vida longa. Mas deixou registrados, na memória de muitos de seus moradores, acontecimentos coletivos e experiências pessoais que deram margem a depoimentos, alguns transformados em obras literárias, como fez Frida Alexandr, no livro em que homenageia o grupo pioneiro.

FILIPSON — UM LIVRO

A obra de Frida Alexandr não é a única dedicada às vivências de uma coletividade judaica no Brasil, em particular, no Rio Grande do Sul. Precedeu-a a novela *Numa clara manhã de abril*, de Marcos Iolovitch (1907-84), publicada em 1940, cuja trama se passa em outra das colônias patrocinadas pela ICA, a de Quatro Irmãos, fundada em 1912; sucedeu-a, abordando tema similar, *Cágada* (1974), de Gladstone Osório Mársico (1927-76). Relativamente à colônia santa-mariense, Guilherme Soibelman publicou *Memórias de Philipson* em 1984, e, em 1988, Jacques Schweidson, irmão da escritora gaúcha, lançou *Judeus de bombachas e chimarrão*.

São, os dois últimos, livros de cunho autobiográfico, que não se confundem com as pesquisas que aquela colônia suscitou, a maioria delas desenvolvida após 1990. Mas a criação de Alexandr se distingue primeiramente por seu pioneirismo, já que, até 1967, ano de seu lançamento, pouco — talvez quase nada — se escrevia sobre aquele local e as pessoas que lá viveram. Além disso, o texto tem peculiaridades narrativas que não se resumem ao relato dos fatos ocorridos e qualificam-no para além de um retrospecto de parte da história das comunidades que migraram para nosso país no começo do século XX.

Frida Alexandr, em solteira Schweidson, filha de Tobias e Eva Schwetsky, nasceu em 29 de dezembro de 1906, dois anos depois da chegada e instalação em Filipson de sua família, ao lado de 36 outras, todas oriundas da Bessarábia, região onde a ICA buscou os judeus que povoariam a colônia. Seu único livro foi publicado em 1967 e logo se revestiu de qualidades ímpares, pois inaugurou a vertente de obras relativas à migração judaica no Brasil desde a perspectiva feminina, calcada em suas vivências da infância. Regina Igel salienta a importância da obra:

> O valor de *Filipson* na trajetória da literatura brasileira judaica é múltiplo: por tratar-se do primeiro livro escrito em português exclusivamente sobre o ambiente rural dos imigrantes judeus, constitui um documento fundamental sobre um determinado período do judaísmo brasileiro.[20]

A obra é formada por 56 capítulos, todos relativamente curtos, que Igel considera crônicas, categorização validada pela circunstância de se tratar de narrativas independentes. É raro haver continuidade entre os capítulos, negando a ideia de um relato apoiado na cronologia, seja interna, seja externa. Os segmentos podem ser lidos separadamente ou fora de ordem, porque compreensíveis em si mesmos. Mas, se acompanhados em sequência, formam um mosaico em três dimensões, a primeira correspondendo à história pessoal da narradora e de sua família, a segunda, à trajetória de Filipson, e a terceira, às conexões com o contexto sul-rio-grandense, brasileiro e europeu. Articulando essas dimensões, está o teor testemunhal da narrativa, que permite a compreensão do modo como uma pequena comunidade, que somou em torno de quatrocentas pessoas, entre crianças e adultos, homens e mulheres, se relacionou a seu tempo e à sociedade, desde o âmbito local ao internacional.

Retrato da família Agranovik, típica representante de Filipson (c. 1910)

A cidade de Santa Maria no início do século XX

Vestindo bombachas, Leizer Steinbruch, colono judeu, e seu amigo Nico Correa, não judeu, dividem um chimarrão (Filipson, 1922)

Frida, seu marido Boris Alexandr e os filhos Riva e Leon, no Jardim da Luz, em São Paulo (c. 1929)

Frida com a filha mais velha, Riva, em São Paulo (c. 1925)

Cemitério de Filipson em foto de 2008

Grupo reunido em visita a Filipson (década de 1950). No verso da fotografia, lê-se: "No chão querido: da esq p/direita: Boris Alexandr, Frida Schweidson Alexandr, Mauricio Steinbruch, Jeronimo Zelmanovitch, Julieta Schweidson Wladimirsky, José Wladimirsky, Valentim Aires (quase centenário)"

Frida Alexandr nasceu no Brasil, diferentemente dos pais e dos irmãos mais velhos. Seu testemunho não diz respeito à experiência do deslocamento — o trânsito da Europa para o Brasil, da *shtetl* localizada num canto do Império Russo para uma colônia estabelecida em outra extremidade do planeta. Ela não é uma pessoa dividida entre dois mundos; porém, é fruto daquele movimento migratório, carregando consigo a herança da família e dos antepassados. Sem constituir um ser cindido em territórios distintos, como é usual entre imigrantes, é igualmente um indivíduo que se adapta ao novo continente mas que incorpora regras da vida pregressa dos judeus, com os quais comunga vivências, visões de mundo, aspirações.

Evidencia-se o caráter documental do livro quando se acompanha o caminho percorrido pela colônia. O capítulo de abertura, que compartilha o título com o do livro, refere-se aos primeiros movimentos das famílias que haviam desembarcado no Brasil e alcançado a área que se transformava numa colônia habitável. Frida não teve a experiência direta desses acontecimentos, porque nasceu dois anos depois, tendo tomado conhecimento dos fatos provavelmente por ter ouvido contar histórias a respeito. Refere-se então às razões que levaram à formação daquele núcleo de pessoas, as — segundo ela — "quarenta e cinco famílias trazidas dos *pogroms* da Rússia tsarista".[21] Reproduz o projeto da ICA, conforme o qual "cada família, de acordo com as suas necessidades, receberia todas as ferramentas indispensáveis ao amanho da terra, uma parelha de bois, dois cavalos, duas vacas e mais uma ajuda em dinheiro [...]"; e complementa: "Para abrigar parte das famílias, foi construído um galpão enorme, de tábuas, todo pintado de preto". É após essa introdução relativamente idílica que a autora aponta os problemas experimentados tão logo chegam os imigrantes: "Imaginem o desconforto desses infelizes no início de sua vida na nova terra", "forçados a viver sob o mesmo teto, em completa promiscuidade até que as casas prometidas estivessem em condições de abrigá-los".

O intuito, contudo, não é denunciar um projeto que, embora eventualmente bem-intencionado, não preenchia de imediato as expectativas das pessoas, e sim destacar os esforços dos recém-chegados, enfrentando os desafios. Assim, aos poucos, "cada família cuidava de instalar-se em sua própria residência"; estas, por sua vez, eram bastante precárias: "A casa era de pau a pique revestida de barro amassado com palha e estrume de cavalo, do que resultava uma sólida argamassa que a protegia das intempéries".

A maior dificuldade relaciona-se à necessidade de adaptar-se à vida rural. Tendo recebido o gado a que tinham direito, o pai e o irmão da narradora "receavam aproximar-se dele", pois "intimidavam-nos os grandes cornos retorcidos".

Nunca haviam lidado com bois e vacas, e, "logo de início, papai e meus irmãos manifestaram a sua incapacidade para esse tipo de serviço, que ficou entregue às duas mulheres da casa". O capítulo de abertura encerra-se de modo pouco auspicioso, antecipando o fracasso, como o qualifica Guilherme Soibelman, do projeto que trouxe as famílias de imigrantes ao Brasil:

> Com o correr do tempo, meus pais perceberam, com tristeza, que aqueles campos não constituíam bom pasto para o gado e que a terra, estéril que era, não se prestava para a lavoura. [...] A cota a que tínhamos direito já havia sido esgotada e os juros vencidos, sem os podermos resgatar. Para isso, teria sido preciso fazermos outro empréstimo.

Os capítulos subsequentes ao de abertura dão conta do estabelecimento de três pilares do judaísmo, entendido este como mescla de religião, cultura e práticas rituais. No segundo capítulo, Alexandr narra a construção do templo, iniciativa tomada tão logo aportam os grupos originários da Europa. No terceiro, a escolha do *shoiched*, responsável pelo abate do gado e fornecimento da carne *cocher*, própria ao consumo dos judeus.[22] Caberá também a ele o exercício de outra função ritual — a de *moil*, habilitado, portanto, a circuncidar os meninos recém-nascidos. Em Filipson, com sua população pouco numerosa, encarrega-se o *shochet*, que degola o gado, de remover o prepúcio dos bebês; além disso, exerce tarefas próprias a um rabino: "O *shoiched* [...] tinha também tomado a si a santificação dos casamentos, a incumbência de circuncidar os varões recém-nascidos, bem como, por força da lei, promulgar o divórcio dos casais reconhecidamente incompatibilizados".

A inauguração de uma escola compõe o terceiro pilar a amparar a formação e a circulação dos bens culturais e religiosos em Filipson.

Os relatos sobre Filipson costumam chamar a atenção para as iniciativas da ICA no sentido de contar com um espaço coletivo para as aulas, contratar um professor para ministrá-las, consolidar a formação religiosa e privilegiar a aprendizagem da língua portuguesa. Uma diretriz pautava as ações da administração central: a escola abrigaria os filhos tanto dos colonos como dos habitantes que já residiam no local. Não haveria — e não houve — distinção étnica, ainda que, num dos turnos, as crianças estudassem hebraico e princípios judaicos. Mas aquele espaço não era exclusivo, colaborando para a miscigenação, sem que os imigrantes rompessem com suas raízes culturais.

Não é, pois, um acidente o fato de que Frida Alexandr narre a construção da escola no quarto capítulo de seu livro. Primeiramente, refere-se à chegada de Léon Back (1882-1965), professor de português contratado pela ICA; mais adiante, apresenta o espaço escolar, com "amplas janelas envidraçadas", e a casa do professor, locais dotados de "assoalhos de madeira", que representavam "para nós, crianças nascidas nas colônias não afeitas a nenhum conforto, o máximo do luxo".

Alexandr não relembra apenas Back, mas também Israel Becker, encarregado de lecionar iídiche e hebraico, substituído depois pelo professor Abraão Budin, em decorrência de seus problemas de saúde. É esse educador que permanece com mais intensidade na memória afetiva de Frida Alexandr. Ela descreve sua aparência — "era impecável nas suas maneiras e no seu modo de trajar" — e, sobretudo, apresenta seu jeito de atuar junto aos estudantes ("nunca se exaltava com os alunos, ministrava as aulas com bondade e paciência"), evidenciando solidariedade e empatia: "Quando algum aluno cometia alguma falta, as faces do professor Budin se cobriam de rubor, um sorriso encabulado se esboçava no canto de sua boca, como se fosse pedir desculpas à classe pela falta que não cometera". Entre outras ações, a narradora relembra o comportamento específico de Budin diante de um fato que envolvia o país:

> Outro acontecimento que me deixou profunda impressão foi a reunião especial, convocada pelo professor Budin, em

que nos comunicou, num tom solene, que o Brasil se decidira a entrar na conflagração mundial, ao lado das nações aliadas.

Falou-nos como se se dirigisse a adultos e compreendêssemos o alcance daquele acontecimento. Em pé, cantamos o Hino Nacional acompanhados ao violino pelo professor Budin.

É em 16 de outubro de 1917 que o país assina a declaração de guerra contra a Tríplice Aliança, após navios brasileiros da Marinha Mercante terem sido torpedeados por submarinos alemães. Frida deveria estar perto dos onze anos quando se dá o acontecimento que narra. Léon Back chegara a Filipson em 1908, não tendo ficado mais que um ano na colônia.[23] Nos anos 1950, publicou artigos, na *Enciclopédia Rio-Grandense*, em que reporta os fatos ocorridos em Filipson nas primeiras décadas do século xx. Não deixou de participar da história da colônia e de com ela colaborar, seja como mestre, seja como historiador. Na memória de Alexandr, contudo, a personalidade vinculada ao campo da educação que mais a impressionou foi Abraão Budin, entre outras razões por sua presença na escola ter coincidido com o período que a autora, então jovem aluna, ali permaneceu.[24]

É também Budin que introduz Frida na leitura. Ela relembra seu primeiro livro didático, *Saberei ler*, que ganha "no meu primeiro ano de escola". A narradora recorda seu afeto pelo livro e pelo educador que a ajudava na aprendizagem:

Na capa vermelha, as letras grandes, douradas, faiscavam sorrindo para mim.

Ainda sinto nas narinas o cheiro bom dos cadernos, da caneta envernizada. Grata me é a recordação do primeiro dia de aula. A sala parecia imensa, toda banhada de luz. Posso ainda sentir a pressão da mão do professor Budin sobre a minha, tentando ensinar-me a escrever, e recordo-me ainda dos feios borrões de tinta que maculavam as folhas brancas dos cadernos.

Saberei ler, de Robert Sallès (1871-1929), foi uma cartilha que teve ampla circulação nacional, pois Mirna Pinsky a cita em *A casa*, informando que a encontrou entre os guardados de sua avó.[25] Copiam-se a seguir uma das capas e a folha de rosto da obra, que somou várias edições. Esta capa mostra um menino com o livro na mão e, aparentemente, reproduzindo os sons das palavras que aprende. Também a folha de rosto traz informações dignas de nota.

O alfabeto "metódico e divertido" é transmitido por um pai — e não um professor — às crianças, meninos e meninas de diferentes idades, interessadas na leitura. A ilustração apresenta-se em cores, sugerindo que a obra busca alcançar algum refinamento gráfico. A edição da qual foi extraída a imagem pertence à Livraria Garnier, na época ainda em operação no Brasil, e data de 1921. Alexandr deve ter sido alfabetizada por meio de uma impressão anterior da obra, uma vez que, naquele

Ao lado, página de rosto da cartilha *Saberei ler*, usada na escola de Filipson. Acima, a capa da cartilha (edição de 1921)

ano, a autora já teria catorze anos e sua família preparava-se para deixar a Colônia Filipson.

Segue uma das páginas da cartilha, que, no começo, introduz as letras do alfabeto e as sílabas. Nessa ilustração, verifica-se o uso de uma expressão mais complexa, formada por um substantivo e um complemento nominal. Trata-se de uma cena transcorrida numa igreja, e a mãe veste-se segundo a moda anterior à Primeira Guerra, compatível com a época em que Frida foi alfabetizada. É digno de nota o fato de que a imagem não corresponde a uma experiência judaica,

Pi-a de a-gua ben-ta

Página interna da cartilha *Saberei ler*

mas cristã e, conforme o estilo arquitetônico, datada do período gótico.

A figura, todavia, não deve ter sobressaltado os mestres judeus da escola de Filipson, provavelmente porque estariam mais interessados em alcançar bons resultados em termos de aprendizagem, e não de formação religiosa, delegada a docentes especialmente preparados para o exercício dessa tarefa.

Alexandr relembra com carinho o livro e o professor que a introduziu no letramento, ponto de partida de seu gosto pela literatura, como depõe em outros pontos de sua narrativa. Anota a admiração que nutre por uma das irmãs, Adélia, de quem se torna "sombra inseparável", procurando acompanhar as discussões de que ela participava sobre seus autores preferidos, como Victor Hugo (1802-85) e Émile Zola (1840--1902). Similar atração é confirmada por Jacques Schweidson, que recorda as sessões em que se destacava a leitura em voz alta por Adélia: "Não posso furtar-me à evocação de um quadro, diariamente repetido em nossa casa. Reuniam-se algumas dezenas de pessoas, para ouvir a saudosa mana Adélia ler com clareza cristalina e profunda emoção os romances clássicos".[26]

Frida, por sua vez, registra que tais livros "eram fornecidos aos alunos pelo bibliotecário da escola, o jovem Ide-Leib Averbuch, rapaz culto e muito simpático, que era adorado como um ídolo". Em capítulos posteriores, revela suas leituras preferidas, como as protagonizadas por Rocambole e a do popular *Paulo e Virgínia*, romance do século XVIII que, no Brasil, atravessou sucessivas gerações até a época de Alexandr e depois. Confessa o que essas obras significam para ela, pois um "bom romance" a levava a fazer de conta que era "sua personagem principal". Mais adiante, comenta que "representavam as minhas fugas da realidade".

As evocações sugerem como opera a escrita de *Filipson*, calcada sobretudo na memória, cujo fluxo a autora procura acompanhar, sem refreá-la. Nesse sentido, comenta: "Da nebulosidade dos meus primeiros anos de existência, minha memória fixou algumas cenas que marcaram fundamentalmente a minha integração na vida da família". A confidência aparece no sétimo capítulo, após o retrospecto dos primeiros movimentos dos imigrantes na nova colônia e dos anos iniciais de seu funcionamento. Tendo transmitido as informações históricas ao leitor, com quem desde o começo da narrativa procura se comunicar, Frida abre nova fase de sua obra: aquela em que se coloca como sujeito, dando conta de suas experiências na época, ainda criança, do modo, contudo, como reaparecem no presente, enquanto redige o texto, impregnado de subjetividade.

Assim, tão logo chama a atenção para as cenas que a sensibilizaram, retoma, no parágrafo subsequente, o relato da chegada e instalação da família em Filipson, agora, porém, da perspectiva de suas emoções, particularizando o conteúdo do acontecimento histórico: "Morávamos num galpão, em caráter provisório, ao lado do qual a nossa casa estava sendo construída. Evoco ainda hoje o cheiro da serragem desprendida da madeira que ia sendo utilizada, o ruído das ferramentas".

As lembranças tomam conta da narrativa, como exemplifica o segmento dedicado a Iankel "Chinder", em que a narradora recorda como essa pessoa ficou arquivada em sua memória: "Na minha lembrança, revejo-o também apontando na estrada, as mãos trançadas nas costas, as abas do longo capote esvoaçando ao vento, com a cabeça inclinada para o peito, como que perdido em seus próprios pensamentos".

O parágrafo seguinte tem teor predominantemente metalinguístico, porque se desvela o processo de composição narrativa. Confessa que "sacrilegamente" busca "arrancar as criaturas de suas tumbas", fazendo-as "reviver com todos os seus sofrimentos". Depois, como um delicado artífice, "moldo-as, pouco a pouco, com os fragmentos que me saem da memória". E, assumindo um papel divino, confere-lhes existência, conforme um procedimento mediado pela memória: "Ponho-as em pé, faço-as movimentarem-se, impulsiono-as de acordo com as recordações que delas guardo, e na medida do possível insuflo-lhes um sopro de vida". A nova vida dos seres conjurados por sua palavra alinha-se ao ritmo da narradora, estabelecendo com ela um diálogo que presentifica o passado: "Percorro ao seu lado o árduo trajeto do passado e imprimo ao seu coração o mesmo ritmo sob o qual o meu próprio funciona".

Frida ressuscita-as, como escreve, "em toda a simplicidade e rudeza de seus caracteres de pioneiros", mas não pretende se sobrepor às suas identidades. Seu objetivo é mais singelo: quer oferecer às "novas gerações", segundo ela "mais cultas, mais prósperas, mais felizes", o conhecimento do que foi aquele período, do que descendem e ao qual devem "o progresso alcançado e as possibilidades que ora usufruem".

O papel demiúrgico assumido pela autora não a torna prepotente. A finalidade de seus gestos é generosa, de uma parte, porque desvela uma época da vida judaica no Brasil do começo do século XX, da qual restaram, até 1967, ano de publicação de *Filipson*, poucos testemunhos; de outra, porque almeja compartilhar um tempo e uma experiência perdida. De forma um tanto proustiana, abre o capítulo "Ciganos" com a declaração: "Lembro-me de um fato acontecido comigo, como se o estivesse vivendo agora".

Por essa razão, o tom narrativo é melancólico. Algumas vezes manifesta certa euforia, sobretudo quando se refere às festas coletivas e às suas relações familiares. Ou quando dá conta do progresso tecnológico testemunhado pelo grupo. Assim, em modo de diálogo, reproduz o deslumbramento do pai no capítulo "Passeio à estação e novidades", quando presencia o funcionamento do telefone:

> — Imagine, Eva — dizia meu pai, de volta de um desses passeios à estação —, uns fios pregados a uns postes iguais aos que passam atrás de casa e ligados a um aparelho pendurado à parede... E basta à gente dar umas voltas na manivela do aparelho, tocar uma campainha, para poder conversar com qualquer dos vizinhos ou amigos sem sair de casa.

"Verás, Eva, as coisas que ainda acontecerão neste mundo. [...] Poderás palestrar com teu irmão que reside no outro lado do oceano. Tempo virá em que será possível o enxergares!

No entanto, predomina a melancolia, resultante do fracasso do projeto que moveu os imigrantes na direção do Brasil. Comenta que "pouco a pouco, a colônia de Filipson ia se despovoando, permanecendo ali somente os velhos e as crianças, os quais, por sua vez, na primeira oportunidade cuidavam de juntar-se aos que se tinham ido". A narradora sabe que também precisa acompanhar o novo êxodo: "Enquanto continuássemos na colônia, eu não mudaria de vida".

Dentre os capítulos mais impressionantes do livro consta o que dedicou à praga dos gafanhotos. Localiza-se, no conjunto, na que se poderia considerar a quarta parte da obra, inaugurando uma série de relatos que dão conta dos problemas vividos na colônia: "Fome" abre com uma informação avassaladora — "O alimento em casa escasseava de dia para dia" — a que se segue o comentário sobre a falta de dinheiro para pagar as contas: "a nossa conta no boteco de Russovsky aumentava". Mais adiante, acontecimentos nefastos são relatados, como o surto de gripe espanhola que assolou a humanidade no final da segunda década do século xx. Em "Vida difícil", quase no fim, o uso do verbo no presente intensifica a emoção contida na confissão do "desamparo" vivenciado pela então adolescente diante da frustração dos planos familiares e coletivos: "Choro o meu desamparo naquele recanto deserto. Choro a luta estéril do meu velho pai e a resignação de minha mãe, o desperdício dos melhores anos da minha vida...".

É, porém, em "Gafanhotos", no capítulo 41, que o desabrigo figura no primeiro plano. Trata-se de uma narração muito expressiva, razão por que Jacques Schweidson, em seu livro, reproduz o texto e por que ele é mencionado na maioria das obras relativas à Colônia Filipson e ao livro de Frida Alexandr. Recuperando dramaticamente os esforços pessoais, familiares e coletivos no sentido de evitar a devastação provocada por uma nuvem de gafanhotos, a narrativa deixa evidente como o compromisso e o empenho de todos não bastavam para garantir a continuidade da experiência rural patrocinada pela ICA à qual aderiram os imigrantes provenientes da Bessarábia.

O fechamento da obra procura, contudo, restaurar o clima auspicioso. Em "Bons augúrios", a autora refere-se aos "novos horizontes" que se abriam com a possibilidade de partir de Filipson para um centro urbano mais receptivo às expectativas de estabilidade financeira. Em "Despedida", com que o livro se encerra, apresenta os últimos movimentos da família e os gestos que antecipam o afastamento sem retorno, culminando com o "adeus" que a narradora dá a um recém-nascido, simbolizando dois começos de vida — o da criança que fica e o da jovem que parte, sem planos de regressar.

CODA

Se se quisesse classificar o gênero literário de *Filipson*, poder-se-ia dizer que se trata de um livro de memórias, e não propriamente de uma autobiografia. Tal como esta última é caracterizada teoricamente,[27] verifica-se a presença de um narrador que se identifica com o autor da obra e expõe sua história desde um passado mais remoto a outro, próximo do suposto leitor. Não é um texto ficcional, razão por que se tornou uma das principais referências nas pesquisas relativas à colônia de imigrantes que, oriundos da Bessarábia, se instalaram nas proximidades da cidade de Santa Maria, em território adquirido por uma agência cuja finalidade era a alocação de judeus vítimas de *pogroms* na Rússia, obrigados a deixar sua pátria.

Contudo, o elemento organizador do relato é a memória da autora. Ela não consulta historiadores ou pesquisadores que abordaram a trajetória da imigração ou o significado de Filipson no Brasil ou no Rio Grande do Sul. São os resíduos das lembranças que movem seu gesto criador, acompanhados pela sensibilidade com que os vivenciou antes e agora. Por isso, o relato pode prescindir da cronologia: datas são omitidas, obrigando o leitor a estabelecer as pontes entre suas vivências individuais (ou familiares) e os acontecimentos mencionados, como o aparecimento do cometa Halley, a Grande Guerra, a gripe espanhola. E a narração pode ir e vir no tempo, dependendo da associação de emoções ou ideias que suscitam sua transferência para o texto.

Há, é certo, um começo e um final, e esses dois pontos não são intercambiáveis. Mas, entre os dois limites, reconhece-se um vaivém contínuo, derivando dessa característica a impossibilidade de definir quando exatamente ocorreu tal evento. O que importa para a autora é a evocação do passado, que volta a ser vivido no presente, à maneira das *madeleines* de Marcel Proust.

Graças a essa propriedade, *Filipson* é uma obra que resulta do cruzamento de duas vertentes contemporâneas da literatura. É uma obra de testemunho, porque a autora não ficcionaliza nem deixa de traduzir um universo social e existencial a que, de outra maneira, talvez não se tivesse acesso; mas é igualmente uma criação de cunho memorialista, alternativa escolhida para deixar vazar seus sentimentos e dar voz à subjetividade, não só da adulta que redigiu o texto, mas da criança que ela foi, com suas reações, desejos, esperanças e decepções.

Alinhando-se a uma tradição que tem, entre as obras reconhecidamente clássicas, *Minha vida de menina* (1942), assinada por Helena Morley, pseudônimo de Alice Dayrell Caldeira Brant (1880-1970), *Filipson* constitui contribuição fundamental à literatura nacional, consolidando a tendência cujo assunto é o universo judaico, traduzido não pela religião ou pela fé, mas por suas práticas, história e problemas. Fruto de um esforço de minimizar os efeitos deletérios do antissemitismo, a Colônia Filipson pode não ter sido tão bem-sucedida como almejavam as pessoas que estimularam sua fundação ou sonhavam os imigrantes que se comprometeram com a aventura de cruzar o oceano e criar uma comunidade. Mas resultou num livro de inegável importância que, felizmente, está outra vez ao alcance do leitor brasileiro — judeu e não judeu.

BIBLIOGRAFIA

Arendt, Hannah. *Origens do totalitarismo: antissemitismo, imperialismo, totalitarismo*. Trad. Roberto Raposo. São Paulo: Companhia das Letras, 1989.

Costa, Geraldino da. "Colônia Philippson". In: Wainberg, Jacques (org.). *100 anos de amor: a imigração judaica no Rio Grande do Sul*. Porto Alegre: FIRGS, 2004.

Eizirik, Moysés. *Imigrantes judeus: relatos, crônicas e perfis*. Porto Alegre: Escola Superior de Teologia e Espiritualidade Franciscana; Caxias do Sul: Universidade de Caxias do Sul, 1986.

Falbel, Nachman. *Judeus no Brasil: estudos e notas*. São Paulo: Edusp, 2008.

Igel, Regina. "Escritores judeus brasileiros: um percurso em andamento". *Revista Iberoamericana*, v. LXVI, n.º 191, abr.-jun. 2000, p. 325-38.

Lejeune, Philippe. *O pacto autobiográfico*. Belo Horizonte: Editora UFMG, 2008.

Lira Neto. *Arrancados da terra: perseguidos pela Inquisição na Península Ibérica, refugiaram-se na Holanda, ocuparam o Brasil e fizeram Nova York*. São Paulo: Companhia das Letras, 2021.

Lispector, Elisa. *No exílio*. 2.ª ed. Brasília: Ebrasa, 1975.

Lukács, Georg. *La novela histórica*. Trad. Jasmin Reuter. México: Ediciones Era, 1966.

Marx, Karl. *Sobre a questão judaica*. Trad. Nélio Schneider. São Paulo: Boitempo, 2010.

Pinsky, Mirna. *A casa*. São Paulo: FTD, 2004.

Santos, Maria Medianeira. *A territorialidade judaica em Santa Maria/RS: uma contribuição à geografia cultural*. Dissertação (Mestrado) — Santa Maria: Programa de Pós-graduação em Geografia e Geociências, UFSM, 2009.

Schweidson, Jacques. *Judeus de bombachas e chimarrão*. 2.ª ed. Rio de Janeiro: Salamandra, 1988.

Scliar, Moacyr. *Caminhos da esperança: a presença judaica no Rio Grande do Sul/ Pathways of Hope: The Jewish Presence in Rio Grande do Sul*. Porto Alegre: Riocell; Gráfica Edit. Palotti, 1990.

Seidler, Carl. *Dez anos no Brasil: eleições sob dom Pedro I, dissolução do Legislativo, que redundou no destino das tropas estrangeiras e das colônias alemãs no Brasil*. Trad. e notas Bertoldo Klinger. Brasília: Senado Federal, 2003.

Soibelman, Guilherme. *Memórias de Philippson*. São Paulo: Canopus, 1984.

Varnhagen, Francisco Adolfo de. "Correspondências. Brasileiros condenados pela Inquisição de Lisboa, desde o ano de 1711 até 1767". *Revista Trimestral de História e Geografia ou Jornal do Instituto Histórico e Geográfico Brasileiro*, Rio de Janeiro, t. VI, n.º 23, p. 330-33, out. 1844.

_____. "'Excertos' de várias listas de condenados pela Inquisição de Lisboa, compreendendo só os brasileiros ou os colonos estabelecidos no Brasil". *Revista Trimestral de História e Geografia ou Jornal do Instituto Histórico e Geográfico Brasileiro*, Rio de Janeiro, t. VII, n.º 25, p. 52-85, abr. 1845.

WEB — CITADOS

Gritti, Isabel Rosa. "Os pinhais da fazenda Quatro Irmãos/RS e a Jewish Colonization Association". In: Gerhardt, M.; Nodari, E. S.; Moretto, S. P. (ed.). *História ambiental e migrações: diálogos* [online]. São Leopoldo: Oikos; Editora UFFS, 2017. https://doi.org/10.7476/9788564905689.0007

Heuffel, Evelyne. "Philippson: uma colônia judaica singular?". *Webmosaica*, v. 4, n.º 2 (2012). https://seer.ufrgs.br/index.php/webmosaica/article/view/37754

History of the Jews in the United States. https://en.wikipedia.org/wiki/History_of_the_Jews_in_the_United_States#:~:text=Between%20the%20last%20two%20decades,them%20coming%20from%20Eastern%20Europe

https://encyclopedia.ushmm.org/content/pt-br/article/pogroms

Pitliuk, Marcio. "Do Leste Europeu ao Brasil". *Morashá*, n.º 68, jun. 2010. http://www.morasha.com.br/brasil/do-leste-europeu-ao-brasil.html

Verba, Iuri Tovar. "Filantropia ou negócios? Análise da relação entre a Jewish Colonization Association e a Compagnie Auxiliaire des Chemins de Fer du Brésil". *Revista da Graduação*, v. 4, n.º 1 (2011). https://revistaseletronicas.pucrs.br/index.php/graduacao/article/view/8689

Von Muhlen, Bruna Krimberg. "Léon Back: Professor, cirurgião-dentista e líder da comunidade judaica do Rio Grande do Sul (1908-1960)". *WebMosaica*, v. 4, n.º 1 (2012). https://seer.ufrgs.br/index.php/webmosaica/article/view/31829

Zilberman, Regina. "A lista de Varnhagen, ou o holocausto a prestação". *Letras*. Revista do Programa de Pós-graduação em Letras, v. 16, p. 39-65, jan.-jun. 1998. https://periodicos.ufsm.br/letras/article/view/11483/6949

WEB — CONSULTADOS

Almeida, Dórias Bittencourt; Grazziotin, Luciane Sgarbi. "Memórias de escola em colônias agrícolas judaicas no Rio Grande do Sul: narrativas orais do acervo do Instituto Cultural Marc Chagall (1904-1930)". *Cadernos de História da Educação*, v. 15, n.º 3, set.-dez. 2016. https://lume.ufrgs.br/bitstream/handle/10183/177620/001015644.pdf?sequence=1&isAllowed=y

Blumenthal, Gladis Wiener. "Em terras gaúchas: a história da imigração judaico-alemã". In: Lewin, Helena (coord.). *Identidade e cidadania: como se expressa o judaísmo brasileiro* [online]. Rio de Janeiro: Centro Edelstein de Pesquisas Sociais, 2009, p. 97-111. https://static.scielo.org/scielobooks/583jd/pdf/lewin-9788579820182.pdf.

Cortes, Márcia Della; Cortes, Marcele Della; Lopes, Michele Moraes. "Um olhar sobre o patrimônio e a cultura judaica em Santa Maria". *RELACult — Revista Latino-Americana de Estudos em Cultura e Sociedade*, v. 5, ed. especial abr. 2019. https://periodicos.claec.org/index.php/relacult/article/view/1242

Costa, Rejane Flores da. *Subsídios memoriais para a história do Pinhal: os judeus*. Santa Maria, 2020. https://doceru.com/doc/v805180

Frischer, Dominique. "O barão de Hirsch e a imigração judaica para o Novo Mundo". *WebMosaica*, v. 2, n.º 1, 2010. https://seer.ufrgs.br/webmosaica/article/view/15565

Gutfreind, Ieda. "A atuação da Jewish Colonization Association (JCA) no Rio Grande do Sul. A Colônia Philippson". *WebMosaica*, v. 1, n.º 1, 2009. https://seer.ufrgs.br/webmosaica/article/view/9772

Lewin, Helena (coord.). *Identidade e cidadania: como se expressa o judaísmo brasileiro* [online]. Rio de Janeiro: Centro Edelstein de Pesquisas Sociais, 2009. https://static.scielo.org/scielobooks/583jd/pdf/lewin-9788579820182.pdf

Rabinovich, Elaine Pedreira. "Mulheres da família: as descendentes de Beile. Uma história não escrita". *WebMosaica*, v. 5, n.º 2, 2013. https://seer.ufrgs.br/index.php/webmosaica/article/view/45025

Map

Salto Grande — R. Tibagy — SÃO PA[ULO]

R. Paraná — R. Ioahy — **PARANÁ** — R. Ribeira

Ponta Grossa — Curityba

R. Iguassu — Paran[aguá] — S. Fran[cisco]

Porto da União — Humboldt

ARGENTINE — **STA. CATHARINA** — R. Itajahy

[A]lto Uruguay — Rio Uruguay — Flor[ianopolis]

Erebango

QUATRO IRMÃOS

Passo Fundo

[Iji]uhy — Cruz Alta

RIO GRANDE DO SUL

Caxias

PHILIPPSON — Taquara

[Santa] Maria — Porto Alegre

R. Jacuhy — Lagoa dos Patos — OCÉAN

R. Camaquam

CARTE D'EN[SEMBLE]

— Chemins de [fer]
··· id..... en [construction]
         ou [projet]

Échelle

0   100   2[00]

NOTAS

FILIPSON (P. 11-286)

1 Nesta edição, foram respeitadas as grafias usadas pela autora, tanto de nomes próprios (inclusive Filipson, pois ela preferiu a Philippson) como de palavras em iídiche.

POSFÁCIO (P. 291-345)

1 O nome da colônia localizada nas vizinhanças da cidade de Santa Maria é grafado como Philippson ou como Filipson. Frida Alexandr, autora do livro, preferiu esta última alternativa, razão por que a mantivemos, exceto quando se trata de citações.

2 No final dos anos 1880, Bernhard Förster (1843-89) e sua esposa, Elisabeth Nietzsche (1846-1935), irmã do filósofo Friedrich Nietzsche (1844-1900), fundaram no Paraguai a Colônia Nova Germânia, de confessa orientação racista e antissemita.

3 Cf. Nachman Falbel, *Judeus no Brasil: estudos e notas*.

4 Marcio Pitliuk, "Do Leste Europeu ao Brasil", *Morashá*, n.º 68, jun. 2010. http://www.morasha.com.br/brasil/do-leste-europeu-ao-brasil.html. Acesso em: 29 maio 2022.

5 Cf. Francisco Adolfo de Varnhagen, "Correspondências: brasileiros condenados pela Inquisição de Lisboa, desde o ano de 1711 até 1767", *Revista Trimestral de História e Geografia ou Jornal do Instituto Histórico e Geográfico Brasileiro*, Rio de Janeiro, t. VI, n.º 23, p. 330-33, out. 1844.

Varnhagen, Francisco Adolfo de. "'Excertos' de várias listas de condenados pela Inquisição de Lisboa, compreendendo só os brasileiros ou os colonos estabelecidos no Brasil", *Revista Trimestral de História e Geografia ou Jornal do Instituto Histórico e Geográfico Brasileiro*, Rio de Janeiro, t. VII, n.º 25, p. 52-85, abr. 1845. Regina Zilberman, "A lista de Varnhagen, ou o holocausto a prestação", *Letras*, Revista do Programa de Pós-graduação em Letras, v. 16, p. 39-65, jan.-jun. 1998. Disponível em: https://periodicos.ufsm.br/letras/article/view/11483/6949.

6 Sobre o destino dos cristãos-novos na América, e em especial no Brasil, cf. Lira Neto, *Arrancados da terra: perseguidos pela Inquisição na península Ibérica, refugiaram-se na Holanda, ocuparam o Brasil e fizeram Nova York*.

7 Carl Seidler, *Dez anos no Brasil: eleições sob dom Pedro I, dissolução do Legislativo, que redundou no destino das tropas estrangeiras e das colônias alemãs no Brasil*, p. 294. As demais citações são extraídas dessa página e das seguintes.

8 Cf. Hannah Arendt, *Origens do totalitarismo*.

9 Cf. Georg Lukács, *La novela histórica*.

10 Karl Marx (1818-83), em *Sobre a questão judaica* (1843), advoga essa tese como alternativa para suplantar o antissemitismo.

11 https://encyclopedia.ushmm.org/content/pt-br/article/pogroms. Acesso em: 12 jul. 2022.

12 Elisa Lispector, *No exílio*, p. 35.

13 History of the Jews in the United States, em https://en.wikipedia.org/wiki/History_of_the_Jews_in_the_United_States#:~:text=Between%20the%20last%20two%20decades,them%20coming%20from%20Eastern%20Europe. Acesso em: 15 jul. 2022.

14 Evelyne Heuffel, "Philippson: uma colônia judaica singular?",

Webmosaica, v. 4, n.º 2, 2012, p. 124. https://seer.ufrgs.br/index.php/webmosaica/article/view/37754. Acesso em: 29 maio 2022. As demais citações são extraídas dessa página e das seguintes.

15 Ibidem.

16 Cf. Guilherme Soibelman, *Memórias de Philippson*, p. 24-25.

17 A propósito dos intuitos lucrativos por ocasião da escolha do local onde se instalou Filipson (e posteriormente a colônia de Quatro Irmãos, nas proximidades da cidade de Passo Fundo), comenta Maria Medianeira dos Santos: "Alguns pesquisadores da temática inferem que a filantropia serviu como pano de fundo ao real interesse da agência de colonização, pois além da emigração do grupo cultural esta tinha a finalidade de acumular riquezas. Neste sentido, Gritti (1992, p. 61-62) diz haver uma relação entre a coincidência da escolha destas áreas próximas do ramal ferroviário com a extração madeireira" (Maria Medianeira Santos, *A territorialidade judaica em Santa Maria/RS: uma contribuição à geografia cultural*, p. 71). Cf. igualmente Isabel Rosa Gritti, "Os pinhais da fazenda Quatro Irmãos/RS e a Jewish Colonization Association", em M. Gerhardt; E. S. Nodari; S. P. Moretto (ed.), *História ambiental e migrações: diálogos* [online], p. 95-108. Iuri Tovar Verba, "Filantropia ou negócios? Análise da relação entre a Jewish Colonization Association e a Compagnie Auxiliaire des Chemins de Fer du Brésil", *Revista da Graduação*, v. 4, n.º 1, 2011.

18 Guilherme Soibelman, op. cit., p. 92-93.

19 Geraldino da Costa, "Colônia Philippson", em Jacques Wainberg (org.), *100 anos de amor: A imigração judaica no Rio Grande do Sul*.

20 Regina Igel, "Escritores judeus brasileiros: um percurso em andamento", *Revista Iberoamericana*, v. LXVI, n.º 191, abr.-jun. 2000, p. 329.

21 Há alguma discrepância a propósito desse número entre os depoi-

mentos e relatos memorialistas relativos a Filipson. Em 1904, foram acolhidas 37 famílias, a que se somaram algumas outras nos primeiros tempos da colônia, razão provável dessas oscilações na identificação do núcleo original. Moacyr Scliar, por exemplo, refere-se a 38 famílias (cf. Moacyr Scliar, *Caminhos da esperança: a presença judaica no Rio Grande do Sul/Pathways of Hope: The Jewish Presence in Rio Grande do Sul*), enquanto Moysés Eizirik contabiliza 47 famílias (cf. Moysés Eizirik, *Imigrantes judeus: relatos, crônicas e perfis*).

22 Frida Alexandr grafa em português as palavras conforme a variante do iídiche. Tais palavras, acompanhando o hebraico, são grafadas, no alfabeto latino, como *shochet* e *kasher*.

23 Cf. Bruna Krimberg von Muhlen, "Léon Back: professor, cirurgião-dentista e líder da comunidade judaica do Rio Grande do Sul (1908-1960)", *WebMosaica*, v. 4, n.º 1, 2012.

24 Outros professores são mencionados ao longo da narrativa, como Hucher, "filho mais velho do Meyer Schteinbruch", que substituiu o professor Becker nas aulas de iídiche e hebraico. Refere-se ainda ao professor Marcos Frankenthal, que, "em pouco tempo, tornou-se [...] muito benquisto entre os alunos e os seus parentes".

25 Cf. Mirna Pinsky, *A casa*, p. 64.

26 Jacques Schweidson, *Judeus de bombachas e chimarrão*, p. 51. Na página 85 de seu livro, Schweidson relata outro episódio que exemplifica as habilidades de Adélia como mediadora de leitura.

27 Cf. Philippe Lejeune, *O pacto autobiográfico*.

CRÉDITOS DAS ILUSTRAÇÕES

p. 10, 324, 325, 327: Acervo Leon Alexandr e família. Reprodução de Jorge Bastos

p. 288-89: Coleção Andrea Jauqui/Acervo Museu Judaico de São Paulo

p. 315, 316, 346, 352, 358: Fundo da Jewish Colonization Association/Acervo Museu Judaico de São Paulo

p. 321: Fundo da Jewish Colonization Association/Acervo Museu Judaico de São Paulo. Reprodução de Jorge Bastos

p. 322: Acervo Histórico Municipal de Santa Maria (RS)

p. 323: Departamento de Documentação e Memória do Instituto Cultural Judaico Marc Chagall

p. 326: Lucas Uebel/Preview.com

p. 335, 336: Coleção Jorge Santori

Este livro foi composto em Freight text em maio de 2023.